打造安定团结模范校园

——西南交通大学安全工作管理制度汇编

主　编　　靳能法　贾兆帅

副主编　　宋俊宏　陈　刚　史维生　陈　晨

编　委（以姓名笔画为序）

刘　江　钟　冲　张　哲　陈天利

汪　铮　张占军　崔　凯　宁维卫

周先礼　于　璐　高平平　周祚万

胡　博　罗妍妍　陈岩峰　闵光辉

任新红　赵彦灵

西南交通大学出版社

·成　都·

图书在版编目（CIP）数据

打造安定团结模范校园：西南交通大学安全工作管理制度汇编 / 靳能法，贾兆帅主编. —成都：西南交通大学出版社，2019.8
ISBN 978-7-5643-7066-4

Ⅰ. ①打… Ⅱ. ①靳… ②贾… Ⅲ. ①高等学校－安全管理－制度－汇编－成都 Ⅳ. ①G647.4

中国版本图书馆 CIP 数据核字（2019）第 178956 号

Dazao Anding Tuanjie Mofan Xiaoyuan
——Xinan Jiaotong Daxue Anquan Gongzuo Guanli Zhidu Huibian

打造安定团结模范校园

——西南交通大学安全工作管理制度汇编

主　编 / 靳能法　贾兆帅
责任编辑 / 罗小红
封面设计 / 严春艳

西南交通大学出版社出版发行
（四川省成都市金牛区二环路北一段 111 号西南交通大学创新大厦 21 楼　610031）
发行部电话：028-87600564　　028-87600533
网址：http://www.xnjdcbs.com
印刷：四川煤田地质制图印刷厂

成品尺寸　185 mm × 260 mm
印张　17.25　　字数　431 千
版次　2019 年 8 月第 1 版　　印次　2019 年 8 月第 1 次

书号　ISBN 978-7-5643-7066-4
定价　88.00 元

前　言

安全稳定是人心所向，是安邦定国的重要基石。习近平总书记指出，维护国家安全是全国各族人民根本利益所在，是党团结带领人民坚持和发展中国特色社会主义的根本保证。坚持总体国家安全观，是习近平新时代中国特色社会主义思想的重要内容。完善安全工作体制机制，加强安全工作法制保障，提高安全工作防范能力，落实安全工作各项要求，既是工作职责，更是政治要求，其极端重要性不言而喻。

高校的安全稳定是国家安全的重要组成部分，是学校一切工作开展的前提与保障。习近平总书记在全国高校思想政治工作中指出，要坚持不懈促进高校和谐稳定，培育理性平和的健康心态，加强人文关怀和心理疏导，把高校建设成为安定团结的模范之地。这是党和国家对高校安全工作作出的重要指示，也是高校安全工作的核心任务。

高校的安全稳定是建设社会主义现代化强国，实现中华民族伟大复兴的有力保障。高校是意识形态领域的前沿阵地，是各类意识形态最为活跃、碰撞最为激烈的地方。高校稳则社会稳，维护高校安全稳定，就是在维护党和国家事业发展的良好内部环境。

高校的安全稳定是高校落实立德树人根本任务的重要基础。习近平总书记指出，高校必须牢牢抓住全面提高人才培养能力这个核心点，并以此来带动高校其他工作。做好人才培养工作，需要高校在教学、科研、管理、服务等各项领域协同发展，统筹推进，而这一切的基础在于要有一个安定团结的校园环境。如果高校不能构建科学有效的安全工作体系，不能维护校园基本的安全稳定，高校的日常教学、科研以及管理工作将会受到严重干扰，进而影响高校人才培养工作实效，甚至使高校人才培养工作处于停滞状态。因而，维护高校安全稳定，是落实高校根本职责的重要内容。

高校的安全稳定是高校推进“双一流”建设的先决条件。建设世界一流大学和一流学科，是党中央、国务院作出的重大战略决策，是全面深化教育改革的重要举措。建设一流的大学必须要有一流的安全稳定工作作为前提和保障。安全是人类最基本的需求，只有先满足师生对于安全的需求，才能够让教师安心教学科研，让学生专注学习成长，才能汇聚优质资源，培养一流人才，产出一流成果，推动学校“双一流”建设取得成效。

“不以规矩，不能成方圆”，制度体系建设是做好高校安全稳定工作的枢要所在。高校安全稳定涵盖政治安全、意识形态安全、学生安全、实验室安全、消防安全、交通安全、信息安全、环境安全、校园治理等各个方面，涉及范围广，工作难度大。《韩非子·物权》所曰“事在四方，要在中央，圣人执要，四方来效”，强调的是中央立法对于治理国家的重要性。对于高校安全稳定工作而言，制度体系建设是“要”，是做好高校安全稳定工作的关键与枢纽。

制度体系建设具有参照性。高校安全稳定工作涵盖领域宽广，涉及环节众多，要确保高校安全稳定工作做到“横向到边，纵向到底”，必须以制度建设作为参考系。制度体系所未能覆盖的领域，便是实际工作中存在的盲点盲区；制度体系构建单薄的领域，便是实际工作中存在的薄弱环节；制度体系中不符合实际情况或不能满足实际需求的，也便是实际工作中存在的重点难点。通过开展高校安全稳定制度体系自查及完善工作，来发现实际工作中存在的问题与漏洞，并及时进行纠错补漏，以制度体系建设促进实际工作开展，推动高校安全稳定体制机制不断完善。

制度体系建设具有根本性。邓小平同志说过，制度好可以使坏人无法任意横行，制度不好可以使好人无法充分做好事，甚至会走向反面。高校安全稳定工作制度是在长期工作实践中形成的，对高校安全稳定工作开展原则、基本内容、关键环节等作出的成体系的约束、规范及法令。换句话说，高校安全稳定工作制度体系是建立在实践的基础上，被广大高校师生所认同的工作遵循及原则。一套完善的高校安全稳定工作制度体系是体制机制建设的基本依据和重要载体，只有构建起系统有效的高校安全稳定工作体制机制，才能从根本上解决高校安全稳定工作中存在的各类问题，推动高校安全稳定工作向前发展。

制度体系建设具有长效性。制度并非是对某一具体事件或工作进行约束或要求，而是对于一类工作所提出的原则性的规定。因此，制度建设并不是为了解决一时的问题和困难，而是为了解决一类问题或困难所提出的一种稳定的、普适的方案，在相当长的一段时间内，为同类问题或工作的处置提供依据或借鉴，具有普适性与长远性。制度也并非一成不变，而是会随着工作环境与形势的变化进行动态调整，以更好地适应实际工作的需求。中国正处于百年未有之大变局，高校安全稳定工作所面临的环境与形势正在发生深刻的变化，只有不断推动制度体系建设完善，才能有效解决高校安全稳定工作长远发展的问题，才能解决教育事业长远发展的问题。

高校安全稳定工作挑战巨大、形势严峻，责任重大。西南交通大学历来高度重视学校安全稳定，并开展了大量工作，在学校党委的领导与支持下，构建了安全稳定工作“学校—职能部门—教学科研单位”三级责任体系与全方位立体化的安全稳定宣传教育体系，建立了学校安全稳定工作联席会议制度，坚持开展学校安全稳定工作周研判，编印学校安全稳定工作专报，不断从责任落实、宣传教育、信息工作等方面改进工作做法，完善工作机制，维护校园和谐稳定。

制度体系建设是学校落实安全稳定主体责任的重要举措，也是学校加强和改进安全稳定工作的重要内容。近年来，学校党政办公室、资产与实验室管理处、保卫处、后勤与基建管理处、产业处、科学技术发展研究院、统战部、宣传部、学生工作部、教师工作部等相关部门围绕学校安全稳定制度体系建设开展了大量的工作，对学校政治安全、意识形态安全、学生安全、实验室安全、消防安全、交通安全等领域的制度进行了全面构建。

本书对学校安全稳定相关制度进行了系统梳理，共计包含安全稳定及安全生产、意识形态安全、实验室及设备安全、教学考试安全、第二课堂及就业安全等八个方面规章制度，旨在构建全面、协同的学校安全工作制度体系，为全面推进依法治校，构建安定团结的大学校园打下坚实的工作基础和制度保障。

目　录

安全稳定及安全生产

意识形态安全

实验室及设备安全

教学考试安全

第二课堂及就业安全

信息网络安全

产业安全

其他安全

安全稳定及安全生产

西南交通大学安全稳定工作管理规定

（2018 年 9 月 30 日发布）

第一章　总则

第一条　为切实做好学校安全稳定工作，进一步加强和维护学校安全稳定工作的规范化、制度化建设，把学校建设成为安定团结的模范之地，为学校改革发展提供有力保障，为社会和谐稳定注入正能量，特制定本规定。

第二条　学校安全稳定工作坚持以马克思列宁主义、毛泽东思想、邓小平理论、“三个代表”重要思想、科学发展观、习近平新时代中国特色社会主义思想为指导，全面贯彻落实党的十九大精神，践行总体国家安全观，维护国家政治安全和意识形态安全，坚决维护习近平总书记的核心地位，坚决维护以习近平同志为核心的党中央权威和集中统一领导，不断巩固马克思主义在意识形态领域的指导地位，贯彻落实立德树人根本任务，以党中央方针政策和国家法律法规以及上级领导机关有关文件为依据，结合学校实际开展工作。

第三条　统筹好学校改革、发展与稳定的关系，不断增强忧患意识，做到居安思危，防患于未然。牢牢坚持“稳定是硬任务，是第一责任”的原则，完善工作体系，强化组织领导和维稳责任，明确工作职责，健全维稳制度体系，落实维稳措施，强化宣传教育，有效预防和妥善处置各类涉稳突发性事件。

第二章　组织机构

第四条　学校成立“西南交通大学安全稳定工作领导小组”，组成如下：

组长：党委书记、校长。

常务副组长：分管安全稳定工作的校领导。

副组长：分管宣传思想工作、意识形态工作、保卫工作、学生工作、信访工作、网络工作、后勤工作的校领导。

成员：党政办公室、党委组织部、党委宣传部、党委统战部、党委教师工作部、党委学生工作部、党委老干部部、党委保卫部、工会、团委、教务处、研究生院、文科建设处、人事处、国际合作与交流处、资产与实验室管理处、后勤与基建管理处、产业处、信息化与网络管理处、峨眉校区党工委、产业（集团）公司、心理研究与咨询中心、远程与继续教育学院、附属中学、子弟小学等单位的主要负责人。

第五条　学校安全稳定工作领导小组下设办公室，办公室挂靠在学校党政办公室。领导小组办公室主任由学校党政办公室副主任兼任。

第六条　学校各二级单位成立安全稳定工作小组。

党政机关部门（业务直属部门）安全稳定工作小组由部门主要负责人担任组长。教学科研单位安全稳定工作小组由党政主要负责人担任组长，指定一名副职担任副组长。各二级单位设完全稳定工作信息员 1 名。

第三章　工作职责

第七条　学校安全稳定工作实行分级负责制，构建党政齐抓共管、校院两级联动、共同承担维稳责任的工作格局。

学校安全稳定工作领导小组对学校的安全稳定负总责。学校党委书记、校长是维护学校安全稳定的第一责任人；党政领导班子成员根据工作分工，对职责范围内的安全稳定工作负直接领导责任。

各二级单位安全稳定工作小组对本单位的安全稳定负总责。各二级单位的安全稳定工作小组组长是维护本单位安全稳定的第一责任人，要认真履行“一岗五责”（业务工作职责、党风廉政职责、思政工作职责、安全稳定职责、保密职责）。

机关各职能部门主要负责人要对业务范围内的安全稳定工作负责。牵头推进业务范围内安全稳定工作的组织实施、培训教育、监督、管理与处置，一旦发生影响学校安全稳定的重大问题和群体性事件，要从业务工作和政策层面第一时间开展处置工作，迅速平息事态。

第八条　学校安全稳定工作领导小组的职责：

1. 贯彻落实党中央、教育部和四川省委、省政府关于维护学校安全稳定工作的部署，全面负责学校安全稳定工作的组织与领导。

2. 在学校党政领导下，统筹学校政治安全与意识形态安全工作，处置有关意识形态、民族宗教，防范处理邪教、校园安全、学校及周边治安综合治理等涉及学校稳定的各项工作，处置群体性事件、网络信息安全、公共卫生、事故灾难、自然灾害、师生意外死亡等突发性公共事件。

3. 定期分析、研判学校安稳形势，指导、检查学校的安全隐患排查治理工作。

4. 组织和启动各类突发性公共事件应急处置工作。

第九条　学校安全稳定工作领导小组办公室职责：

1. 在学校安全稳定工作领导小组的领导下具体负责学校安全稳定日常工作和各项维稳工作的落实与实施。

2. 负责特殊敏感时期校领导值班、带班的安排，督促全校各单位领导带班、专人值班制度的执行，确保紧急情况下全校信息渠道 24 小时畅通。

3. 负责收集国际国内涉稳动态、校园涉稳舆情等安稳信息，汇总后及时向领导小组汇报。

4. 负责向教育部、四川省教育厅上报学校涉稳动态及应急处置工作情况，统一下达领导小组指令和向校内有关部门通报情况。

5. 组织全校各单位定期开展校园安全大检查、稳定隐患排查和矛盾纠纷排查工作，并督促有关单位对各项安全隐患进行扎实有效的整改和治理。

6. 组织、协调相关单位开展校园及周边治安综合治理、疫情防控、学校安全保卫和群体性突发事件应急管理等涉稳重点工作，切实维护学校的安全稳定。

7. 总结突发安稳事件应急处置的经验教训，不断健全和完善安稳事件的应急处置预案和学校的突发公共事件应急预案。

8. 统筹、组织及督察检查全校各单位开展安全稳定工作的宣传教育。

第十条　各二级单位安全稳定工作小组职责：

1. 负责本单位的安全稳定工作，认真贯彻落实学校安全稳定工作领导小组及办公室的各项工作要求，妥善处理本单位涉及安全稳定的各类事件。

2. 负责特殊敏感时期本单位的领导带班、专人值班安排。

3. 定期开展安全稳定形势研判，加强安稳信息报送。

4. 负责本单位的安全检查、隐患排查、建立台账和矛盾纠纷的排查与整治。

5. 密切关注本单位重点人员的思想动态以及可能引发事端的各种矛盾和不稳定因素，做好思想政治工作，有效化解各类矛盾。

6. 组织实施本单位安全稳定工作的宣传教育。

7. 总结突发安稳事件应急处置的经验教训，建立健全本单位、本业务范围内的安全稳定工作管理制度及应急预案。

第十一条　全校师生员工均有责任、有义务维护校园安全稳定，不得传播影响校园安全稳定的谣言，不得散布有违国家法令法规、基本政策的言论，不得从事破坏教学、科研、生产等各项工作秩序的非法活动，不得参加校内外未经公安部门批准的游行、示威、集会活动，不得加入各种非法团体组织。

第四章　工作机制

第十二条　定期沟通机制。

1. 学校安全稳定工作领导小组每年度至少召开一次专题会议，学习传达上级部门有关文件精神，分析研判学校安全稳定工作形势，部署安全稳定工作。

2. 学校安全稳定工作领导小组办公室根据学校安全稳定工作领导小组安排，定期组织召集领导小组相关成员召开安全稳定工作专题会议，传达上级教育主管部门相关维稳工作会议精神，通报学校安全稳定工作情况，总结和交流维稳工作经验，部署落实学校安全稳定的各项工作措施。

3. 各二级单位安全稳定工作小组应将安全稳定工作纳入重要议事日程，与教学、科研、管理工作同研究、同部署、同落实，使维护安全稳定工作日常化、制度化、规范化。

4. 以上各级会议均可根据需要适时召开，研究解决事关学校安全稳定的重要问题，及时采取有效防范措施，妥善处置突发安稳事件，切实确保校园安全稳定。

第十三条　排查化解机制。

1. 安全稳定工作领导小组及办公室、各二级单位安全稳定工作小组要认真持续开展影响学校、院系和各部门稳定的矛盾纠纷、安全隐患和不稳定问题的排查与整治工作，将经常性排查与定期排查、重点排查与普遍排查、网上排查与线下排查、内部排查与配合有关部门排查、特殊敏感时期专项排查与日常抽查相结合，争取早发现、早处置、早化解。

2. 安全稳定工作领导小组办公室和各二级单位安全稳定工作小组对排查出的问题和矛盾要建立台账，落实化解责任、落实化解人员、落实化解措施，及时把问题解决在校内，化解在基层。

3. 各单位排查化解情况要及时报告给安全稳定工作领导小组办公室备案。

第十四条　分析研判机制。

1. 安全稳定工作领导小组及办公室、各二级单位安全稳定工作小组要始终保持高度的政治敏感性，依法管理境外非政府组织在高校的活动，防范敌对势力渗透，密切关注社会动态，分析校园舆情，了解师生诉求，梳理学校各项工作中存在的问题，通过安稳工作定期沟通机制，对各种涉稳动态、舆情、各类问题和隐患进行分析研判，进一步找准问题出现的原因、部门和环节，有针对性地落实防范措施和工作力量。

2. 安全稳定工作领导小组办公室和各二级单位安全稳定工作小组要加强综合分析，形成有数据、有情况、有研判、有对策的综合材料，开展对突出问题的跟踪、督导、检查、反馈工作。对可能影响学校安全稳定的重大隐患和突出问题，要及时报告领导小组，经领导小组同意后上报教育部和四川省教育厅。

第十五条　信息报送机制。

1. 若有突发性、群体性事件发生，现场有关人员应当立即向本单位负责人报告，并第一时间向领导小组办公室及相关校领导上报情况信息。信息报送要求迅速、准确，按照“先口头、后书面”的原则进行。事件发展变化情况和有关工作情况应及时续报。

2. 日常报送实行网格化管理。按照“业务定界、逐级分解、全面覆盖、动态调整”的原则，将各二级单位作为信息报送的基本网格，明确日常报送的责任范围；各单位信息员要切实担负起搜集和报送日常稳定情况和动态信息的责任，要充分发挥各基层党组织、思想政治工作队伍、学生骨干的作用，进一步畅通和拓宽信息报送渠道，形成横向到边、纵向到底、渠道畅通、反应灵敏的信息网络，确保安全稳定工作领导小组及时了解、查清和掌握情况，及时妥善处置。

3. 加强对讲座、论坛、报告会、研讨会、读书会等的引导和管理，实行“一会一报”“一事一报”制度。

4. 凡涉及校园安全稳定的信息，由学校安全稳定工作领导小组办公室负责统一向上级主管部门报送，其他单位和个人均不得擅自向校外报送有关我校安全稳定的信息。

5. 对校外媒体发布涉及校园安全稳定的新闻或信息，均由党委宣传部统一负责。任何单位和个人都不得以任何形式以学校的名义对外发布和传播相关信息。

第十六条　应急管理机制。

1. 各职能部门建立健全应急处置预案，并根据形势的发展变化，不断修订和完善应急预案。对出现的新情况、新问题要及时制定专项预案，切实增强预案的针对性、操作性和实效性。

2. 加强日常应急管理工作，抓好应急知识宣传教育和预案的培训和演练，提高相关工作人员应急处置的能力和水平。

3. 一旦发生涉及学校安全稳定的重大事件或群体性事件，学校安全稳定工作领导小组视情况迅速启动预案，依法果断、妥善处置。

第十七条　督促检查机制。

1. 安全稳定工作领导小组办公室要采取重点督查、联合检查、随机抽查和明察暗访等多种方式，经常性地开展学校各项维稳工作落实情况的督促检查工作。

2. 督促检查原则上实行“学期通报、年度考核”制度，每学期对学校维稳工作情况进行一次督查，在安稳工作有关会议上通报各单位在维稳工作方面存在的问题，督促工作的“再落实”；结合年终工作考核，对各单位维稳工作情况做出总结评价，作为各单位安全稳定工作的考核和奖惩依据。

第十八条　值班工作机制。

1. 日常值班：学校保卫处 110 报警中心实行常年 24 小时值班制度，九里校区值班电话为 028-87600110、87600119，犀浦校区值班电话为 028-66366110、66366119，峨眉校区值班电话为 0833-5198110；学校安全稳定工作领导小组及办公室、各二级单位安全稳定工作小组负责人须保持 24 小时手机通信畅通。

2. 特殊敏感时段值班：学校安全稳定工作领导小组办公室负责学校领导值班、带班安排以及学校总值班室值班；各单位的安全稳定工作值班由安全稳定工作小组负责安排，并上报领导小组办公室。

3. 值班期间，值班人员要坚守岗位，保持通信畅通，主动搜集涉稳动态和安稳情况，第一时间向学校安全稳定工作领导小组办公室上报安稳信息和值班情况。

第十九条　保障工作机制。

1. 组织保障。建立“领导小组—各二级责任部门—教学科研单位”的三级责任体系；学校将安全稳定工作纳入“一岗五责”范畴，纳入单位年度考核指标体系，实行重大安全稳定事故“一票否决”制。

2. 物资保障。实验室与设备管理处要确保学校所需维稳工作物资和设备的及时采购，为妥善处置各种涉稳事端和突发公共事件提供物资保障。各重点涉稳工作部门要根据维稳工作需要，做好维稳和应急处置的物资储备和保管工作，定期对各种维稳工作设施和设备进行检查和维护。

3. 经费保障。学校计划财务处要将学校维稳工作所需日常运行经费 50 万元纳入每年的学校财务预算，学校安全稳定工作领导小组负责维稳经费的管理。维稳工作专项经费用于学校维稳工作所需的宣传教育活动、演练活动、人员培训、应急处置、安稳基本设备、表彰奖励、维稳值班等各项费用支出，专款专用。同时，计划财务处还要对学校妥善处置突发公共事件做好经费保障工作。

4. 队伍保障。在学校安全稳定工作领导小组的统一领导下，各突发公共事件处置工作组要加强信息网络专家组、网络安全员队伍、自然灾害应急处置专家组、综合应急志愿者服务队等应急处置工作队伍的建设，加强对队伍的管理、培训和演练，提高队伍的应急处置能力和水平，充分发挥其在应对突发公共事件中的作用，为迅速、妥善处置突发公共事件提供队伍保障。

第二十条　宣传教育机制。

1. 学校安全稳定工作领导小组办公室统筹、组织及督察、检查全校各单位开展安全稳定工作宣传教育的实施情况。

2. 各二级单位安全稳定工作小组负责制订和组织实施本单位及业务范围内的安全稳定工作学习计划，并报学校安全稳定工作领导小组办公室备案。

3. 积极开展心理健康教育、心理疏导和人文关怀，把解决思想问题同解决实际问题结合起来，不断提升师生心理健康素质，培育理性平和的健康心态，为学校和谐稳定注入正能量。

4. 在学校安全稳定工作领导小组的统一领导下，各突发公共事件处置工作组要通过适当方式加强对各类突发公共事件应急处置预案的宣传和教育，提高全校师生的应急避险意识和技能；同时要加强对处置工作组成员的专项培训，每年定期组织突发公共事件应急处置演练，并根据突发事件的处置实践和演练过程中暴露出的问题，对各类预案做进一步的修订和完善。

第二十一条　责任工作机制。

1. 学校安全稳定工作严格执行责任制和责任追究制，由学校安全稳定工作领导小组组长与各教学科研单位党政主要负责人以及各党政机关部门（业务直属部门）主要责任人签订“西南交通大学安全工作目标责任书”；各二级单位要层层分解安全责任，逐级签订相应安全工作责任书。

2. 因下列原因造成后果的要追究相关人员和领导的责任：安全稳定机构不健全、措施不落实；不能及时发现、报告、化解安全稳定隐患而引发安全稳定事故；误报、漏报或瞒报安全稳定信息；不能及时、妥善处置突发安稳事件而引发连锁反应或造成其他严重后果等。

第五章　处置原则和程序

第二十二条　处置原则。

学校安全稳定工作处置原则为“以人为本、生命第一；统一指挥、快速反应；处置得当、确保稳定”。全校上下要提高认识，切实增强政治敏感性和应急处置能力，加强信息报送工作，落实防范措施和工作力量，化解安全隐患和矛盾纠纷，及时妥善处置突发安全稳定事件，确保学校安全稳定。

第二十三条　处置程序。

1. 信息报送。信息报送人要第一时间向本单位领导或直接向保卫处值班室和学校安全稳定工作领导小组办公室报送信息，各单位领导接到安稳信息后要立即报学校安全稳定工作领导小组办公室。

2. 接警处理。学校保卫部门接警后，要立即安排人员到达现场，设法采取有效措施控制事态发展，并做好现场保护工作，同时进一步做好信息的确认和收集工作，并将事件发生发展和先期处置情况报学校安全稳定工作领导小组办公室。

3. 研究布置。安全稳定工作领导小组办公室应在接报后立即研究制定处置方案，并报领导小组负责人。经领导小组同意后领导小组办公室立即对处置工作进行布置，并在接报 1 小时内将事件发生情况和处理情况上报教育部和四川省教育厅。

4. 迅速处置。在领导小组指挥下，相关职能部门启动预案，立即组织相关单位开展处置工作，要在第一时间做好校内引导、第一时间做好对外澄清，坚决避免形成社会舆论热点，迅速平息事态。

5. 善后处理。消除事件发生的不良影响，总结事件处置的经验教训，及时修订并完善学校安全稳定工作处置预案。

第二十四条　突发公共事件处置原则和程序按照《西南交通大学突发公共事件应急预案》执行。

第六章　考核与奖惩

第二十五条　学校每年年底对各单位安全稳定工作的开展情况进行考核。重点考核内容包括安全稳定工作力量配备情况、师生思想动态等安全稳定信息报送情况、维稳责任落实情况、隐患排查化解情况、突发安稳事件处置情况，涉及安全稳定的各项预案、制度，以及全年为维护学校安全稳定所做出的具体业绩等。年度考核工作由学校安全稳定工作领导小组办公室负责。

第二十六条　学校设立安全稳定工作专项表彰，对在维稳工作中做出突出贡献的单位和个人给予表彰和奖励。

第二十七条　对玩忽职守、疏于防范、工作不力等原因造成安全稳定工作重大过失的单位和人员，学校将追究其相应责任，触犯法律的移交司法部门处理。

1. 对不重视安全稳定工作，不履行相应职责的单位和人员，予以批评教育并责令整改。

2. 对误报、漏报或瞒报突发事件信息造成较为严重后果的，在一定范围内予以通报批评，并视情节轻重分别给予党纪、政纪处分。

3. 在维护校园安全稳定工作中不履行职责而导致严重后果的，在一定范围内予以通报批评，并按学校有关规定给予党纪、政纪处分。

4. 凡经学校安全稳定工作领导小组认定在维护校园安全稳定工作中存在过错的人员，在一定范围内予以通报批评，当年考核不得评为“合格”及以上等级，不得评选为各类先进。

第七章　附 则

第二十八条　本规定适用于校内各单位。

第二十九条　各相关职能部（处）、各教学科研单位视工作性质参照本规定制定安全稳定工作相关规章制度，做好相关工作。

第三十条　本规定由学校安全稳定工作领导小组办公室负责解释。

第三十一条　本规定自发布之日起实施。原《西南交通大学安全稳定工作管理规定（试行）》（西交党〔2012〕6号）自本规定施行之日起废止。

西南交通大学安全生产工作管理规定

（2019 年 1 月 2 日发布）

第一章　总　则

第一条　为进一步加强对学校安全生产工作的监督、管理，明确学校各单位和各类人员在安全生产工作中的职责，防止和减少生产安全事故，维护学校正常的教学和生活秩序，确保师生员工生命和学校财产的安全，促进教学、科研、生产的健康发展，根据《中华人民共和国安全生产法》等法律法规的规定，结合学校实际，制定本规定。

第二条　本规定中的生产工作是指学校教学、科研、管理服务、实验实训实践、校园交通、消防管理、网络维运、生产经营、医疗卫生、饮食服务、基本建设、修缮改造、后勤服务、活动、自然灾害、水电气使用、危险品使用及特种设备使用维护等各类活动。安全生产是指不造成人员伤亡、不造成职业病以及不造成财产损失的生产工作。本规定适用于在学校范围内从事上述各类活动的单位和个人。

第三条　学校安全生产管理工作的主要任务是：宣传贯彻落实国家有关安全生产工作的方针政策和法律法规；建立健全学校安全生产责任制和安全生产规章制度；制定安全生产事故应急处置预案并监督执行；对师生进行安全生产宣传教育及管理；开展安全生产培训、预防安全生产事故的发生、重大危险源监控、安全生产隐患排查整治、安全生产经费投入、妥善处理各类安全生产事故等；改善安全生产条件，提高安全生产水平，确保安全生产与校园安全稳定。

第四条　安全生产工作应当以人为本，坚持安全发展。学校安全生产工作贯彻“安全第一，预防为主，综合治理”的方针，实行“统一领导、归口管理、逐级负责、重在预防”“管生产，必须管安全”和“谁主管、谁负责”的管理体制，做到安全生产工作与业务工作“五同时”（同时计划、同时布置、同时检查、同时总结、同时评比），并充分考虑三校区一体化的实际情况，做到“纵向到底，横向到边”，形成从校领导到二级单位负责人再到直接工作人员的全员安全生产和从决策层到管理层、执行层、操作层的全局安全生产工作局面。

第五条　学校各单位必须严格依照有关安全生产的法律法规和本规定，落实“一岗五责”要求，落实安全生产责任制，建立健全安全生产规章制度和操作规程，完善安全生产条件，实行安全生产控制指标督查考核制度和奖惩制度，确保安全生产。其中，由学校相关单位委托有关机构提供安全生产技术、管理服务的，保证安全生产的责任仍由委托单位负责。

第六条　学校安全生产工作是各单位和教职员工工作业绩与学生学业成绩考核的重要内

容，实行安全生产事故责任追究制度和“一票否决”制。发生安全生产事故的，依照本规定和有关法律法规，追究相关单位与人员的责任。

第二章　管理体系

第七条　安全生产工作领导小组。

1. 学校成立“西南交通大学安全生产工作领导小组”，组成如下：

组长：党委书记、校长。

常务副组长：分管资产与实验室工作的校领导。

副组长：分管保卫、后勤、校园规划与建设、学生工作的校领导、峨眉校区党工委、管委会主要负责人。

成员单位：党政办公室、资产与实验室管理处、保卫处、后勤与基建管理处、学生工作处、信息化与网络管理处、国际合作与交流处、校团委、招生就业处、教务处、研究生院、校工会、党委教师工作部、党委老干部部、人事处、科学技术发展研究院、文科建设处、产业处、峨眉校区党工委（管委会）、体育工作部、附属中学、子弟小学等单位主要负责人。

2. 安全生产工作领导小组主要负责学校安全生产工作的组织领导和统筹协调，落实上级主管部门有关安全生产相关工作的要求，研究决定涉及学校安全生产相关的重大问题，协调处理需要学校层面解决的安全隐患，研究提出对安全事故责任人、相关人员、相关部门的责任追究意见。

3. 学校安全生产工作领导小组下设办公室。办公室挂靠在党政办公室，办公室主任由党政办公室副主任兼任。办公室主要负责学校安全生产相关具体工作的协调、监督、检查，包括建立健全全校安全生产管理工作体系和相关工作制度，加强全校安全生产工作部署；组织学校各二级单位开展安全生产隐患的自查、整改，对全校各二级单的安全生产情况组织全面检查；加强对全校各二级单位安全生产工作的督查督办；撰写学校的安全生产工作报告等。

第八条　党政机关部门。

1. 对本部门内部（含下属和挂靠单位，下同）的安全生产工作全面负责。

2. 组织落实职能范围内的安全生产工作，并负责监督管理。

第九条　教学科研单位（含业务部门和直属单位，下同）。

1. 各单位成立安全生产工作领导小组，对本单位的安全生产工作实施组织领导和监督管理。

2. 组长由本单位正职领导担任，副组长由本单位分管安全生产工作的副职领导担任，成员由各系、部、中心等负责人及安全责任人等组成。

3. 领导小组设秘书或安全生产管理工作联络员一人，负责协调落实本单位安全生产的日常工作。

第十条　实行安全生产责任制。学校每年年初与各二级单位签订安全工作责任书，各二级单位应与其下属单位、挂靠单位、业务委托单位以及安全生产岗位责任人签订安全工作责任书，层层分解安全责任、逐级签订安全生产责任书。

第十一条 全校各单位应聘请专（兼）职工作人员作为本单位以及各安全生产活动场所的安全生产管理员（联络员），负责本单位以及相应安全生产活动场所安全生产工作的监督、检查、报告等工作。

第三章 安全生产责任

第十二条 校领导职责。

1. 党委书记和校长是学校安全生产工作的第一责任人，对学校安全生产工作全面负责。其主要职责是：保证党和国家有关安全生产工作的方针、政策与法律法规在学校的贯彻执行，提出全校安全生产工作总体要求；把安全生产工作列入学校议事日程，为安全生产工作提供组织、财力、物力保证。

2. 主管安全生产工作的校领导是学校安全生产工作的直接责任人，对学校安全生产工作负直接责任，负责学校安全生产工作的组织领导和统筹协调，主持学校安全生产工作领导小组的日常工作。其主要职责是：贯彻执行国家安全生产法律法规，组织落实上级布置的安全生产工作任务，负责审定学校安全生产工作计划、规章制度以及相关文件；部署并组织监督、检查学校安全生产工作。

3. 分管其他工作的校领导履行“一岗五责”，对各自分管工作范围内的安全生产工作负主要领导责任。其主要职责是：做好分管工作范围内的安全生产工作，督促所分管部门和单位落实安全生产职责；在各自职能范围内，对安全生产相关工作给予积极支持。

第十三条 党政机关部门负责人职责。

1. 正职领导是本部门安全生产工作的第一责任人，负责实施本部门内部的安全生产工作；负责监督管理本部门职能范围内的安全生产工作，履行职能范围内安全生产专责。

2. 部门副职领导对分管工作范围内的安全生产工作负监督管理职责。

第十四条 教学科研单位负责人职责。

1. 正职领导是本单位安全生产第一责任人，对本单位安全生产工作的组织领导和监督管理全面负责。

2. 分管安全生产工作的副职领导履行安全生产组织管理职责，对本单位安全生产工作负直接领导责任。

3. 分管其他工作的副职领导严格履行“一岗五责”，对各自分管工作范围内的安全生产工作实施监督管理，负领导责任。

第十五条 安全生产管理员职责。

1. 宣传贯彻国家有关安全生产的法律法规、方针政策和学校安全生产的规章制度，并对执行情况进行监督检查。

2. 忠于职守，坚持原则，掌握安全生产管理知识，熟悉安全生产相关技术；对本单位或本场所安全生产实施综合监督管理，及时反映本单位或本场所的安全状况，提出改进安全生产工作的建议。

3. 经常开展本单位或本场所的安全生产检查，及时纠正违章作业，对检查出的安全隐患及时报告并组织整改；发现有危及师生生命安全或其他危险情况时，有权责令停止作业。

4. 督促本单位或本场所从业人员遵守有关安全生产规章制度和安全操作规程，切实做到不违章指挥，不违章作业，不违反劳动纪律。

5. 确保本单位设备设施的安全运行。对于特种设备、危险设施落实安全负责人，有效期届满前向所在单位或有关管理部门提出定期检验要求，保证特种设备的按时年检。

6. 对单位和个人的违章违规且不予整改的行为，对安全生产工作不力的情况，及时向所在单位或直接向归口管理职能部门或学校安全生产领导小组办公室报告。

第十六条　教职工安全生产职责。

1. 遵守各项规章制度和劳动纪律，对本岗位的安全生产负责。

2. 按规定参加安全教育培训。

3. 熟悉有关安全生产的规章制度和安全操作规程，掌握本岗位的安全操作技能，正确操作和维护仪器设备、设施。

4. 结合岗位实际，定时进行安全检查，发现异常及时处理和报告；发生事故立即报告上级并按照事故预案程序处理，做好记录、保护现场。

5. 加强自我保护，有权拒绝违章作业的指令，有义务对他人违章作业加以劝阻和制止，做到“三不伤害”（不伤害自己、不伤害他人、不被他人伤害）。

6. 负责对所带学生的实验和实习、实训教学工作进行安全教育和管理。

第十七条　从业人员职责。

1. 从业人员指在学校直接从事本规定第二条所列工作事项的各类人员。

2. 从业人员应树立“安全第一，预防为主”的思想，在从业范围内，履行工作场所和工作岗位规定的安全生产职责，对自己所在岗位的作业行为负直接责任。

3. 从业人员在作业过程中，应严格遵守有关安全生产的规章制度和安全操作规程，服从管理，正确佩戴和使用劳动防护用品；作业前要检查设备及配套设施的安全情况；完成作业后，必须清理设备和场地，切断电源、气源、水源，熄灭火种，关好门窗，确保安全后，方可离开作业场所。

4. 从业人员发现事故隐患或者其他不安全因素，应当立即采取措施，消除隐患，并向本单位安全管理人员或者本单位负责人报告；从业人员有权拒绝违章指挥。

5. 从业人员应对安全设施、仪器、仪表、工具和各种安全、保险装置定期维护和检修；发现设备有异常情况应立即报告，严禁设备设施带故障运行。

6. 从业人员应接受安全生产教育和培训；特种作业人员经培训、考试合格并取得操作资格证书后持证上岗。

7. 发生安全生产事故，从业人员应及时报告，保护现场，并如实向事故调查人员提供情况。

8. 外出从事生产活动的各类人员，根据属地管理原则，遵守属地单位及生产活动场所的安全生产规定。

第十八条　职能部门职责。

1. 党政办公室。

把安全生产工作作为学校建设与发展的重要工作，在制定相关政策时，要充分考虑安全生产工作的需要；负责及时批转下发上级有关安全生产工作的文件，并督促检查承办情况，及时向上级有关部门呈报学校安全生产工作的报告；及时转达校内各单位报送学校的有关安全生产方面的报告、报表、简报、信息等。

2. 资产与实验室管理处。

负责对全校公有房屋的安全使用、全校实验室的技术安全生产以及危险品、实验室特种设备和实验教学的安全工作进行归口监督管理。建立健全学校实验室安全管理办法、实验室安全责任追究办法、实验室安全考试准入办法、易制毒化学品及放射性物品等危险品安全管理办法、特种设备安全管理办法、公有房屋安全管理办法、建筑物修缮维修装饰安全管理办法等；牵头定期检查实验设施设备安全运行情况，重点部位自动监控、泄漏检测报警以及通风、防火防爆设施设置维护及运行情况，尤其注重对危险化学品、废弃危险化学品、易制毒化学品、放射性物质等的安全检查和隐患排查；定期检查危险化学品购买、运输、存储、领用、登记、回收、废弃处置等各环节的制度落实情况；加强对学校危化物品保管人员和实验人员的岗位职责、安全操作规程、安全技能、应急措施、作业场所危险因素、安全意识等方面的安全培训、管理等。

3. 保卫处。

负责对全校交通和消防安全的归口监督管理。建立健全学校消防安全管理办法、交通安全管理办法、校园大型活动安全管理办法等；牵头组织实施与二级单位签订消防安全责任书，分解落实消防责任制；负责监督、检查、维护学校监控设施、消防设施等安全生产相关设备设施的正常使用；负责维护学校正常的教学、科研、生活秩序；负责校内道路交通和车辆停放管理；负责保护事故现场，并组织或参加安全生产事故及其灾害事故的调查工作。

4. 后勤与基建管理处。

负责全校地质灾害、基础设施建设及大型修缮改造工程项目安全工作的归口监督管理。建立健全学校基础设施建设安全管理办法；对承建单位的安全生产工作负全面监督管理责任；负责审查承建单位的安全资质审查，严格执行国家安全生产相关法律法规，合同中要明确安全生产责任，对承建单位的安全生产实施统一协调、管理；根据“谁用工，谁负责”的原则，严格落实对外用工的安全管理和教育培训，严格执行特种作业、动用明火等的规章制度；确保新建、改建、扩建工程项目严格执行安全生产“三同时”规定（新建、改建、扩建工程项目安全设施与主体工程同时设计、同时施工、同时投入生产和使用），项目审批和验收要符合安全生产方面的法律法规；对新建设备设施，要协助使用单位落实相关人员培训工作；工程招标过程中要审查投标单位的相关安全资质、安全证书；签订合同时，要严格执行国家安全生产相关法律法规，并明确双方的安全责任；负责组织对所负责工程的安全验收和鉴定以及防雷、防冻、防汛等工作。

代表学校行使后勤行政管理监督职能，归口监督管理全校后勤服务保障领域安全生产工作。负责对全校体育场馆、大学生会堂、学生活动中心等的安全使用管理和全校商铺、饮食、校车、医疗卫生、水电气使用及小型修缮工程等工作的归口监督管理。督促检查建立健全学校饮食安全管理办法、医疗卫生安全管理办法、水电气使用安全管理办法、校内车辆安全管理办法等；负责对承包、承建单位的安全资质审查的监督检查，严格执行国家安全生产相关法律法规，合同中要明确安全生产责任，对承包、承建单位的安全生产实施统一协调、管理；督促检查严格落实员工安全管理和教育培训，严格执行特种作业、动用明火等的规章制度；监督检查各项安全生产规章制度和规程的制定，对全校电气线路、变电设施、供用水设施以及所属运输车辆、特种设备的安全管理进行归口监督管理，督促制定安全技术操作规程，按照安全技术规范要求定期进行安全检查和检验，使设备保持良好状态，确保学校水、电、气、交通车辆等设施的安全运行。

5. 产业处。

负责全校校办企业安全生产工作的归口监督管理。建立健全学校校办产业经营安全管理办法；组织并督促各单位完善有关制度、组织安全检查、落实安全防范措施，及时消除事故隐患；会同有关部门做好校办企业安全生产事故的调查处理工作。

6. 学生工作处。

负责全校大学生安全教育、宿舍园区安全及日常安全的归口监督管理。建立健全学校大学生安全教育实施办法、大学生日常安全管理办法等；在新生入学教育和日常思想教育中，向学生宣传国家以及学校安全生产方面的规章制度，增强学生自我保护意识；研究制定有关学生工作方面安全规章制度，并组织实施；要把学生遵守安全生产法规作为评优评奖重要内容之一；组织或协助有关部门对学生在生产活动中的事故进行调查和善后处理。

7. 校团委。

负责全校大学生社团活动、大学生“三下乡”等社会实践活动安全的归口监督管理。建立健全学校大学生社团活动安全管理办法、大学生“三下乡”等社会实践安全管理办法；加强对参与社团活动、社会实践活动师生的安全教育和管理。

8. 教务处。

负责本科教育教学安全的归口监督管理。将政治安全、意识形态安全、安全通识课程等纳入本科生教育教学体系，研究制定本科生教育培养工作相关的安全规章制度，并组织实施；在制订和审查实验教学、工程训练等实践教学大纲时，应将安全教育列入计划，并督促执行；在教师培训、教学检查、工作考核、教学管理等过程中要体现安全方面的要求；认真做好学生实验、实习、课程设计、毕业设计等过程中的安全管理工作；将教学过程中涉及师生安全的事项作为教学评估与监督的一项重要指标。

9. 研究生院。

负责研究生教育教学及培养安全的归口监督管理。将政治安全、意识形态安全、安全通识课程等纳入研究生教育培养管理体系，研究制定研究生教育培养工作相关的安全规章制度，并组织实施；要把研究生遵守安全生产法规作为评优评奖重要内容之一；在制订和审查实验教学、工程训练、实习实训等实践教学大纲时，应将安全教育列入计划，并督促执行；在研究生导师培训、教学检查、工作考核、教学管理等过程中要体现安全生产方面的要求；将研究生培养过程中涉及师生安全的事项作为教学评估与监督的一项重要指标。

10. 科学技术发展研究院。

负责全校科学技术研究相关安全工作的归口监督管理。建立健全学校科学技术研究安全管理办法，注重科研保密安全管理；科研、生产工作中要高度重视安全生产工作，坚持安全第一的原则；组织开展大型科研试验和危险性较大的科研项目时，由承担科研项目的二级单位提出申请，进行安全论证和采取安全防护措施，并落实安全负责人；签订和审查合同时，要严格执行国家安全生产相关法律法规，并明确双方的安全责任；参加科研、生产开发项目的安全检查和事故调查、分析、处理。

11. 信息化与网络管理处。

负责全校信息网络安全工作的归口监督管理。建立健全学校信息网络安全管理办法；负责对全校信息网络系统的统筹管理，切实落实信息安全技术工作责任制，完善信息网络安全事件的应急管理。

12. 国际合作与交流处。

负责全校留学生安全工作的归口监督管理。建立健全学校留学生安全管理办法；协调有关单位做好来华留学生的安全教育和管理工作。

13. 体育工作部。

负责全校各种体育活动安全工作的归口监督管理。落实教育部《学校体育运动风险防控暂行办法》，建立健全学校体育活动安全管理办法。

14. 人事处。

负责将安全生产工作和安全事故“一票否决”制纳入岗位设置，人员聘用，新入校教职工培训，教职工晋升、考核、评奖和单位工作目标考核等工作中。按照国家规定，合理配备安全生产管理人员，使人员编制、人员素质与所担任的任务相适应；将安全生产教育纳入新入校教职工岗前培训中，新职工经考试合格后才能上岗工作，把安全生产工作作为职工晋升、评奖的主要考核内容之一；在分配职工从事特种作业和有害健康作业时，应严格执行劳动保护和女工保护方面的规定，并考虑从业人员身体素质等条件；对职业禁忌症人员和因工伤、职业病不能从事原来工作的职工，应妥善安排适当工作；搞好职工劳动纪律教育，对严重违反劳动纪律的职工提出处理意见；参加安全生产事故的调查和处理，执行对事故责任者按学校相关规定做出的处理决定。

15. 保密委员会办公室。

负责全校保密安全及各保密场所安全生产工作的监督管理；在实施保密方案时，要充分考虑保密场所安全通道等安全生产相关要求。

16. 党委组织部。

应将安全生产工作纳入干部培训、考核、晋升等工作体系；教育干部自觉遵守安全生产规章制度，并把单位安全生产工作纳入考核领导班子和干部的重要内容。

17. 党委宣传部。

要协助相关部门做好安全生产宣传工作，充分利用校园电视、广播、报纸、橱窗、网络等媒介广泛开展宣传教育活动。

18. 监察处。

负责对全校各单位履行安全生产监督、管理职责的情况进行再监督，并参与学校安全事故的调查处理。

19. 战略发展处。

在编制学校建设发展规划时，要同时提出安全生产要求，把提升学校安全生产管理水平列入发展规划。

20. 计划财务处。

根据国家和上级规定，按照实际需要，确保安全生产工作、安全技术改造和安全科技所必需的运行经费纳入年度预算，并监督专款专用；要严禁劳动防护用品以任何货币形式替代实物发放。

21. 审计处。

负责对全校安全生产技术改造相关经费使用情况的审计。

22. 校工会。

宣传贯彻国家有关职业安全卫生方针政策，监督和协助相关单位做好安全生产工作；关心从业人员劳动条件的改善，反映广大教职工有关安全生产的合理要求，向学校提出建议；参与教职工伤亡事故的调查和处理，维护教职工的合法权益。

23. 党委教师工作部（教师发展中心）。

将安全教育纳入新教师入职教育、教师日常教育培训内容，组织开展有关安全教育培训。

第十九条　教学科研单位职责。

1. 贯彻执行上级有关安全生产的规章制度和落实学校安全生产工作任务，建立健全本单位安全生产管理制度，组织落实本单位安全生产工作，对本单位安全生产工作实施全面监督管理。

2. 在本单位各场所、各危险点均应设立专（兼）职安全管理员岗，负责日常生产活动中安全生产的监督、管理、报告工作。

3. 制定安全生产检查制度，定期开展安全生产检查，对存在隐患及时整改；及时向相关归口管理职能部门报告本单位安全生产状况和存在问题，并提出改进建议。

4. 积极开展安全生产宣传教育和培训工作，不断提高师生员工的安全素质，确保本单位特种作业人员持证上岗。

5. 保证本单位设备设施的安全运行；落实特种设备、危险设施的安全负责人；对新建设备设施，及时落实相关人员的安全生产培训工作。

6. 对下属单位的安全生产工作进行监督指导，定期与下属单位签订安全生产责任书。

7. 制定本单位应急救援预案，开展专项演练。

第二十条　其他未列单位、新设部门和机构的安全生产职责比照本规定第八条、第九条、第十八条、第十九条执行；凡机构调整，其安全生产职责随调整后的职能履行相应职责。

第四章　安全生产措施与保障

第二十一条　学校将安全生产工作纳入发展计划，建立和完善安全生产责任制，定期召开安全生产工作会议，分析、布置、督促和检查学校的安全生产工作，并保障安全生产的必要投入。

第二十二条　各职能部门须定期组织有关人员对本部门职能范围内的工作进行安全检查，对查出的事故隐患要责令专人落实，限期整改；发现重大、特大事故隐患的，要责令立即排除；不能立即整改的，要加强防范、严格管理，并及时上报。

第二十三条　从事生产活动的单位和个人必须遵守安全生产法律法规和相关标准，要建立健全教学、科研、生产经营安全管理制度，建立本单位需要的安全管理机构或配备安全管理人员，明确工作职责，保障安全投入，不断改善劳动条件。

各单位必须根据自身的情况和特点，制定相应的安全生产管理制度和岗位安全操作规程，张挂在醒目的地方，并严格执行。

第二十四条　实行各种形式的经济承包时，承包合同中必须有保障劳动者安全和身体健康的内容，并应明确规定各自应负的安全责任。

第二十五条　各单位的安全第一责任人、分管安全工作的领导、专（兼）职安全管理员，必须接受安全教育、参加安全培训，以具备安全管理和处理事故的能力。

各单位要有计划地对劳动者进行与其职业相关的安全教育培训，劳动者必须按规定参加安全知识培训。

特殊工种操作人员必须参加有安全生产监督管理部门认可的安全培训，并经考核合格后持证上岗。法律法规中另有规定的按其规定执行。

第二十六条　劳动者有权拒绝执行管理人员违章指挥、强令冒险的作业要求，有权对违反安全生产法律法规、规章制度以及危害生命安全和身体健康的行为做出批评、检举和控告。

校工会在发现行政方面违章指挥、强令从业人员冒险作业，或者教学、科研、生产经营过程中有明显的重大事故隐患或职业危害时，有权提出纠正意见和改进建议。

第二十七条　新建、改建、扩建工程项目，要按国家有关要求进行安全预评价，并应具有相应的劳动安全卫生设施。劳动安全卫生设施必须与主体工程同时设计、同时施工、同时投入生产和使用。初步设计审查和竣工验收，应当有技安、消防等部门参加。

第二十八条　涉及人体健康和人身财产安全的设备、设施的设计、制造、安装、使用、检验、维修、改造和报废，应当符合国家有关法律法规、标准和技术规范。

对高温、辐射、噪声、毒性、激光、粉尘、超净等有害人体健康的场所和环境要加强监督治理和定期检查。

各单位应提供和配备符合国家标准或行业标准的劳动防护用品，教育和督促相关人员按规定正确使用劳动防护用品，禁止劳动防护用品移作他用。

第二十九条　生产、经营、储存、运输和使用危险化学品、易燃易爆物品的单位必须严格遵守国家有关法律法规、标准和规定，建立健全危险化学品、易燃易爆物品的安全管理制度及安全操作规程。

第三十条　进行与易燃易爆、有毒有害性物品相关的教学、科研、生产、开发项目，从立项开始必须建立安全性评审制度。

第三十一条　积极推行安全生产科学管理，逐步建立完善的安全生产管理体系。

第五章　安全生产监督检查

第三十二条　学校安全生产领导小组办公室和各归口管理职能部门应当依照法律法规和本规定，对学校各单位和个人执行安全教学、科研、生产、经营、管理的情况进行监督检查。

第三十三条　安全生产监督检查的重点：

1. 查思想：查对安全生产的认识是否正确；查安全生产的责任心是否强；查对忽视安全

生产的思想和行为是否敢于斗争。

2. 查制度：查安全生产制度的建立和健全情况，有无违章作业情况；查安全生产制度的执行情况，有无违章冒险作业现象。

3. 查纪律：查岗位上劳动纪律、安全纪律的执行情况，有无擅离岗位或做与安全生产无关的事。

4. 查领导：查领导是否把安全生产摆到议事日程；查对安全生产成绩显著的师生员工是否做到及时表扬和奖励；查对忽视安全生产造成事故的责任者是否进行严肃处理；查生产与安全是否做到了“五同时”。

5. 查隐患：查是否做到了文明、安全生产；查是否存在不安全因素。

第三十四条　安全生产监督检查的形式：

1. 综合性安全生产大检查：每学期开学后 30 天内和每学期结束前 30 天内以及重大节假日、重要活动前，由学校安全生产领导小组办公室组织开展安全生产检查，着重检查各部门安全规章制度的落实情况、重点部位安全措施的实施情况、安全自查与隐患整改执行情况、安全教育与岗位培训情况、安全管理档案建立情况等。

2. 专业性安全生产检查：各归口管理职能部门每个月至少组织开展 1 次定期检查，同时要根据职能范围内生产工作的特点开展定期或者不定期的专项检查。每次检查要制订检查计划，对职能范围内和本规定所列重点领域，全面检查各教学科研单位安全生产工作情况，每次检查后要将检查情况汇总、建立档案，并形成专项检查报告和工作台账，提交安全生产工作领导小组办公室汇总分析。

3. 经常性安全生产检查：各教学科研单位要形成安全生产自查、预判、分析、评估长效机制，定期或不定期排查整治安全隐患、堵塞管理漏洞、强化源头治理。凡寒暑假、节假日放假前及重要活动前，应组织进行全面深入细致彻底的安全大检查，检查事故易发的重点场所、要害部位、关键环节和时点，对排查出的隐患要制表列出问题清单，建立台账，制定整改方案，落实整改措施、责任、资金、时限和预案，并对本单位安全生产状况进行全面评估。排查情况、整改方案和整改结果，经本单位主要负责人签字，在本单位内部公布。

4. 岗位性安全生产检查：师生员工每天要对自己所在岗位、作业现场工作、生活场所进行安全自检（包括对所带学生进入实验、实训、实习、实践场所的安全检查），重点检查设备安全状态、安全防护装置有效性、安全措施落实情况、作业场地安全规范符合情况、个人防护用品、用具准备情况等。

第三十五条　安全生产监督检查要坚持普遍检查与专业检查相结合；经常性检查与岗位性检查相结合；检查与整改相结合。

第三十六条　各单位和师生员工要对发现的问题和隐患进行梳理，按隐患整改“五到位”（时间、责任、措施、资金、预案）原则落实整改，分清责任，一定要按“三定”（定项目、定时间、定具体完成项目的人）措施实施，及时采取措施进行整改。无法解决的安全隐患，须立即逐级报告并提出整改方案，任何部门和个人不得隐瞒不报或拖延上报。

第三十七条　各单位建立检查与隐患整改台账，将每次检查与隐患整改情况形成书面报告提交学校安全生产领导小组办公室并存档。对于检查中发现的好经验、好做法或安全隐患或违反国家有关法律法规、学校规章制度等情况，要及时通过适当方式有针对性地向有关单位发出安全检查通报、安全隐患整改通知书或其他安全生产隐患整改意见，要求学习借鉴、限期整改或警示警告等。

第六章　教育与培训

第三十八条　实行学校、部门、岗位三级安全教育。教职员工须经“三级安全教育”后方能上岗。

1. 学校教职员工安全教育由人事处牵头组织安排，相关职能部门参与进行；校内企编人员的校级安全教育由人事处委托人员所在部门进行。

2. 部门（职能范围）安全教育由各部门自行组织。

3. 岗位安全教育由岗位所在单位组织。

第三十九条　教职工校内调动、变换工种、休假半年以上、更换试验项目、更换产品、采用新工艺、使用新装备时，须进行岗位安全教育。

第四十条　凡从事特殊工种的作业人员，如电工、电焊工、锅炉工、压力容器操作工、起重工、爆破工、金属焊接工，校内专用机动车辆驾驶员、建筑登高架设作业人员、易燃易爆危险作业人员等，在“三级安全教育”或变换工种教育的基础上，还应按国家有关规定进行专业培训考核与复审教育，并取得合格操作证方能上岗作业。

第四十一条　领导干部及专兼职安全员的培训教育。

1. 领导干部根据国家规定参加主管部门及省市安全培训和再教育。

2. 每年由职能部门组织对专（兼）职安全员进行不少于 4 小时的安全培训教育。

第四十二条　全员安全教育。

各单位要定期或不定期开展形式多样的全员安全宣传教育活动，尤其是要突出重点领域、重点岗位师生的安全教育和培训。结合国家“安全生产月”活动主题，对本部门师生组织专题安全宣传教育。

第四十三条　各单位要建立安全教育培训档案，记录参加人员、安全教育与培训内容及效果。

第七章　应急处置预案与演练

第四十四条　应急处置预案主要包括应急处置组织及其职责、应急处置启动程序、紧急处置措施方案、应急处置组织的训练及定期演练、应急救援设备器材的储备和经费保障。

第四十五条　学校安全生产领导小组办公室牵头制定学校安全生产事故应急处置预案。

第四十六条　各归口管理职能部门根据国家法规要求及归口管理职责，制订相应的专项应急处理措施或专项预案，报学校安全生产工作领导小组审定，并按规定及时进行修订和完善。

第四十七条　各教学科研单位根据学校应急处置预案结合本部门实际情况，制定本部门或针对重点岗位的安全生产事故应急处置措施或专项应急预案，并持续修订、完善，报学校安全生产工作领导小组办公室备案。

第四十八条　各单位根据实际情况配备应急装备、设施，储备应急物资，并进行经常性的检查、维护、保养，确保其完好、可靠。各单位如有应急特殊需要，应向归口管理职能部门提交配备方案，并负责进行经常性的检查、维护、保养，确保其完好、可靠。任何单位和个人都应当支持、配合事故抢救，并提供一切便利条件。

第四十九条　各归口管理职能部门每年至少组织一次专项应急预案演练；各教学科研单位结合本单位或重点岗位实际每半年至少组织一次应急预案演练。

第五十条　各单位建立演练档案，记录演练实际情况，对演练效果进行评估；根据评估结果，修订、完善应急预案，改进应急管理工作。

第八章　事故调查与处理

第五十一条　安全生产事故发生后，当事人或事故现场有关人员应及时采取自救、互救措施，以减少人员伤亡和财产损失，并保护好事故现场，同时立即向主管领导和有关归口管理职能部门报告（特别紧急或发生人员伤亡事故要立即向学校安全生产工作领导小组办公室报告）。事故单位负责人、各归口管理职能部门和学校安全生产工作领导小组办公室接到事故报告后应迅速组织抢救，防止事故扩大或者发生次生事故，减少人员伤亡和财产损失，并按事故报告规定向学校或上级管理部门如实上报事故情况，不得隐瞒、谎报或故意拖延不报，不得破坏事故现场和毁灭有关证据。发生安全生产事故的单位主要负责人和有关人员不得在事故抢救期间和事故调查处理期间擅离职守、逃离事故现场；不在单位的应当立即返回。

第五十二条　发生安全生产事故后，由安全生产工作领导小组办公室、归口管理职能部门、工会、人事处、监察处等部门组成学校事故调查处理组，严格实施“四不放过”（事故原因没有查清楚不放过，事故责任者没有受到严肃处理不放过，师生员工没有受到教育不放过，防范措施没有落实不放过）原则，参照中华人民共和国国务院令第 493 号《生产安全事故报告和调查处理条例》进行事故调查处理。

第五十三条　事故调查处理组成员与事故单位及有关人员有利害关系的，应当回避。事故调查处理组成员应当在事故调查处理组的统一领导下工作，严格遵守调查纪律，保守调查秘密。

第五十四条　事故调查组应当履行下列职责：

1. 查明事故经过、人员伤亡和经济损失情况。
2. 查明事故原因和性质。
3. 确定事故责任，提出对事故责任者的处理建议。
4. 提出防止事故再次发生的措施、建议。
5. 提交事故调查报告。

第五十五条　事故调查报告应当包括下列内容：

1. 事故单位的基本情况。
2. 事故发生的时间、地点、经过和事故抢救情况。
3. 人员伤亡和经济损失情况。
4. 事故发生的原因。

5. 事故的性质。
6. 对事故责任者的处理建议。
7. 事故教训和应当采取的措施。
8. 事故调查组成员签名名单。
9. 其他需要载明的事项。

第五十六条　事故调查处理组应当在牵头部门的主持下，经过科学分析、充分协商，形成事故调查处理报告；对于超出事故调查处理组专业能力范围的事项可通过聘请专业人士或专业机构等方式进行调查、分析。

事故调查处理组对事故的分析和处理建议，应当取得一致意见。不能取得一致意见的，事故调查处理组的牵头部门有权提出结论性意见；对结论性意见有不同意见的，应当协商处理；经协商仍不能达成一致意见的，报学校安全生产工作领导小组决定。

学校安全生产工作领导小组认为事故调查处理报告存在问题的，可以责成事故调查处理组进行复查或者补充调查。

第五十七条　事故调查处理组应当自事故发生之日起 60 日内完成事故调查工作，并提交事故调查处理报告，特殊情况不得超过 90 日。国家另有规定的，从其规定。

第五十八条　事故调查处理组有权向事故单位、有关部门或有关人员了解情况并索取资料，任何单位和个人不得拒绝。事故单位主要负责人和有关人员，应当接受事故调查组的询问、调查，并如实提供有关情况和资料。

第五十九条　事故调查中需要进行技术鉴定的，由事故调查处理组委托具有相应资质的单位进行鉴定或者组织专家进行鉴定，有关费用由事故单位支付。

第六十条　相关归口管理职能部门或学校安全生产工作领导小组应当自接到事故调查处理报告之日起 30 日内，按照归口管理职能部门专项管理规定和本规定作出事故处理决定。

第六十一条　事故处理决定应当包括下列内容：

1. 事故的性质。
2. 事故的责任。
3. 对事故责任单位和有关责任人员的处理决定。
4. 事故防范措施和整改措施。

第六十二条　事故单位或有关人员应当自收到事故处理决定之日起 30 日内，将执行情况向相关归口管理职能部门和学校安全生产工作领导小组办公室报告。

第六十三条　相关归口管理职能部门和学校安全生产工作领导小组办公室应当对事故处理决定的执行情况进行监督检查。

第六十四条　由政府部门负责处理的事故按政府部门的处理意见执行。

第九章　考核与问责

第六十五条　学校将各单位安全生产工作纳入年度考核中，每年进行一次考核，考核内容主要包括：安全生产责任制、安全生产管理制度、安全管理网络、安全检查与隐患整改、安全教育与培训等安全生产管理内容的落实情况及安全事故发生处置情况。由学校安全生产领导小组组织进行考核。

第六十六条　对符合下列条件的集体或个人给予表彰或奖励：

1. 按照本规定要求，建立健全本单位的安全生产管理体系、明确各级人员安全生产职责、安全生产措施保障有力、定期开展安全生产监督检查。

2. 单位领导重视安全生产工作，认真贯彻执行安全生产法律法规、制度，全员切实履行安全生产工作职责。

3. 单位安全生产日常工作有计划、有措施、有落实、有检查、有总结。

4. 在改善劳动条件，防止伤亡事故、消除职业危害等方面取得显著成效或者有重大贡献的。

5. 在安全教学、科研、生产、经营、管理等方面取得科研成果、获得上级部门表彰，或者提出切合实际、行之有效并被采纳的合理化建议者。

6. 发现事故征兆，及时采取果断措施避免事故发生，或在事故隐患处置、事故抢险救护中表现突出的有功单位或个人。

7. 制止违章指挥、违章作业，使国家和人民利益免受重大损失的个人。

8. 考评期间，单位所属各类人员无违反安全生产规章制度的行为，未发生安全生产事件和事故。

奖励方法：授予荣誉称号或作为单项奖励对安全生产工作先进集体和个人进行奖励。

第六十七条　学校各级单位领导班子对本单位安全生产及发生的安全事故，在职责范围内负有全面领导责任；领导班子主要负责人和直接主管的班子成员承担主要领导责任；参与决策和工作的班子其他成员承担重要领导责任；在职责范围内，不履行或者不正确履行自己的职责，对造成的损失或者后果起决定性作用的行为人为直接责任人。安全事故发生后，学校将追究相关单位的领导责任和直接责任人的责任，追究责任时视事故情节、事故后果、责任大小，分别给予相应的处理。具体情况按照本规定第六十八条至第八十二条执行；构成违法犯罪的，将移交司法部门依法处理。

第六十八条　问责种类。

1. 针对人员：

① 检查。违规行为人以书面形式对违规行为作出检讨，包括违规事实、违规原因及整改措施。

② 约谈。由学校、归口管理职能部门或所在单位对违规行为人进行谈话及诫勉教育，指出其存在问题，督促其整改，帮助其吸取教训。

③ 通报。以一定形式将违规行为人的违规事实等情况在学校或教学科研单位内予以公布。

④ 取消评奖评优、职级职务晋升资格。违规行为人丧失参与学校或教学科研单位相关评奖评优的资格，或取消违规行为人的职级、职务晋升资格。

⑤ 责令经济赔偿。违规行为给学校造成实际经济损失时，学校有权要求违规行为人赔偿相应的经济损失。

⑥ 行政、纪律处分。处分种类及运用依照《事业单位工作人员处分暂行规定》、学校教职工行政处分规定、《西南交通大学学生纪律处分规定》进行；对于中国共产党员及领导干部还要依照《中国共产党员纪律处分条例》《中国共产党员问责条例》及领导干部管理规定进行相应的问责和组织调整、处理。

⑦ 移送司法机关。违规行为人具有违法行为的按照法律规定移送司法机关处理。

2. 针对二级单位：

① 约谈。由学校或归口管理职能部门对违规行为单位负责人进行谈话及诫勉教育，指出其存在问题，督促其整改，帮助其吸取教训。

② 通报。以一定形式将违规单位的违规事实等情况在学校予以公布。

③ 停止实验、生产。责令违规单位停止相关的实验、生产活动，并进行安全整改。

④ 一票否决。对违规单位年终考核降级或取最低等级，并取消相关的评奖评优资格。

以上责任追究的种类可以单独适用，也可以合并使用。

第六十九条　对违反安全生产相关规定，有下列行为之一、但尚未造成严重后果的，可视情节对相关单位进行约谈、通报或停止实验、生产，应视情节对相关责任人员进行检查、约谈或通报：

1. 未按要求制定本单位安全生产规章制度（包括管理制度、责任追究制度、应急处置预案等）。

2. 未落实安全管理责任制或未签订安全责任书。

3. 未履行安全教育培训职责的或不认真接受安全教育培训。

4. 未配备必要安全警示标识、安全防护设施及设备。

5. 未按规定储存、摆放易制毒化学品及放射性物品等危险品造成安全隐患。

6. 违反、指使或强令他人违反操作规程及相关规定购买、运输、使用或处理危险化学品、危险化学品废弃物、各类仪器设备等。

7. 违反、指使或强令他人违反安全准入制度、项目安全审核制度、保密安全、水电气消防（包括防雷、防汛）安全及日常内务安全规定。

8. 未对安全设施及相关仪器设备定期检修和维护。

9. 不服从、不配合政府部门、学校或归口管理职能部门、本单位开展各类安全检查工作。

10. 接到口头或书面整改通知，拒不整改或不认真整改或未及时告知、组织、督促整改。

11. 未根据要求及时排查、消除安全隐患，或未组织、督促、协助消除安全隐患。

12. 发现安全隐患未及时采取整改措施或隐瞒不报。

第七十条　对违反安全相关规定，有下列行为之一的，应对相关单位进行停止实验、生产或单位考核一票否决，应视情节对相关责任人员进行约谈，通报，取消评奖评优、职级职务晋升资格，或相应的行政、纪律处分，造成实际损失的责令其赔偿相应损失：

1. 屡次发生本规定第六十九条规定的行为。

2. 未经审批私自购买使用剧毒、易制毒、易制爆化学品。

3. 未采取必要的措施导致危险化学品、放射性物品被盗或遗失，或发生上述情况不立即上报学校有关部门。

4. 暴力抗拒政府部门、学校或归口管理职能部门、本单位管理和检查，或对管理人员进行人身攻击或侮辱。

5. 未经许可擅自启用被封实验室，或管理失误造成他人可以随便进出被封实验室，或得知他人私自启封被封实验室，有义务采取措施并报告相关部门，但未及时采取措施并及时报告相关部门。

6. 由于玩忽职守、滥用职权等，本单位或本人的职责范围内发生安全事故，给学校或他人造成一般财产损失、但未造成人员伤亡。

7. 对涉及职业危害因素或劳动安全设施的新、改、扩建项目没有上报学校安全生产监督管理部门，或没有做到职业卫生或劳动安全设施与主体工程同时设计、同时施工、同时投入生产和使用而造成安全隐患的单位和个人。

第七十一条　对违反安全相关规定，有下列行为之一的，应对相关单位考核一票否决，应视情节对相关责任人员进行取消评奖评优、职级职务晋升资格，或相应的行政、纪律处分，造成实际损失的责令其赔偿相应损失：

1. 由于玩忽职守、滥用职权等，职责范围内发生安全事故，造成人员伤亡或给学校或他人的财产造成重大损失。

2. 发生造成财产损失或人身伤亡的安全事故后未立即组织救援、未采取措施处置、隐瞒不报或不如实反映事故情况，或未及时将事故报告上级领导和有关职能部门。

3. 违反国家各级部门和学校的有关规定，管理不到位、管理不善、操作失误等，造成安全生产事件或轻微事故发生。

4. 未履行安全职责，或发现安全隐患未及时有效整改和报告上级领导，或接到相关报告后未采取有效措施，造成安全生产事件或轻微事故发生。

5. 责任单位未进行实验室安全设施定期检修和维护，造成安全生产事件或轻微事故发生。

第七十二条　有下列情形之一的，应当从轻处分：

1. 日常管理中，认真贯彻执行安全生产工作有关法律法规，落实安全生产工作责任制，非因个人主观原因发生安全生产事故的。

2. 主动采取措施，有效避免或者挽回损失的。

3. 检举他人安全生产重大违法违纪行为，经查证属实的。

第七十三条　有下列情况之一的，相关责任人和责任单位从重或加重处理。

1. 安全隐患问题或安全生产事件、事故一年内出现两次及以上的。

2. 针对严重违规违纪行为，学校下发隐患整改通知单后，仍不按期整改的。

3. 针对可能造成人员伤亡事故的，经学校上级主管部门告知后，仍不整改的。

第七十四条　从事危险品科研人员，因违规造成轻微及以上事故的，停止一切涉及危险品的科研实验至少两年。

第七十五条　对责任人员的责任追究实行责任跟踪追究制度，已调离岗位的责任人员在任职期间有责任追究情形的，应当追究。

第七十六条　对于在上述行为中存在违法犯罪的，依法移送司法机关追究责任。

第七十七条　责任追究权限。

1. 校内各单位或师生个人发现有违反安全相关规定行为的，应及时向相关归口管理职能部门或学校报告。

2. 违反安全相关规定，需要在教学科研单位范围内作出检查，约谈，通报，取消评奖评优、职级职务晋升资格或停止实验、生产的，由教学科研单位安全生产工作领导小组研究决定。

3. 违反安全相关规定，需要在归口管理职能部门职能范围内作出检查，约谈，通报，取消评奖评优、职级职务晋升资格或停止实验、生产的，由相关归口管理职能部门研究决定。

4. 违反安全相关规定，需要在全校范围内作出检查，约谈，通报，取消评奖评优、职级职务晋升资格，停止实验、生产或实行一票否决的，由相关归口管理职能部门或事故调查处理组提出建议报学校安全生产工作领导小组决定。

5. 违反安全相关规定，需责令赔偿损失的，由相关归口管理职能部门按照相关规定执行；如遇现有规定未涉及的，则由相关归口管理职能部门或事故调查处理组提出建议报学校安全生产工作领导小组研究审定后，提交校长办公会议研究决定。

6. 需给予行政、纪律处分的，由相关归口管理职能部门或事故调查处理组确定责任并提出处理建议后，报学校安全生产工作领导小组研究审定后，会同学校纪委、党委组织部、人事处、工会、监察处、学生工作处等有关职能部门按照对应的规定程序作出决定。

7. 需移送司法机关追究法律责任的，按国家有关法律规定程序处理。

第七十八条　责任追究程序。

1. 发现违反安全相关规定的行为时，相关归口管理职能部门或事故调查处理组应当查清事实、收集证据，认真做好调查笔录，相关单位及个人应当予以协助并配合调查工作。

2. 在对责任人或单位作出责任追究决定之前，应告知其拟追究的事实、理由和依据。听取责任人或单位负责人的陈述和申辩，并对其陈述和申辩提出的事实、理由和证据进行复核。

3. 责任追究决定作出后应当以书面形式将责任追究决定书送达被追究人或被追究单位负责人。直接送达决定书有困难的，可以采取留置送达、公告送达等方式。

4. 需给予行政、纪律处分的，处分程序应按照学校教职工行政处分、学校大学生违纪处分、党纪处分、组织处理等相关规定执行。

第七十九条　申诉与处理。

1. 被追究人或被追究单位，对责任追究决定（不含行政、纪律处分）有异议，可在接到责任追究决定书或者应当知道该责任追究决定之日起 15 日内向责任追究作出部门或学校安全生产工作领导小组提交书面申诉材料。

2. 受理申诉的部门应当在接到书面申诉材料之日起 30 日内进行复核并作出申诉处理结果；情况复杂的可以适当延长受理期限。

3. 在受理申诉期间发现责任追究所依据的事实不清（或证据不足）的、超越职权或者滥用职权作出责任追究决定的，应当撤销该责任追究决定，重新审查。

4. 在受理申诉期间发现适用规章制度错误、对违规行为情节认定有误或责任追究种类适用不当的，应当变更责任追究决定。

5. 申诉期间不停止责任追究的执行。

6. 被给予行政、纪律处分的，其申诉程序及处理应按照学校教职工行政处分、学校大学生违纪分规定或党纪处分、组织处理程序执行。

第八十条　本规定所指的事故级别为：

1. 特别重大事故，是指造成 30 人以上死亡，或者 100 人以上重伤（包括急性工业中毒，下同），或者 1 亿元以上直接经济损失的事故。

2. 重大事故，是指造成 10 人以上 30 人以下死亡，或者 50 人以上 100 人以下重伤，或者 5000 万元以上 1 亿元以下直接经济损失的事故。

3. 较大事故，是指造成 3 人以上 10 人以下死亡，或者 10 人以上 50 人以下重伤，或者 1000 万元以上 5000 万元以下直接经济损失的事故。

4. 一般事故，是指造成 3 人以下死亡，或者 10 人以下重伤，或者 100 万元以上 1000 万元以下直接经济损失的事故。

5. 轻微事故，是指造成 3 人以上轻伤，或者 10 万元以上 100 万元以下直接经济损失的事故。

6. 安全事件，是指造成 3 人以下轻伤，或者 10 万元以下直接经济损失。

本条所称的“以上”包括本数，所称的“以下”不包括本数。

第八十一条　由政府部门负责处理的事故按政府部门的处理意见执行。

第八十二条　各归口管理职能部门应根据本规定和管理职能范围内的安全生产工作实际，制定相应的考核和责任追究办法，并报学校安全生产工作领导小组备案后实施。

第十章　附则

第八十三条　本办法若有与国家、省有关安全生产政策、法规相抵触的，按国家、省有关政策、法规执行。

第八十四条　本办法由学校安全生产工作领导小组办公室负责解释。

第八十五条　本规定自颁布之日起执行，原《西南交通大学安全生产管理规定（试行）》自动废止。

西南交通大学安全生产常态化监督检查工作办法

（2019 年 1 月 2 日发布）

为加强学校安全生产管理工作，落实安全生产责任制，开展全员安全生产工作监督和检查，防止各类安全事故发生，保障学校教学、科研的有序开展，根据国家有关法规及《西南交通大学安全生产工作管理规定》，特制定本办法。

一、总体要求和工作目标

以科学发展观为指导，牢固树立以人为本、安全发展的理念。按照安全生产大检查全覆盖、零容忍、严执行、重实效的总体要求，经常性地开展安全生产监督检查，全面深入排查治理安全管理隐患，查思想、查制度、查纪律、查领导、查隐患，堵塞漏洞。认真分析排查本单位、本事项安全生产的特点规律和不利因素，研究切实可行的防范措施和整改方案，把安全生产工作抓细、抓实，建立安全管理长效机制，增强广大师生的安全意识，确保学校安全生产形势持续稳定，为教学科研和人才培养工作更好更快发展创造良好环境。

二、监督工作重点和内容

学校实行安全生产逐级逐层监督管理。学校安全生产工作领导小组监督管理各归口管理职能部门的工作情况，各归口管理职能部门按照职能范围监督管理各教学科研单位（含业务部门和学校直属单位，下同）工作情况。监督管理的内容主要包括：安全生产责任人履行安全生产职责情况、责任范围内安全生产事故有效预防与控制情况、是否达到部门安全生产管理目标等内容，具体内容包括但不限于以下几个方面：

1. 牢固树立“安全责任重于泰山”的思想；贯彻“安全第一，预防为主，综合治理”的安全生产工作方针，落实安全生产责任制，每年组织签订安全生产责任书，层层分解安全责任。

2. 贯彻落实国家安全生产的政策法规、上级主管部门和学校安全生产的各项规章制度，制订本部门安全生产规章制度、操作规程等。

3. 制订安全生产计划，落实安全经费，把安全生产工作纳入本单位工作重要议事日程。

4. 建立健全安全生产管理网络，明确管理责任，配备专（兼）职安全生产管理人员。

5. 定期召开安全生产工作会议，布置、检查、分析安全生产工作，并做好会议记录。

6. 发现违章违规现象，及时纠正、查处；定期组织安全检查。做好检查记录，发现隐患及时整改；对本部门不能处理的隐患及时采取防范措施，并向上级汇报。

7. 定期组织师生进行安全教育培训。

8. 识别并控制责任范围内的不安全因素、危险源，确定重点部位，明确责任人、采取防范措施、制定部门应急预案。各归口管理职能部门每年至少组织一次全校性专项应急预案演练。各教学科研单位结合本单位实际每半年至少组织一次应急预案演练。

9. 有效防范和严格控制事故的发生，对发生的安全生产事故进行调查、分析、处理、事后追究责任人责任等有效处置。

10. 建立健全安全生产管理档案。

三、检查工作重点和范围

安全生产检查工作的重点和范围包括但不限于以下几个方面：

1. 消防安全：以学生宿舍、教职工公寓、食堂、教室、实验室、体育场馆、图书馆、档案馆、礼堂、大学生活动中心、附属中学、子弟小学、幼儿园、地面及地下停车场等人员和财物密集场所为重点，着重检查消防安全责任制落实、日常防火检查巡查、消防设备设施和安全出口及疏散通道是否符合要求、实验室内消防器材是否齐全有效、易燃品和助燃品是否按照规范进行存储、应急疏散预案制定及演练情况；突出检查学生宿舍内床铺、水电设备设施安全使用情况。

2. 危险品安全：以学校各级各类实验室、校医院为重点，注重对危险化学品、废弃危险化学品、易制毒化学品（或药品）的安全检查和隐患排查；检查实验室和医疗人员管理以及危险化学品购买、运输、存储、领用、登记、回收、废弃处置等各个环节的制度落实情况，实验设施设备安全运行情况，重点部位自动监控、泄漏检测报警、通风、防火防爆设施设置维护及运行情况；检查对学校危化物品保管人员和实验人员的岗位职责、安全操作规程、安全技能、应急措施、作业场所危险因素、安全意识等方面的安全培训情况。

3. 交通安全：以三校区校车、公务用车、校内道路交通、校内停车、校门口及其周边交通安全为重点，着重检查校车和公务车使用许可管理制度、校内车辆驾驶人员的驾驶资格和管理制度、安全行车教育培训考核制度、日常检修制度、交通违法处置制度、车辆核载定员制度、车辆动态管理制度落实情况，车辆的技术状况是否存在故障隐患，大学生乘车安全知识和假期实践活动安全常识的掌握，校内道路交通和停车是否合理有序，校门口及其周边交通安全是否存在隐患等。

4. 饮食安全及卫生防疫：以校内学生食堂、超市、餐饮经营商铺、幼儿园食堂和预防季节性传染病为重点，着重检查食堂及餐饮服务人员卫生、从业培训、环境卫生、食品操作程序以及食品原料采购、存储、加工、销售等各环节食品安全管理制度和规范的落实情况。检查学校传染病疫情预防、监控及报告制度落实情况。

5. 自然灾害防范：以校内建筑物、地下管网，防范洪灾、泥石流、雷电、大风、雨雪等重大自然灾害为重点，着重检查有关措施和制度的落实情况、防灾减灾知识和技能教育开展情况。

6. 集体活动安全：以学生教学、生活场所及集体活动的安全为重点，着重检查实习实训实践活动、学生集会、集体外出等活动的安全教育、应急预案、安全措施的落实情况，严防踩踏、溺水、人身伤害等意外事故的发生。注重检查教室内设施使用安全情况、操场及游泳池等室外教学场地安全情况。

7. 建筑、构筑物等基础设施安全：以校舍安全为重点，着重检查校园内建筑物，如教室、宿舍、图书馆、实验室、食堂、围墙、厕所、体育设施、楼道、道路井盖、电力设施与用电等学生及教职工集中活动的场所是否达到安全要求，是否对各类建筑、构筑物进行定期维修维护，坚决杜绝校园建筑物垮塌、坍塌等事故发生。

8. 基本建设、维修、施工项目安全：以学校建筑与基础设施的维修、修缮、施工为重点，对安全管理有举措、施工规范要求、安全管理落实到人。加强校内施工队伍的管理，明确注意事项，确保施工队伍遵守校园管理制度，保障安全施工，文明施工。

9. 科研单位、产业单位、出租经营场所安全：加强监督检查，落实操作规程，特殊岗位人员要加强培训，做到持证上岗。严格按照营业执照范围合法经营。

10. 特种设备使用安全：以校内建筑物、实验室、开水房、食堂等使用的锅炉、压力容器、电梯、起重设备、场内机动车等特种设备安全为重点，建立健全特种设备安全管理制度和操作规程，杜绝违章操作，禁止私自改造；设置设备使用登记台账，定期进行检修，按期校验安全保护装置；操作人员应持证作业，并加强安全教育培训。

四、主要方法和职责分工

1. 师生员工自检。

师生员工每天要对自己所在岗位、作业现场工作、生活场所进行安全自检（包括对所带学生进入实验、实训、实习、实践场所的安全检查），重点检查设备安全状态、安全防护装置有效性、安全措施落实情况、作业场地安全规范符合情况、个人防护用品、用具准备情况等。

2. 各二级单位自查。

各教学科研单位要形成安全生产自查、预判、分析、评估长效机制，定期或不定期排查整治安全隐患、堵塞管理漏洞、强化源头治理。凡寒暑假、节假日放假前，应组织进行全面深入细致彻底的安全大检查，检查事故易发的重点场所、要害部位、关键环节和时点，对排查出的隐患要制表列出问题清单，建立台账，制定整改方案，落实整改措施、责任、资金、时限和预案，并对本单位安全生产状况进行全面评估。排查情况、整改方案和整改结果，经本单位主要负责人签字，在本单位内部公布。

3. 归口管理部门组织专项检查。

（1）各归口管理职能部门每个月至少组织开展一次定期检查，同时要根据职能范围内生产工作的特点开展定期或者不定期的专项检查，对于学生宿舍内部等重点部位由后勤保障处（后勤集团）作为组长单位，由保卫处、学生工作处、资产与实验室管理处等相关部门作为成员单位组成联合检查组进行定期或不定期的专项检查。每次检查要制订检查计划，对职能范围内和本规定所列重点领域，全面检查各教学科研单位安全生产工作情况，每次检查后要将检查情况汇总、建立档案，并形成专项检查报告和安全生产工作台账，提交安全生产工作领导小组办公室汇总分析。

（2）发现问题及时整改。根据检查情况，分析研究重点难点问题和整改方案，对未解决的隐患集中相关力量进行督促整改，力争发现一处、整改一处。对存在问题多、整改难度大的单位及时报告学校安全生产工作领导小组。

4. 学校组织安全生产大检查。

由学校安全生产工作领导小组办公室牵总负责，每学期开学后 30 日内和每学期结束前 30 日内以及重大节假日、重要活动前，组织领导小组成员单位和相关领域专家，对各归口管理部门、重点教学科研单位、重点领域和重点岗位的安全生产情况检查。检查过程中要按照附件 1 对照内容逐项进行，并予以评分，同时填写附件 2 的检查记录表。

5. 学校组织不定期抽查。

由学校安全生产工作领导小组办公室牵总负责，每学期不定期对学校重点二级单位和部门的安全生产情况进行抽查。

6. 学校进行重点督查。

学校安全生产工作领导小组办公室对自查、检查和抽查过程中发现的重大隐患定期、不定期和关键时点相结合，进行督查督办，督查具体整改措施落实到位情况。

五、具体要求

1. 建立健全安全生产常态化监督检查工作体系。

各归口管理职能部门应根据本办法和职能范围内安全生产工作的特点，制定更加详细的安全生产专项监督检查办法，将监督检查落到实处。

各教学科研单位应根据本办法，结合本单位实际，建立健全对职能范围内或各系、部、中心、研究所（实验室）等所属（含挂靠单位）安全生产工作监督检查办法；各系、部、中心、研究所（实验室）应根据各自工作性质与业务特点，自行设计全面覆盖相关安全生产工作范围的自查办法、表格等，并对安全生产工作的重要指标提出定性或定量要求，确保安全生产的每个环节、每个岗位都能得到有效的监督检查。

2. 落实责任，即查即改。

按照“分级管理、分级负责”“管生产，必须管安全”和“谁主管、谁负责”的管理体制，坚持“五同时”原则，落实安全生产主体责任。各单位要进行经常性全面自查，要坚持边检查边整改，以检查促整改，按隐患整改“五到位”（时间、责任、措施、资金、预案）原则落实整改，分清责任，及时采取措施进行整改；暂时不能整改的，要制定并落实防范措施，指定专人盯守，限期整改，跟踪落实。

3. 建立定期会议制度。

学校安全生产工作领导小组每学期至少召开一次工作会议，分析、研究安全生产工作情况，分析当前安全生产形势，安排部署有关工作。各单位应建立相应的定期会议制度，协调解决安全生产相关问题。

4. 加强信息报送和通报。

各二级单位在每次检查/抽查工作完成后，应及时对检查中发现的问题，视情况严重性及时采取措施解决或向归口管理职能部门及学校汇报。

各单位要充分发动群众，做好信息收集、信息上报工作，确保第一时间掌握安全信息、第一时间排除安全隐患。

各单位建立检查与隐患整改台账，检查记录要如实填写检查时间、地点、参加检查人员、发现的隐患问题和整改情况，并将每次检查与隐患整改情况形成书面报告存档。对于检查中发现的好经验、好做法或安全隐患或违反国家有关法律法规、学校规章制度等情况，要及时通过适当方式有针对性地向有关单位发出安全检查通报、安全隐患整改通知书或其他安全生产隐患整改意见，要求学习借鉴、限期整改或警示警告等。

5. 多举措推动宣传教育常态化。

安全生产教育先行，各单位要充分利用安全检查和业务开展的时机，讲解、宣传安全知识；要分季节和阶段，充分利用媒体、宣传栏、悬挂横幅、张贴安全标语、发放安全知识明白纸等形式，加强对用电、用气、防火、防毒、防交通事故等安全知识的宣传；要积极协调组织安全知识培训班，邀请专业人士授课，使安全法规、安全制度、安全生产责任制、安全预防、安全应急救援等知识深入人心，落实到行动中，切实提高师生的安全预防意识和应急处置能力，在全校形成“安全无小事、人人讲安全、人人抓安全”的良好氛围。

6. 广泛开展“身边隐患随手拍”活动。

各单位要动员广大师生，重点关注学生宿舍、食堂、教学楼、实验室、学校危旧房屋、校园道路、校园门口及附近等关键部位的薄弱环节及突出问题，查找身边安全隐患，随手拍成照片，及时上传学校安全生产领导小组办公室邮箱、微信公众号、学校安全生产信息网，并对师生查找出的安全隐患及时整改。

西南交通大学安全生产事故应急处置预案

（2019 年 1 月 2 日发布）

一、总则

（一）目的

为有效预防、及时控制和妥善处理我校各类安全生产突发事件，提高快速反应和应急处置能力，建立健全应急管理机制，保障正常的教学、科研、生产和生活秩序，促进学校改革发展，特制定本预案。

（二）编制依据

《中华人民共和国安全生产法》《国家突发公共事件总体应急预案》《国家安全生产事故灾难应急预案》《国务院关于进一步加强安全生产工作的决定》《生产安全事故应急预案管理办法》《生产安全事故报告和调查处理条例》《中华人民共和国高等教育法》《学生伤害事故处理办法》《西南交通大学安全生产工作管理规定》等法律法规和管理制度，以及学校实际情况。

（三）适用范围

本预案适用于我校范围内发生的火灾安全事故、饮食中毒安全事故、危险化学药品安全事故、工程建设及建筑物安全事故、大型活动安全事故、流动传染病安全事故、特种设备安全事故、自然灾害事故、实习实验实践安全事故、交通安全事故等。

安全生产事故可能发生的地点和可能造成的后果：

1. 火灾安全事故可能发生的地方是实验室、机房、教室、教职工公寓、学生宿舍、学生食堂、办公场所等。发生火灾安全事故可能危及师生员工生命财产的安全。

2. 饮食中毒安全事故可能发生的地方是学生食堂和饮食服务提供商所在地。发生饮食中毒安全事故可能引发师生群体性中毒，造成师生及其家人的恐慌。

3. 危险化学药品安全事故可能发生的地方是实验室和医院。发生危险化学药品安全事故可能会伤及师生，甚至危及师生生命。

4. 工程建设及建筑物安全事故可能发生在学校基建工地、修缮改造场所、建筑物内外等，如房屋、围墙倒塌等。发生工程建设安全事故可能危及施工工人的生命安全。

5. 大型活动安全事故可能发生在学校组织大型集体活动的地方。发生大型活动安全事故可能危及师生的生命安全。

6. 流行传染病安全事故可能在师生中爆发。发生流行传染病安全事故可能会引起师生和学生家长的恐慌。

7. 特种预备安全事故可能在学校电梯间、锅炉房、实验室发生。发生特种预备安全事故可能危及师生的生命安全。

8. 自然灾害事故可能发生在校园内，如地震、泥石流、洪涝、塌陷、雨雪、大风等。发生自然灾害事故会危及师生员工的生命安全。

9. 实习实验实践安全事故可能发生在师生实习、实验、实践场所。发生实习实验实践安全事故可能会造成师生伤亡。

10. 交通安全事故可能发生在校内道路、公务用车及校车使用途中。发生交通安全事故可能会造成师生的伤亡。

（四）工作原则

1. 坚持统一领导、分级负责、协调联动的安全生产工作原则。

2. 按照安全生产事故的范围、性质和危害程度，实行分级管理的原则。

3. 加强群防群控和日常监测，坚持对安全生产事故早发现、早报告、早控制的原则。

4. 确保应急预案的科学性、权威性和可操作性原则。

5. 坚持快速反应和高效处置，做好安全生产事故善后处理的原则。

二、事故分级

按安全生产事故的性质、危害程度和涉及范围，安全生产突发事故分为六级。

（一）特别重大安全生产事故（Ⅰ级）

特别重大事故，是指造成 30 人以上死亡，或者 100 人以上重伤（包括急性工业中毒，下同），或者 1 亿元以上直接经济损失的事故。

（二）重大安全生产事故（Ⅱ级）

重大事故，是指造成 10 人以上 30 人以下死亡，或者 50 人以上 100 人以下重伤，或者 5 000 万元以上 1 亿元以下直接经济损失的事故。

（三）较大安全生产事故（Ⅲ级）

较大事故，是指造成 3 人以上 10 人以下死亡，或者 10 人以上 50 人以下重伤，或者 1000 万元以上 5000 万元以下直接经济损失的事故。

（四）一般安全生产事故（Ⅳ级）

一般事故，是指造成 3 人以下死亡，或者 10 人以下重伤，或者 100 万元以上 1000 万元以下直接经济损失的事故。

（五）轻微安全生产事故（Ⅴ级）

轻微事故，是指造成 3 人以上轻伤，或者 10 万元以上 100 万元以下直接经济损失的事故。

（六）安全生产事件（Ⅵ级）

安全生产事件，是指造成 3 人以下轻伤，或者 10 万元以下直接经济损失。

本条款所称的“以上”包括本数，所称的“以下”不包括本数。

三、组织指挥体系及职责

学校安全生产工作领导小组是全校安全生产突发事故应急处置的指挥机构（以下简称“应

急指挥部”)，负责对全校安全生产突发事故应急处置工作的统一领导和指挥。根据应急处置工作的需要，应急指挥部可以随时调集人员、调动物资及动员一切力量紧急处置突发事故，全校师生必须全力支持和密切配合。应急指挥部下设办公室和若干工作组。

（一）应急指挥部

1. 领导、组织、协调事故应急处置、救援工作。

2. 负责事故应急处置重大事项的决策。

3. 负责发布事故信息。

4. 审议批准应急指挥部办公室提交的应急处理工作报告等重要事宜。

5. 向地方政府有关部门和教育主管有关部门报告事故救援情况。

（二）应急指挥部办公室

学校安全生产工作领导小组办公室是学校应急指挥部办公室，一旦发生安全生产突发事故应当立即进入应急工作状态。

1. 贯彻落实应急指挥部的各项指令，组织实施事故应急处置工作。

2. 检查督促各单位做好各项应急处置工作，及时有效地控制事故，防止蔓延扩大。

3. 研究协调解决事故应急处置工作中的具体问题，必要时决定采取有关控制措施。

4. 向地方政府有关部门、教育主管有关部门以及应急指挥部及其成员单位报告、通报事故应急处置工作情况。

5. 为新闻单位提供事故有关信息。

6. 完成应急指挥部交办的其他任务。

（三）应急处置工作小组

本预案启动后，根据应急处置工作需要，成立师生管理组、治安保卫组、后勤保障组、医疗救治组、事故调查处理组、案件查办组、综合信息组等。各工作小组及其成员应当根据预案规定的职责要求，服从应急指挥部的统一指挥，按要求履行职责，及时组织实施应急处置措施，并随时将处置情况报告应急指挥部办公室。应急指挥部办公室应当将有关事故以及处理情况及时报告应急指挥部。

1. 师生管理组。

由人事处、学生工作处负责人牵头负责，教学科研单位（含业务部门和学校直属单位，下同）有关人员作为成员组成，负责有关师生的疏散、安置、调节、稳定工作；组织有关人员参与应急处置工作。

2. 治安保卫组。

由保卫处牵头负责，保卫处相关科室、教学科研单位有关人员作为成员组成，负责事故区域内的安全保卫工作，维护正常的救援、处置秩序。

3. 后勤保障组。

由后勤与基建管理处牵头负责，后勤与基建管理处有关部门、教学科研单位有关人员作为成员组成，负责抢险、救援物资的供应；提供水电、通信等服务保障。

4. 医疗救治组。

由后勤与基建管理处、医幼及场馆服务中心牵头负责，迅速组织开展医疗救治工作，尽快查明致病原因，落实救治措施。同时，会同有关部门综合分析和评价检测数据，查找事故原因和评估事故发展趋势，预测事故后果，为制定现场抢救方案提供依据。检测与评估报告要及时报应急指挥部办公室。

5. 事故调查处理组。

根据事故发生原因和过程，由应急指挥部办公室负责或明确其中归口管理职能部门牵头负责，调查事故发生原因，作出调查结论；评估事故影响，提出事故防范意见；同时配合做好案件的交办、督办工作。

6. 案件查办组。

以事故发生环节的监督管理职能部门为主，应急指挥部办公室、归口管理职能部门、工会、人事处、监察处等部门人员参与，负责依法实施、监督和配合上级相关部门开展案件查办、行政处罚。

7. 综合信息组。

由应急指挥部办公室牵头，党委宣传部和相关单位人员组成，负责汇总信息，分析事故进展，报告、通报情况，在应急指挥部的领导下，制定信息发布方案，及时采用适当方式组织信息发布。

四、监测、预警与报告

（一）监测系统

建立全校统一、畅通的安全生产事故监测、预警、报告网络体系和信息评估、预警指标体系，加强安全生产信息管理和综合利用，构建信息沟通平台，实现互联互通和资源共享。保卫处负责及时报告或发布消防、交通监测信息；资产与实验室管理处负责及时报告或发布房屋使用、实验室使用、危险品和特种设备使用监测信息；后勤与基建管理处负责及时报告或发布基础设施建设、大型修缮改造工程及地质灾害安全监测信息；后勤与基建管理、医幼及场馆服务中心负责及时报告或发布饮食、医疗卫生、水电气使用及小型建筑物维修，以及天气、气候等自然灾害的监测信息；产业处负责及时报告或发布校办企业经营生产安全监测信息；学生工作处负责及时报告或发布大学生日常安全监测信息以及学生宿舍园区安全情况；团委负责及时报告或发布大学生社团活动及“三下乡”等社会实践安全监测信息；教务处负责及时报告或发布本科生教育教学活动安全监测信息；研究生院负责及时报告或发布研究生教育培养活动安全监测信息；科学技术发展研究院及时报告或负责发布科学技术研究工作监测信息；信息化与网络管理处负责及时报告或发布信息网络安全工作监测信息；国际合作与交流处及时报告或负责发布留学生安全监测信息；体育工作部负责及时报告或发布各种体育活动安全监测信息。安全领导小组办公室负责收集汇总、及时传递、分析整理和定期发布安全生产综合信息；同时，开展重大安全生产事故的日常监测工作，加强对监测工作的管理和监督。

（二）预警系统

1. 日常监管。

学校资产与实验室管理处、保卫处、后勤与基建管理处、产业处、学生工作处、团委、教务处、研究生院、科学技术发展研究院、信息化与网络管理处、国际合作与交流处、体育工作部等部门按照各自职能，加强对重点部位、重点场所等环节的安全生产日常监测监管。

建立健全重大安全生产信息数据库，按照安全生产事故的发生、发展规律和特点，及时作出预警，并保障系统的有效运行。

2. 通报制度。

（1）通报范围：可能造成人员伤亡或者可能造成严重损失的安全生产事故（安全隐患）。

（2）通报方式：各单位应当及时将可能引发的安全生产事故风险信息通报相关归口管理职能部门；归口管理职能部门根据安全生产事故危险源监控信息，对可能引发较大安全生产事故的险情，及时通报应急指挥部办公室；安全指挥部办公室接到安全生产事故报告后，应当立即向分管领导报告，并向其他相关单位通报，加强预警预防工作。

（3）特殊通报：影响重大的，经应急指挥部同意，按照相关规定处理。

（4）向宣传新闻主管部门通报：对于安全生产信息或生产事故，经学校同意，由党委宣传部牵头负责向新闻媒体通报，并及时组织好舆论引导工作。

3. 建立举报制度。

任何单位和个人有权向相关职能部门或学校举报安全生产事故和安全隐患，举报相关责任部门、单位、人员不履行或者不按规定履行安全生产事故监管职责的行为。相关职能部门或学校接到举报后，应当及时对举报事项进行调查，按规定进行处理。

4. 应急准备和预防。

应急指挥部办公室应当及时对职能部门报告的可能导致Ⅲ级以上安全生产事故的信息进行分析，按照应急预案的程序研究确定应对措施，并及时通报有关单位；必要时召开会议，听取有关意见，研究防控措施，督促落实防范工作。同时，应密切关注事态发展，并按照预案做好应急准备和预防工作。事态重大时及时报告学校、上报当地政府和教育主管部门，做好应急准备工作。

（三）报告制度

1. 安全生产事故发生（发现）单位报告。

安全生产事故发生（发现）后，事故现场有关人员应当立即报告单位负责人。单位负责人接到报告后，应当立即向相关归口管理职能部门作出初次报告（IV 级及以上安全生产事故须同时向应急指挥部办公室报告），并根据事故处理的进程或者上级的要求随时作出阶段报告。归口管理职能部门接到报告后应立即向学应急指挥部办公室报告。任何单位和个人对安全生产事故不得瞒报、迟报、谎报或者授意他人瞒报、迟报、谎报，不得阻碍他人报告。

2. 报告范围。

可能造成或已经发生的 VI 级及以上的安全生产事故或安全隐患。

3. 初次报告。

应尽可能报告事故发生的时间、地点、单位、损失或危害程度、伤亡人数、事故报告单位及报告时间、报告单位联系人员及联系方式、事故发生原因的初步判断、事故发生后采取的措施及事故控制情况等，如有可能应当报告事故的简要经过。

4. 阶段报告。

既要报告新发生的情况，也要对初次报告的情况进行补充和修正，包括事故的发展与变化、处置进程、事故原因等。较大和重大安全生产事故实行态势变化进程报告和日报制度。

5. 总结报告。

及时对事故的处置工作进行总结，包括事故鉴定结论，分析事故原因和影响因素，提出今后对类似事故的防范和处置建议。

五、应急响应

（一）先期处置

安全生产事故发生或可能发生时，事发现场有关人员和事发单位应及时、主动、有效地进行处置，控制事态，并将事故和有关先期处置情况上报归口管理职能部门。对上级部署的应急救援、处置工作，各单位应认真贯彻落实。发生安全生产事故的单位主要负责人和有关人员不得在事故抢救期间和事故调查处理期间擅离职守、逃离事故现场；不在单位的应当立即返回。

对于Ⅳ级以下安全生产事故，归口管理职能部门接到报告后，应立即会同相关部门组织应急处置队伍赶赴现场，协助事发地做好应急处置工作，并及时报告应急指挥部办公室。

对于Ⅳ级及以上安全生产事故，应急指挥部办公室在接到报告后，应立即会同相关部门组织应急处置队伍赶赴现场，协助事发地做好应急处置工作，并做好启动本预案的各项准备工作。

（二）预警发布

应急指挥部办公室要做好可能引发重大安全生产事故信息的分析、预警工作。对需要向全校发布预警的重大安全生产事故，经学校同意，由党委宣传部及时发布预警。根据其可能造成的危害程度、紧急程度和发展态势，预警级别用蓝色（一般）、黄色（较重）、橙色（重大）和红色（特别重大）来表示。预警信息应包括事故的类别、可能波及范围、可能危害程度、可能延续时间、提醒事宜和应采取的相应措施等。预警信息的发布、调整和解除，可通过广播、警报器或组织人员逐个通知等方式进行，对于老、弱、病、残、孕等特殊群体以及学校各类特殊场所和警报盲区，应当采取有针对性的公告方式。

（三）应急响应

Ⅳ级及以上的安全生产事故在当地政府和教育主管部门的统一指挥下实施应急处置。Ⅳ级以下安全生产事故在应急指挥部统一指挥下组织实施应急处置。

1. Ⅳ级及以上的安全生产事故。

接到发生在我校或与我校相关的Ⅳ级及以上的安全生产事故报告后，应急指挥部办公室应当立即进行确认，及时向应急指挥部报告基本情况，并按规定向当地政府和教育主管部门报告。同时，本预案安全生产事故应急预案必须启动，在安全生产事故发生地设立现场应急指挥所，组织应急救援工作，及时向当地政府和教育主管部门报告应急处置和救援工作进展情况。

2. Ⅳ级以下的安全生产事故。

（1）安全生产事故发生后，事发现场有关人员和事发单位应首先按照要求全力以赴组织救援，并及时向单位负责人、归口管理职能部门报告事故发展态势和救援工作进展情况。

（2）归口管理职能部门接到报告后立即向应急指挥部办公室报告。

（3）应急指挥部办公室接到报告后立即向应急指挥部报告，并向应急指挥部成员单位通报事故情况，组织有关成员单位对事故进行评估。根据评估确认为安全生产事故，提请应急指挥部决定启动本预案。

（4）组织应急指挥部成员单位迅速到位，立即启动事故应急处置有关工作小组的工作，组织、协调、落实各项应急措施，并紧急部署相关部门开展应急救援工作。

（5）组织协调事故应急救援工作，派出有关人员赶赴现场参加、指导现场应急救援，必要时协调相关部门应急力量救援。

3. 响应的升级与降级。

当安全生产事故随时间发展进一步加重，并有蔓延扩大的趋势，或可能引发群体性公共事件、情况复杂难以控制时，要及时报请应急指挥部提请学校启动突发公共应急预案；对事故危害已迅速消除，并不会进一步扩散的，经本级应急指挥部确定和上级指挥部审定，相应降低响应级别或者撤销预警。

（四）紧急处置

事态出现急剧恶化的情况时，现场应急救援指挥部在充分考虑专家和有关方面意见的基础上，应及时制定紧急处置方案，采取紧急处置措施。安全生产事故紧急处置方案，由应急指挥部办公室提出报应急指挥部批准后组织实施。影响严重的较大安全生产事故紧急处置方案由学校或当地政府及教育主管部门决定。

（五）响应终结

安全生产事故隐患或相关危险因素消除后，安全生产事故应急救援终结，应急救援队伍撤离现场。Ⅲ级及以上级别的安全生产事故分别由当地政府及教育主管部门宣布应急响应结束；Ⅳ级及以下级别安全生产事故由应急指挥部组织有关人员进行分析论证，经现场检测评估确定无危害和风险后，提出终止应急响应的建议，报应急指挥部批准，宣布应急响应结束。

六、后期处置

（一）善后处理

1. 善后处理工作由归口管理职能部门向上级提出申请，争取提供必要的支持。对安全生产事故造成伤亡的人员及时进行医疗救护或按规定给予抚恤，对造成生产生活困难的群众进行妥善安置，对紧急调集、征用的人力、物力按照规定给予补偿。重视和采取心理咨询、慰问等措施，努力消除事故给相关人员造成的精神创伤。造成安全生产事故的责任单位和责任人应当按照有关规定对受害人给予赔偿。

2. 应急指挥部根据汇总之后的应急处理工作情况报告，可向有关部门提出具体处理意见和建议，并对安全生产事故发生单位、责任单位的整改工作进行监督，及时跟踪处理情况，通报处理结果。

（二）责任与奖惩

学校对在安全生产突发事故应急处置工作中有突出贡献的集体和个人，应给予表彰和奖励。对在安全生产事故的预防、通报、报告、调查、控制和处理过程中，有玩忽职守、失职、渎职等行为，或迟报、瞒报、漏报重要情况的有关责任人，依照有关法律法规，报请学校或上级管理部门给予行政处分，直至追究刑事责任。

（三）调查评估和总结

安全生产事故善后处置工作结束后，各应急处置工作小组要及时向应急指挥部提交书面总结报告；应急指挥部办公室要协调有关部门对安全生产事故的发生起因、性质、影响、后果、责任和应急决策能力、应急保障能力、预警预防能力、现场处置能力、恢复重建能力等问题，进行调查评估，总结分析应急救援的经验教训，提出改进应急救援工作的建议，完成应急救援总结报告。

七、应急保障

（一）信息保障

应急指挥部办公室负责承担安全生产事故信息的收集、处理、分析、发布和传递等工作。Ⅲ级及以上安全生产事故发生后，应急指挥部应当妥善处理安全生产事故信息。严格按照信息归口、统一对外发布的原则，经应急指挥部或学校同意后，方可发布。

（二）医疗保障

安全生产事故造成人员伤害的，学校医院和相关卫生医疗机构应急救援工作应当立即启动，救治人员应当立即赶赴现场，开展医疗救治工作。校医院要会同有关部门及时调集必需的药物、医疗器械等物资，支援现场救治工作。

（三）人员保障

应急指挥部和各工作小组负责组织相关人员，动用党员、干部参加事故处置。

（四）物资经费保障

学校和相关单位应当保障本辖区（单位）内安全生产事故应急处理所需设施、设备和物资，保障应急物资储备，提供应急救援资金。

（五）治安维护

应急预案启动后，保卫处牵头立即组织、指导现场治安保障工作。根据应急需要，按照有关规定和程序，调动力量参与安全生产事故的应急处置和治安维护，依法打击安全生产事故发生过程中的违法犯罪活动。

（六）应急演练

各单位要按照“统一规划、分项实施、突出重点、适应需求”的原则，采取定期和不定期相结合的形式，组织开展安全生产突发事故的应急演练。各归口管理职能部门每年至少组织一次专项应急预案演练。各教学科研单位结合本单位或重点岗位实际每半年至少组织一次应急预案演练。

学校将适时组织安全生产突发事故的应急演练，以检验和强化应急准备、协调和应急响应能力，并对演习演练结果进行总结和评估，进一步完善应急预案。

（七）宣教培训

各归口管理职能部门和各相关单位应当加强安全生产事故应急处置人员的教育培训工作，提高应急处置组织实施技能和水平。重视对从业人员进行安全生产知识的宣传教育，普及预防、避险、自救、互救、减灾等应急防护知识，提高从业人员的风险和责任意识，增强防事故能力。

八、附则

（一）预案制定与管理

本预案由应急指挥部办公室会同归口职能管理部门制定，报学校审定批准后实施。根据形势发展，学校应急指挥部办公室牵头及时修订本预案。

各归口管理职能部门根据国家法规要求及归口管理职责，制定相应的专项应急处理措施或专项预案，报应急指挥部审定，并按规定及时进行修订和完善。

各教学科研单位根据学校应急处置预案结合本部门实际情况，制定本部门或针对重点岗位的安全生产事故应急处置措施或专项应急预案，并持续修订、完善，报应急指挥部办公室备案。

（二）解释部门

本预案由应急指挥部办公室负责解释。

（三）实施时间

本预案自印发之日起实施。

西南交通大学安全生产工作责任追究实施办法

（2019 年 1 月 2 日发布）

第一章　总　则

第一条　为加强学校安全生产管理工作，进一步明确生产安全管理责任，有效地预防和减少生产安全事故，确保师生员工的生命、财产安全和学校各项事业的发展，依据《中华人民共和国安全生产法》《四川省安全生产条例》《西南交通大学安全生产工作管理规定》及学校实际情况，特制定本办法。

第二条　安全生产工作应当以人为本，坚持安全发展。学校安全生产工作贯彻“安全第一，预防为主，综合治理”的方针，实行“统一领导、归口管理、逐级负责、重在预防”“管生产，必须管安全”和“谁主管、谁负责”的管理体制，做到安全生产工作与业务工作“五同时”（同时计划、布置、检查、总结、评比），并充分考虑三校区一体化的实际情况，做到“纵向到底，横向到边”“消灭盲点，消灭死角”，形成从校领导到二级单位负责人再到直接工作人员的全员安全生产和从决策层到管理层、执行层、操作层的全局安全生产工作局面。

第三条　学校各单位必须严格依照有关安全生产的法律法规和本规定，落实安全生产责任制，建立健全安全生产规章制度和操作规程，完善安全生产条件，实行安全生产控制指标督查考核制度和奖惩制度，确保安全生产。其中，由学校相关单位委托有关机构提供安全生产技术、管理服务的，保证安全生产的责任仍由委托单位负责。

第二章　安全生产责任

第四条　校领导职责：

1. 党委书记和校长是学校安全生产工作的第一责任人，对学校安全生产工作全面负责。

2. 主管安全生产工作的校领导是学校安全生产工作的直接责任人，对学校安全生产工作负直接责任，负责学校安全生产工作的组织领导和统筹协调，主持学校安全生产工作领导小组的日常工作。

3. 分管其他工作的校领导履行“一岗五责”，对各自分管工作范围内的安全生产工作负主要领导责任。

第五条　党政机关部门负责人职责：

1. 正职领导是本部门安全生产工作的第一责任人，负责实施本部门内部的安全生产工作，负责监督、管理本部门职能范围内的安全生产工作，履行职能范围内安全生产专责。

2. 部门副职领导对分管工作范围内的安全生产工作负直接领导责任，负责监督、管理分管工作范围内的安全生产工作。

第六条　教学科研单位（含业务部门和直属单位，下同）负责人职责：

1. 正职领导是本单位安全生产第一责任人，对本单位安全生产工作的组织领导、监督、管理全面负责。

2. 主管安全生产工作的副职领导履行安全生产组织管理职责，对本单位安全生产工作负直接领导责任。

3. 分管其他工作的副职领导严格履行“一岗五责”，对各自分管工作范围内的安全生产工作实施监督、管理，负领导责任。

第七条　安全生产管理员（联络员）职责：

1. 宣传贯彻国家有关安全生产的法律法规、方针政策和学校安全生产的规章制度，并对执行情况进行监督、检查。

2. 忠于职守，坚持原则，掌握安全生产管理知识，熟悉安全生产相关技术；对本单位或本场所安全生产实施综合监督管理，及时反映本单位或本场所的安全状况，提出改进安全生产工作的建议。

3. 经常开展本单位或本场所的安全生产检查，及时纠正违章作业，对检查出的安全隐患及时报告并组织整改；发现有危及师生生命安全或其他危险情况时，有权责令停止作业。

4. 督促本单位或本场所从业人员遵守有关安全生产规章制度和安全操作规程，切实做到不违章指挥，不违章作业，不违反劳动纪律。

5. 确保本单位设备设施的安全运行。对于特种设备、危险设施落实安全负责人，有效期届满前向所在单位或有关管理部门提出定期检验要求，保证特种设备的按时年检。

6. 对单位和个人的违章违规现象且不予整改的行为，安全生产工作不力的情况，及时向所在单位或直接向归口管理职能部门或学校安全生产领导小组办公室报告。

第八条　教职工安全生产职责：

1. 遵守各项规章制度和劳动纪律，对本岗位的安全生产负责。

2. 按规定参加安全教育培训。

3. 熟悉有关安全生产规章制度和安全操作规程，掌握本岗位的安全操作技能，正确操作和维护仪器设备、设施。

4. 结合岗位实际，定时进行安全检查，发现异常及时处理和报告；发生事故立即报告上级并按照事故预案程序处理，做好记录、保护现场。

5. 加强自我保护，有权拒绝违章作业的指令，有义务对他人违章作业加以劝阻和制止，做到“三不伤害”（不伤害自己、不伤害他人、不被他人伤害）。

6. 负责对所带学生的实验、实习、实训教学工作的安全教育和管理。

第九条　从业人员职责：

1. 从业人员应树立“安全第一，预防为主”的思想，在从业范围内，履行工作场所和工作岗位规定的安全生产职责，对自己所在岗位的作业行为负直接责任。

2. 从业人员在作业过程中，应严格遵守有关安全生产规章制度和安全操作规程，服从管理，正确佩戴和使用劳动防护用品；作业前要检查设备及配套设施的安全情况；完成作业后，必须清理设备和场地、切断电源、气源、水源、熄灭火种、关好门窗，确保安全后，方可离开作业场所。

3. 从业人员发现事故隐患或者其他不安全因素，应当立即采取措施，消除隐患，并向本单位安全管理人员或者本单位负责人报告；从业人员有权拒绝违章指挥。

4. 从业人员应对安全设施、仪器、仪表、工具和各种安全、保险装置定期维护和检修；发现设备有异常情况应立即报告，严禁设备设施带故障运行。

5. 从业人员应接受安全生产教育和培训；特种作业人员经培训、考试合格并取得操作资格证书后持证上岗。

6. 发生安全生产事故，从业人员应及时报告，保护现场，并如实向事故调查人员提供情况。

7. 外出从事生产活动的各类人员，根据属地管理原则，遵守属地单位及生产活动场所的安全生产规定。

第十条　职能部门职责：

1. 党政办公室应把安全生产工作作为学校建设与发展的重要工作，在制定相关政策时，要充分考虑安全生产工作的需要；负责及时批转下发上级有关安全生产工作的文件，并督促检查承办情况，及时向上级有关部门呈报学校安全生产工作的报告；及时转达校内各单位报送学校的有关安全生产方面的报告、报表、简报、信息等。

2. 资产与实验室管理处负责对全校公有房屋的安全使用、全校实验室的技术安全生产、实验室危险品、特种设备和实验教学的安全工作进行归口监督、管理。

3. 保卫处负责对全校消防、交通安全及校园大型活动的归口监督、管理。

4. 后勤与基建管理处负责全校地质灾害、基础设施建设、学校修缮改造及各二级单位装修改造工程项目安全工作以及防雷、防冻、防汛的归口管理。负责全校体育场馆、大学生会堂、学生活动中心的安全使用管理和全校商铺、饮食、校车、医疗卫生、水电气使用及校园内公共区域（含道路、绿化、水域、停车场、教学楼等的检查、维修、维护）安全工作等的归口监督、管理。

5. 产业处负责全校校办企业安全生产工作的归口监督、管理。

6. 学生工作处负责统筹、协调各学院（中心）实施大学生（本科生、研究生、留学生）安全教育、宿舍园区安全及日常安全的归口监督、管理。

7. 团委负责全校大学生社团活动、大学生“三下乡”等社会实践活动安全的归口监督、管理。

8. 教务处负责本科教育教学安全的归口监督、管理。

9. 研究生院负责研究生教育教学及培养安全的归口监督、管理。

10. 科学技术发展研究院负责全校科学技术研究相关安全工作的归口监督、管理。

11. 信息化与网络管理处负责全校信息网络安全工作的归口监督、管理。

12. 国际合作与交流处负责全校留学生教育培养、外国文教专家、外籍教师安全工作的归口监督、管理。

13. 体育工作部负责全校各种体育活动安全工作的归口监督、管理。

14. 远程与继续教育学院负责各类继续教育学生、网络教育学生、培训学生安全工作的归口监督、管理。

15. 人事处负责将安全生产工作和安全事故“一票否决”制纳入岗位设置，人员聘用，新入校教职工培训，教职工晋升、考核、评奖和单位工作目标考核等工作中。

16. 保密委员会办公室负责全校保密安全；在实施保密方案时，要充分考虑保密场所安全通道等安全生产相关要求。

17. 党委组织部应将安全生产工作纳入干部培训、考核、晋升等工作体系；教育干部自觉遵守安全生产规章制度，并把单位安全生产工作纳入考核领导班子和干部的重要内容。

18. 党委宣传部要协助相关部门做好安全生产宣传工作，充分利用校园电视、广播、报纸、橱窗、网络等媒介广泛开展宣传教育活动。

19. 监察处负责对全校各单位履行安全生产监督、管理职责的情况进行再监督，并参与学校安全事故的调查处理。

20. 战略发展处在编制学校建设发展规划时，要同时提出安全生产要求，把提升学校安全生产管理水平列入发展规划。

21. 计划财务处根据国家和上级规定，按照实际需要，确保安全生产工作、安全技术改造和安全科技所必需的运行经费纳入年度预算，并监督专款专用；要严禁劳动防护用品以任何货币形式替代实物发放。

22. 审计处将安全生产经费使用情况纳入经济责任审计范畴，并负责对全校安全生产技术改造相关经费使用情况的审计。

23. 校工会宣传贯彻国家有关职业安全卫生方针政策，监督和协助相关单位做好安全生产工作；关心从业人员劳动条件的改善，反映广大教职工有关安全生产的合理要求，向学校提出建议；参与教职工伤亡事故的调查和处理，维护教职工的合法权益。

24. 党委教师工作部（教师发展中心）将安全教育纳入新教师入职教育、教师日常教育培训内容，组织开展有关安全教育培训。

第十一条　教学科研单位职责：

1. 贯彻执行上级有关安全生产的规章制度和落实学校安全生产工作任务，建立健全本单位安全生产管理制度，组织落实本单位安全生产工作，对本单位安全生产工作全面负责，并对本单位范围内各类教职工、各类学生的安全工作进行全面监督、管理。

2. 在本单位各场所、各危险点均应设立专（兼）职安全管理员岗，负责日常生产活动中安全生产的监督、管理、报告工作。

3. 制定安全生产检查制度，定期开展安全生产检查，对存在隐患及时整改；及时向相关归口管理职能部门报告本单位安全生产状况和存在问题，并提出改进建议。

4. 积极开展安全生产宣传教育和培训工作，不断提高师生员工的安全素质，确保本单位特种作业人员持证上岗。

5. 保证本单位设备设施的安全运行；落实特种设备、危险设施的安全负责人；对新建设备设施，及时落实相关人员的安全生产培训工作。

6. 对下属单位的安全生产工作进行监督指导，定期与下属单位签订安全生产责任书。

7. 制定本单位应急救援预案，开展专项演练。

第十二条 按照“守土有责”“交叉管理”“网格化管理”的原则，各单位对安全生产工作的监督、管理责任以单位职能分工和涉及范围为基本界线，安全生产工作的具体职责以《西南交通大学安全生产管理规定》相关条款所列的内容为准；对于 BOT 项目按照《西南交通大学 BOT 项目资产管理办法》（西交校资实〔2016〕33 号）规定进行相应的安全生产管理；其他未列单位、新设部门和机构的安全生产职责比照本办法及《西南交通大学安全生产管理规定》执行；凡因机构调整，其安全生产职责随调整后的职能履行相应职责。

第三章　责任追究的方式及其适用

第十三条　学校安全生产工作是各单位和教职员工工作业绩考核的重要内容，并实行“一票否决”制和生产安全事故责任追究制度。对于不履行或者不正确履行职责的单位或个人，对造成事故、损失或者后果起决定性作用的单位或个人，依照本办法和有关法律法规的规定追究责任。

第十四条　问责种类：

1. 针对人员：

（1）书面检查。违规行为人以书面形式对违规行为作出检讨，包括违规事实、违规原因及整改措施。

（2）诫勉谈话。由学校、归口管理职能部门或所在单位对违规行为人进行谈话及诫勉教育，指出其存在问题，督促其整改，帮助其吸取教训。

（3）通报批评。以一定形式将违规行为人的违规事实等情况在学校或二级单位内予以公开、点名批评。

（4）取消评奖评优、职级职务晋升资格。取消违规行为人参与学校或二级单位相关评奖评优的资格，或取消违规行为人的职级、职务晋升资格。

（5）责令经济赔偿。违规行为给学校或二级单位造成实际经济损失时，学校或二级单位有权要求违规行为人赔偿相应的经济损失。

（6）行政、纪律处分及组织处理。处分种类及运用依照《事业单位工作人员处分暂行规定》、学校教职工行政处分规定、学校学生违纪处分相关规定进行；对于中国共产党党员及领导干部还要依照《中国共产党纪律处分条例》《中国共产党问责条例》及领导干部管理规定进行相应的问责和组织调整、处理。

（7）移送司法机关。违规行为人具有违法行为的，按照法律规定移送司法机关处理。

2. 针对二级单位：

（1）约谈。由学校或归口管理职能部门对违规行为单位负责人进行谈话及诫勉教育，指出其存在问题，督促其整改，帮助其吸取教训。

（2）通报批评。以一定形式将违规单位的违规事实等情况在学校或二级单位内予以公开、点名批评。

（3）停止实验、生产。对违规单位停止相关的实验、生产活动，进行安全整改。

（4）一票否决。对违规单位年终考核降级或取最低等级，并取消相关的评奖评优资格。

以上责任追究的种类可以单独适用，也可以合并使用。

第十五条　对违反安全生产相关规定，有下列行为之一、但尚未造成严重后果的，可视情节对相关单位进行约谈、通报批评或停止实验、生产，应视情节对相关责任人员进行书面检查、诫勉谈话或通报批评：

1. 未按要求制定本单位安全生产规章制度（包括管理制度、责任追究制度、应急处置预案等）。

2. 未落实安全管理责任制或未签订安全责任书。

3. 未履行安全教育培训职责的或不认真接受安全教育培训。

4. 未配备必要安全警示标识、安全防护设施及设备。

5. 未按规定储存、摆放易制毒化学品及放射性物品等危险品造成安全隐患。

6. 违反、指使或强令他人违反操作规程及相关规定购买、运输、使用或处理危险化学品、危险化学品废弃物、各类仪器设备等。

7. 违反、指使或强令他人违反安全准入制度、项目安全审核制度、保密安全、水电气消防（包括防雷、防汛）安全及日常内务安全规定。

8. 未对安全设施及相关仪器设备定期检修和维护。

9. 不服从、不配合政府部门、学校或归口管理职能部门、本单位开展各类安全检查工作。

10. 接到口头或书面整改通知，拒不整改或不认真整改或未及时告知、组织、督促整改。

11. 未根据要求及时排查、消除安全隐患的，或未组织、督促、协助消除安全隐患。

12. 发现安全隐患未及时采取整改措施或隐瞒不报。

第十六条　对违反安全生产相关规定，有下列行为之一，应对相关单位进行停止实验、生产或一票否决，应视情节对相关责任人员进行诫勉谈话，通报批评，取消评奖评优、职级职务晋升资格，或相应的行政、纪律处分及组织处理，造成实际损失的责令其赔偿相应损失：

1. 屡次发生本办法第十五条规定的行为。

2. 未经审批私自购买使用剧毒、易制毒、易制爆化学品。

3. 未采取必要的措施导致危险化学品、放射性物品被盗或遗失，或发生上述情况不立即上报学校有关部门。

4. 暴力抗拒政府部门、学校或归口管理职能部门、本单位的管理和检查，或对管理人员进行人身攻击或侮辱。

5. 未经许可擅自启用被封公有房屋、实验室，或管理失误造成他人可以随便进出被封公有房屋、实验室，或得知他人私自启封被封公有房屋、实验室，有义务采取措施并报告相关部门，但未及时采取措施并及时报告相关部门。

6. 由于玩忽职守、滥用职权等原因，致使在本单位或本人负责的职责范围内发生安全事故，给学校或他人造成一般财产损失、但未造成人员伤亡。

7. 对涉及职业危害因素或劳动安全危险设施的新、改、扩建项目没有上报学校监督管理部门，或没有做到职业卫生、劳动安全、消防安全设施与主体工程同时设计、同时施工、同时投入生产和使用而造成安全隐患的单位和个人。

第十七条　对违反安全相关规定，有下列行为之一的，应对相关单位实施一票否决，应视情节对相关责任人员进行取消评奖评优、职级职务晋升资格，或相应的行政、纪律处分及组织处理，造成实际损失的责令其赔偿相应损失：

1. 玩忽职守、滥用职权等致使职责范围内发生安全事故，造成人员伤亡的或给学校或他人的财产造成重大损失。

2. 发生造成财产损失或人身伤亡的安全事故后未立即组织救援、未采取措施处置、隐瞒不报或不如实反映事故情况的，或未及时将事故报告上级领导和有关职能部门。

3. 违反国家各级部门和学校的有关规定，管理不到位、管理不善、操作失误等，造成安全生产事件或轻微事故发生的。

4. 未履行安全职责，或发现安全隐患未及时有效整改和报告上级领导的，或接到相关报告后未采取有效措施，造成安全生产事件或轻微事故发生。

5. 责任单位未对相关安全设施定期检修和维护，造成安全生产事件或轻微事故发生的。

第十八条　对于违反安全相关规定，玩忽职守、滥用职权、管理不到位、管理不善、操作失误等造成一般及以上级别安全事故的，按照本办法对相关责任单位实施一票否决，视情节对相关责任人员进行相应的行政、纪律处分及组织处理，同时按照上级主管部门、政府部门的处理意见进行处理。

第十九条　有下列情形之一的，应当从轻处分：

1. 日常管理中，认真贯彻执行安全生产工作有关法律法规，落实安全生产工作责任制，非因个人主观原因发生安全生产事故的。

2. 主动采取措施，有效避免或者挽回损失的。

3. 检举他人安全生产重大违法违纪行为，经查证属实的。

第二十条　有下列情形之一的，相关责任人和责任单位从重或加重处理。

1. 安全隐患问题或安全生产事件、事故一年内出现两次及以上的。

2. 针对严重违规违纪行为，学校下发隐患整改通知单后，仍不按期整改的。

3. 针对可能造成人员伤亡事故的，经学校上级主管部门告知后，仍不整改的。

第二十一条　从事危险品科研人员，违规造成轻微及以上事故的，停止一切涉及危险品的科研实验至少两年。

第二十二条　对责任人员的责任追究实行责任跟踪追究制度，已调离岗位的责任人员在任职期间有责任追究情形的，应当追究。

第二十三条　对于在上述行为中存在违法犯罪的，依法移送司法机关追究责任。

第四章 责任追究的权限与程序

第二十四条　责任追究权限：

1. 校内各单位或师生个人发现有违反安全相关规定行为的，应及时向相关归口管理职能部门或学校报告。

2. 违反安全相关规定，需要在教学科研单位范围内作出书面检查，诫勉谈话，通报批评，取消评奖评优、职级职务晋升资格或停止实验、生产的，由教学科研单位安全生产工作领导小组研究决定。

3. 违反安全相关规定，需要在归口管理职能部门职能范围内作出书面检查，诫勉谈话，通报批评，取消评奖评优、职级职务晋升资格，停止实验、生产或实行一票否决的，由相关归口管理职能部门研究决定。

4. 违反安全相关规定，需要在全校范围内作出书面检查，诫勉谈话，通报批评，取消评奖评优、职级职务晋升资格，停止实验、生产或实行一票否决的，由相关归口管理职能部门或事故调查处理组提出建议报学校安全生产工作领导小组或校长办公会议研究决定。

5. 违反安全相关规定，需责令赔偿损失的，由相关归口管理职能部门按照相关规定执行；如遇现有规定未涉及的，则由相关归口管理职能部门或事故调查处理组提出建议报学校安全生产工作领导小组或校长办公会议研究决定。

6. 需给予行政、纪律处分及组织处理的，由相关归口管理职能部门或事故调查处理组确定责任并提出处理建议后，报学校安全生产工作领导小组研究审定后，会同学校纪委、党委组织部、人事处、工会、监察处、学生工作处等有关职能部门按照对应的规定作出决定。

7. 需移送司法机关追究法律责任的，按国家有关法律规定处理。

第二十五条　责任追究程序：

1. 发现违反安全相关规定的行为时，相关归口管理职能部门或事故调查处理组应当查清事实、收集证据，认真做好调查笔录，相关单位及个人应当予以协助并配合调查工作。

2. 在对责任人或单位作出责任追究决定之前，应告知其拟追究的事实、理由和依据。听取责任人或单位负责人的陈述和申辩，并对其陈述和申辩提出的事实、理由和证据进行复核。

3. 责任追究决定作出后应当以书面形式将责任追究决定书送达被追究人或被追究单位负责人。直接送达决定书有困难的，可以采取留置送达、公告送达等方式。

4. 需给予行政、纪律处分及组织处理的，处分程序应按照学校教职工行政处分、学校大学生违纪处分、党纪处分、组织处理等相关规定执行。

第五章　申诉与处理

第二十六条　被追究人或被追究单位，对责任追究决定（不含行政、纪律处分及法律责任追究）有异议，可在接到责任追究决定书或者应当知道该责任追究决定之日起 15 日内向责任追究作出部门提交书面申诉材料。

第二十七条　受理申诉的部门应当在接到书面申诉材料之日起 30 日内进行复核并作出申诉处理结果；情况复杂的可以适当延长受理期限。

第二十八条　在受理申诉期间发现责任追究所依据的事实不清（或证据不足）的、超越职权或者滥用职权作出责任追究决定的，应当撤销该责任追究决定，重新审查。

第二十九条　在受理申诉期间发现适用规章制度错误、对违规行为情节认定有误或责任追究种类适用不当的，应当变更责任追究决定。

第三十条　申诉期间不停止责任追究的执行。

第三十一条　被给予行政、纪律处分、组织处理或追究法律责任的，其申诉程序及处理相应按照学校教职工行政处分、学校大学生违纪处理相关规定、党纪处分、组织处理或相关法律规定的程序执行。

第六章　附则

第三十二条　本规定所指的事故级别为：

1. 特别重大事故，是指造成 30 人以上死亡，或者 100 人以上重伤（包括急性工业中毒，下同），或者 1 亿元以上直接经济损失的事故；

2. 重大事故，是指造成 10 人以上 30 人以下死亡，或者 50 人以上 100 人以下重伤，或者

5000 万元以上 1 亿元以下直接经济损失的事故；

3. 较大事故，是指造成 3 人以上 10 人以下死亡，或者 10 人以上 50 人以下重伤，或者 1000 万元以上 5000 万元以下直接经济损失的事故；

4. 一般事故，是指造成 3 人以下死亡，或者 10 人以下重伤，或者 100 万元以上 1000 万元以下直接经济损失的事故；

5. 轻微事故,是指造成 3 人以上轻伤,或者 10 万元以上 100 万元以下直接经济损失的事故；

6. 安全事件，是指造成 3 人以下轻伤，或者 10 万元以下直接经济损失。

本条所称的“以上”包括本数，所称的“以下”不包括本数。

第三十三条　由上级主管部门或政府部门负责处理的事项则按照上级主管部门或政府部门的处理意见执行。

第三十四条　各归口管理职能部门及各教学科研单位应根据本办法和管理职能范围内的安全生产工作实际，制定相应的责任追究办法，并报学校安全生产工作领导小组办公室备案后实施。

第三十五条　本办法未列事项以《西南交通大学大学安全生产工作管理规定》为准，如遇与《西南交通大学大学安全生产工作管理规定》不一致的则以本办法为准。

第三十六条　本办法若有与国家、省有关安全生产政策、法规不一致的，按国家、省有关政策、法规执行。

第三十七条　本办法由学校安全生产工作领导小组办公室负责解释。

第三十八条　本办法自颁布之日起执行，原《西南交通大学安全生产工作责任追究实施办法（试行）》自动废止。

西南交通大学安全宣传教育培训工作实施办法

（2018 年 11 月 30 日发布）

第一章　总则

第一条　为切实做好学校安全宣传教育培训工作，进一步提高全校师生安全意识和安全素质，提高学校安全事故防范与应对能力，根据上级有关法律法规和《西南交通大学安全稳定工作管理规定》《西南交通大学安全生产工作管理规定》等文件精神，特制定本办法。

第二条　学校安全宣传教育培训工作作为学校安全工作的重要组成部分，做好安全宣传教育培训工作，事关师生生命财产安全、事关学校发展复兴以及社会稳定和国家安全。

第二章　工作体系

第三条　建立学校安全稳定及安全生产领导小组（以下简称“领导小组”）领导、归口管理部门牵头负责、各部门具体组织实施的安全宣传教育培训协同工作机制。

第四条　充分用好各类载体阵地及方式方法，从总体规划、全方位布局、立体化实施以及充分保障四方面开展工作，构建全方位立体化的安全宣传教育培训工作体系。

第三章　重点任务

第五条　工作责任

建立“领导小组—归口管理部门—二级单位”三级安全宣传教育培训工作责任体系。

领导小组负责学校安全宣传教育培训工作的组织领导、统筹规划与协调，落实上级部门有关工作的要求。

归口管理部门按照部门职责，牵头做好制定、组织、实施、监督及管理本业务领域范围内安全宣传教育培训工作计划、措施专责。

二级单位在归口管理部门的指导下，履行好具体组织、实施好安全宣传教育培训工作主要责任。

领导小组办公室具体做好领导小组部署的各项工作，督促检查各归口单位、二级单位安全宣传教育培训工作。

第六条　工作内容：

1. 资产与实验室管理处负责做好公有房屋、实验教学、实验室、实验室危险化学品和特种设备管理及使用等方面的安全宣传教育培训工作。制作并发放安全手册，在实验室等重点部位设置监控，监督各二级教学科研单位在实验室指定位置张贴风险警示、安全操作规程等标识；组织各教学科研单位深入开展实验室安全宣传月及其他系列安全教育活动；针对实验室的安全操作、危险化学品使用、特殊设备操作，每年应面向全校开展不少于 1 次专题教育或培训。

2. 保卫处负责做好国家安全，校园消防、治安、交通及大型活动等方面安全的宣传教育培训工作。制作并发放安全手册，在校园橱窗、保卫处官方微博、保卫处官方网站、等多渠道开展国家安全、消防安全、防诈骗、校园交通安全、大型活动安全及综合整治等主题教育，并做好定期更新与维护；组织开展“119”消防应急演练，针对防盗防骗、消防知识及技能、安全逃生技能等每年应面向全校开展不少于 1 次专题教育或培训。

3. 后勤与基建管理处负责监督后勤系统各单位做好校内场馆、大型修缮改造工程项目、饮食、校车、医疗卫生防疫、水电等方面的安全宣传教育培训工作。督促后勤系统各单位在走廊、教室、食堂、学生公寓、体育场馆等场所醒目位置张贴安全提示标语，在工程项目施工现场设立各类安全标识；监督后勤系统各单位根据单位职责组织开展食品卫生、医疗卫生防疫、交通运输安全、水电使用安全、紧急救治、消防等专题教育或培训。后基处牵头组织的专题教育或培训每年应不少于 1 次，后勤系统各单位组织专题教育或培训每年应不少于 1 次。

4. 产业处负责校办企业安全宣传教育培训工作。督促企业将安全宣传教育培训纳入企业日常管理工作，确保有专门责任人和专项工作经费；定期组织各企业开展岗位安全知识普及与培训，定期开展安全应急演练及相关教育宣传活动；要督促各企业开展安全文化创建工作，在醒目位置设置安全生产宣传专栏，悬挂张贴安全生产宣传标语、安全生产系列挂图。多渠道多方式开展安全警示提示。设置岗位安全描述、风险公告、警示提示、安全操作规程等标识。

5. 学生工作部负责全校大学生日常安全的宣传教育培训工作。统筹开展面向辅导员、学生的宿舍防火、防范校园贷、预防艾滋病等专题安全教育；组织实施安全微课，定期组织针对学生的安全知识测试；在学生园区内的宣传橱窗张贴各类主题海报，营造良好的安全文化氛围；组织开展“5·12”减灾日应急演练。

6. 团委负责做好全校学生活动、社会实践安全的宣传、教育及培训。要充分利用好第二、三课堂平台，开展丰富多样的安全主题活动；做好学生社会实践和志愿服务活动的安全教育及培训工作，加强对于学生大型活动应急预案及资金来源安全方面的宣传与教育；充分利用好微博、微信等新媒体平台，充分用好学生社团力量开展安全宣传教育。

7. 国际合作与交流处负责做好面向来华留学生、外籍教师以及其他外国来校交流访问人员的安全宣传教育培训工作。

8. 体育工作部负责做好各种体育教学、活动等的安全宣传教育培训工作。制作并发放《常见运动损伤应急处理》《安全运动注意事项》等一系列体育活动安全手册；每学期面向全校师生开展不少于 1 次的体育健康知识大讲座。

9. 校工会负责全校教职工职业安全的宣传、教育及培训。定期组织开展各类安全宣传教育活动，做好国家有关职业安全方针政策的宣传工作，每学期应组织开展有关讲座或培训不少于 1 次。

10. 党委教师工作部（教师发展中心）负责做好涉及教师的安全宣传教育培训工作。将安全教育培训纳入新教师入职培训教育、日常培训教育内容；配合相关部门具体做好有关安全宣传教育培训活动。

11. 党委宣传部负责做好学校宣传思想、网络舆情等的安全宣传教育培训。统筹利用好线上线下资源，全方位立体化营造安全文化氛围。在校园宣传栏、校报校刊、网站和“两微一端”等设立安全专栏，定期更新；利用校园广播、电子显示屏等平台循环播放安全知识和安全提示。

12. 党委统战部负责做好全校民族宗教政策的宣传工作。

13. 二级单位具体实施本单位各类安全宣传教育培训工作。根据实际工作，制作安全手册、安全须知等安全知识资料，并向相关人员发放；日常工作场所应设有岗位安全描述、风险公告、警示提示、安全操作规程等标识；各单位应将安全教育纳入日常工作，利用工作例会、专题会议等经常性开展安全工作教育。

第四章　实施保障

第九条　考核保障：

学校每年年底对各单位安全宣传教育培训工作的开展情况进行考核。重点考核内容包括单位制度建设情况，各类安全教育、培训、演练、活动开展情况，安全资料制作发放及文化氛围营造等。年度考核工作由领导小组办公室负责。

第十条　组织队伍保障：

将安全宣传教育培训工作纳入领导小组及其办公室、归口管理部门、二级单位安全工作内容，相关领导履行工作责任。鼓励和支持学校相关部门人员、党员干部、有专业所长的人员积极投身安全宣传教育培训工作。

第十一条　经费保障：

根据工作需求，预留相应经费用于安全宣传教育培训工作；强化部门工作协作、优化资源配置，用好用优经费预算，形成合力。

第五章　附则

第十二条 本办法由领导小组负责解释。

第十三条 本办法自发布之日起实施。

意识形态安全

中共西南交通大学委员会关于进一步加强和改进新形势下宣传思想工作的实施意见

（2015 年 6 月 2 日发布）

为加强和改进新形势下学校意识形态工作和思想政治工作，根据上级有关文件精神，结合学校实际，特制定如下实施意见：

一、充分认识宣传思想工作的极端重要性和现实紧迫性

1. 意识形态工作是党和国家一项极端重要的工作，加强高校意识形态阵地建设，是一项战略工程、固本工程、铸魂工程，事关党对高校的领导，事关全面贯彻党的教育方针，事关中国特色社会主义事业后继有人。

2. 在校党委领导下，学校宣传思想战线始终坚持正确政治方向和舆论导向，为维护学校改革发展稳定大局做出了积极贡献。当前学校宣传思想领域主流积极健康向上，同时，我们也清醒地意识到，新形势下学校宣传思想工作还存在不少薄弱环节，主要表现在：少数干部对宣传思想工作重视不够；一些部门政治意识、阵地意识不强；师生的思想政治素质有待提高；思想政治理论课教育教学方式和效果需要进一步改善和提升；哲学社会科学的学科建设、课程建设和管理需要进一步加强和提升；课堂、讲座、论坛、社团等阵地需要进一步规范和提升；宣传思想工作应对互联网思维模式的工作能力和技术手段需要进一步提升和改善；协调联动的宣传思想工作机制尚未真正形成。

二、学校宣传思想工作指导思想

高举中国特色社会主义伟大旗帜，以马克思列宁主义、毛泽东思想、邓小平理论、“三个代表”重要思想、科学发展观为指导，深入贯彻落实党的十八大和十八届三中、四中全会精神，深入贯彻落实习近平总书记系列重要讲话精神，全面贯彻党的教育方针，全面贯彻落实学校第十四次党代会精神，坚持“系统推进、注重实效、全面提升、争创一流”的总思路，强化政治意识、责任意识、阵地意识和底线意识，以立德树人为根本任务，以深入推进中国特色社会主义理论体系进教材进课堂进头脑为主线，以提高教师队伍思想政治素质和育人能力为基础，以加强网络等阵地建设为重点，积极培育和践行社会主义核心价

值观，不断坚定广大师生中国特色社会主义道路自信、理论自信、制度自信，培育德智体美劳全面发展的中国特色社会主义建设者和接班人。

三、着力推进重点工作

（一）推动中国特色社会主义理论体系进教材进课堂进头脑

1. 着力推进使用马克思主义理论研究和建设工程重点教材。

把使用工程重点教材纳入哲学社会科学相关专业人才培养方案和教学计划，定期开展工程重点教材任课教师培训会，强化教师使用工程重点教材的政治意识和责任意识。

把工程重点教材使用情况作为学校本科教学质量年度报告的支撑数据和本科教学基本状态数据库的基本指标，实行使用情况年度内部通报和督查制度。鼓励编写马克思主义理论学科研究生核心教材。

2. 着力打造交大特色的思想政治理论课。

以建设有示范影响力的马克思主义学院为着力点，着力开辟思想政治理论课教学实验特区。以“精神成人、专业成才”为目标，围绕构建“价值塑造、人格养成、能力培养、知识探究”“四维一体”的创新人才培养体系，实施涵盖多种载体的立体化教学体系。

坚持以首席教授负责制为牵引，以课程项目责任制为支撑，以高水平学术研究团队为依托，充分激活基层思想政治理论课教研室和课程团队的积极性，切实打造学生喜爱、终身受益的具有全国示范影响力的思想政治理论课。加强和规范研究生思想政治理论课教学管理工作，建立健全教学管理与监督体系。

按照每生每年不低于 30 元的标准落实思想政治理论课专项经费，并随学校财力的增长逐年增加。“形势与政策”教育课程专项经费按照每生每年不低于 10 元的标准投入，确保思想政治理论课的重点建设地位。

3. 着力增强思想政治教育针对性实效性。

依靠党政干部和共青团干部、思想政治理论课教师和哲学社会科学课教师、辅导员、班主任和心理咨询教师等宣传思想工作骨干队伍，依托课堂、党团日主题活动、社会实践等载体，发挥好校园网、微博微信、宣传橱窗等平台优势，大力开展中国特色社会主义、中国梦、社会主义核心价值观、“四个全面”战略布局、党史国史、民族团结、马克思主义宗教观、形势政策教育和校史校情教育，坚定学生对中国特色社会主义的道路自信、理论自信、制度自信，激励学生为实现“大师云集、英才辈出、贡献卓著、事业常青”的交大梦努力奋斗。实施理想信念教育工程，推进廉洁教育和廉政文化进校园。打造好 FOP（Freshman Orientation Program，新生导航计划）、“青年讲坛”等一批思想政治教育精品活动，凸显活动的辐射力、影响力和示范力。

创新大思想政治教育理念，将课堂教学与日常教育相结合，实现主渠道和主阵地的融合联动。启动并深入实施少数民族学生“精英计划”，筹建学生事务中心，拓展家庭经济困难学生教育培训的方法和载体，修订完善既有资助管理制度，探索开展学生朋辈教育渠道和途径，实现全员育人、全程育人、全方位育人、全天候育人。落实辅导员队伍建设规划，打造一支具有全国影响力的辅导员队伍。

大力建设全国高校心理健康教育与咨询示范中心，以建设四川省心理健康教育研究会一级学会为支撑点，推动心理学一级学科硕士学位授权点的规划与建设，努力构建引领四川辐射全国的课堂教学、危机干预、实验实训、心理文化、社会服务五位一体的心理健康教育创新体系。

（二）着力推进马克思主义理论学科建设

1. 凝练马克思主义理论学科发展方向。

按照国家级示范马克思主义学院标准，进一步凝练马克思主义理论学科发展方向，加大现有马克思主义理论学科的软硬件建设，用五年左右时间达到西部领先，全国一流水平。

2. 打造马克思主义理论学科人才高地。

精心谋划，缜密论证，瞄准国家重大理论需求，通过实施“文科名家计划”，建设二至四支结构合理、机制先进、成果卓著的学术团队。汇聚资源，创造条件，引进和培育相结合，重点打造四到六名国家“万人计划”、长江学者、马克思主义理论研究和建设工程专家等高端人才后备人选。着眼未来，出真招实招，促进骨干教师和青年教师成长。

3. 提升科学研究的能力和水平。

夯实理论基础，提升科研素养，鼓励中青年教师系统深入开展马克思主义理论研究。重视国家社会科学基金重大和重点项目、教育部人文社会科学重大科研项目的立项申请及其研究，注重课题立项，集中产出领域。加强重大课题的协同攻关，提高研究质量。以课题基金为纽带，集体攻关开展课题研究，提升青年教师科研水平。

4. 发挥好学术平台支撑作用。

加强现有基地和中心建设。加强邓小平研究中心建设，努力把邓小平研究中心建成四川省乃至全国马克思主义理论研究和建设创新基地，发挥好思想政治理论课教学研究中心在教学研究中的作用。积极探索学术交流模式。以经典著作研读班、青年学术骨干论坛、教研工作坊等多种形式，形成制度化规范化的学术交流模式，营造浓郁的学术氛围。

（三）着力发挥宣传思想工作和哲学社会科学育人功能

1. 发挥好思想理论教育的育人功能。

加强中国特色社会主义教育，用中国特色社会主义理论体系武装师生头脑，通过中心组学习、教职工政治理论学习、思想政治理论课课堂教学，增强师生的道路自信、理论自信、制度自信。积极拓展社会主义核心价值观教育载体，弘扬中华优秀传统文化，传承交大精神，帮助师生树立正确的世界观、人生观和价值观。

2. 发挥好新闻宣传工作的育人功能。

新闻宣传工作要充分掌握和利用新闻规律，依托新媒体优势，展示学校立德树人的丰硕成果，实现“内聚人心，外树形象”的宣传效果。充分发挥广大师生和海内外校友在提升学校形象和展示教育教学改革成果上的重要作用，共同助力学校美誉度的提升。

3. 发挥好文化建设工作的育人功能。

学校宣传思想工作要以高度的文化自信和文化自觉，把以文化人的理念有效融入人才培养全过程，为社会主义文化事业提供智力支持和人才保障。以实施文化建设规划为主线，以建设交大文化地标为重点，着力开发交大师生喜闻乐见的文化载体，培育交大师生认同的文化品牌。努力践行社会主义核心价值观，传承弘扬好交大文化传统，积极培育对师生有凝聚陶冶作用、对社会有示范引领作用的特色文化，深入实施校史研究开发工程，建设好网上校史馆和犀浦校区校史馆。推出以丛书、话剧等为代表的一大批优秀校史文化作品，讲好交大故事。

4. 发挥哲学社会科学的育人功能。

充分运用哲学社会科学丰厚的人文知识潜移默化地影响学生的理想信念、道德情操和思想政治素养。重点扶持一批哲学社会科学学科，以通识课程建设为契机，通过列入通识课程、设立教改项目等方式，加大对哲学社会科学的投入支持力度，挖掘哲学社会科学的育人功能。推进学校与社会各界优秀人士互聘兼职，积极邀请国内外哲学社会科学大家名家来校授课讲学，努力提升哲学社会科学的专业水平。

（四）加强宣传思想工作队伍建设

1. 加强思想政治理论课教师队伍建设。

围绕建设一支理想信念坚定、道德品质高尚、理论功底扎实、教学能力突出的思想政治理论课教师队伍，严把入口关、狠抓培训关、强化保障关，制定并落实以教学能力和教学实绩为核心的思想政治理论课教师岗位考核评价体系和职称评聘体系；加大思想政治理论课教师高层次培训和海外轮训力度。

2. 加强哲学社会科学教师队伍建设。

哲学社会科学课程负有思想政治教育的重要职责，加强对哲学社会科学课程教师的培训，不断增强政治意识和大局意识。重视在优秀青年教师中发展党员，发挥好统一战线团结、凝聚党外教师和党团组织联系、服务教师的优势和作用，最大限度把各类优秀人才凝聚在党的周围。进一步健全教师政治理论学习制度，不断提高政治理论素养。实施“雏鹰计划”，启动教师教学能力提升计划，开设青年教师发展研修班，建立青年教师职业导师制。

加大中青年教师挂职外推力度，推进学校后备干部职能部处—学院双向挂职。进一步拓宽教师特别是新进教师、青年教师、归国留学人员、出国访学教师的培训与管理。严把教师聘用考核政治关，进一步严格聘用程序和聘用标准，强化过程管理。

3. 加强辅导员、班导师和心理咨询教师建设。

实施辅导员队伍建设规划，重视辅导员队伍建设的稳定性和专业化，开展好岗前培训、日常轮训和学习沙龙等系列活动，组织辅导员申报各级科研立项，推荐辅导员参与省部级辅导员专项课题、辅导员精品项目。积极促进大学生日常思想政治教育与思想政治理论课互动对接，鼓励优秀辅导员走上思想政治理论课课堂，实现主渠道与主阵地的有效融合。

加大班导师培训力度，鼓励班导师适当承担班级日常管理事务，通过加强对学生“自我管理、自我教育、自我服务”意识和能力的培养，形成与学生工作的合力。健全完善班导师工作量认定和考核机制，做好优秀班导师评选与奖励工作。

加强心理咨询教师队伍建设。依托心理学一级学科硕士学位授权点的规划与建设，围绕着力提升心理健康教育与服务水平，加大心理咨询教师队伍的引进和培育力度，支持教师参加国内外学术会议、学习培训等，着力提升教师的思想政治水平、专业素养和业务能力。

4. 加强宣传思想专职队伍和网络评论员队伍建设。

对宣传思想专职工作队伍定期开展系统培训，支持鼓励承担相关课题研究，将符合条件人员纳入高校辅导员在职攻读思想政治教育博士学位专项计划，纳入思想政治教育专业技术职务（职称）评聘。每年开展宣传思想工作先进集体和先进个人的评选活动，为工作队伍成长成才创造条件。

从党政干部、共青团干部、思想政治理论课教师、哲学社会科学课程教师、辅导员、班导师、心理咨询教师和学生中遴选网络评论员，着力打造一批“网络名师”，培养一批学生“网络达人”。按照“请进来”与“送出去”相结合的原则，强化队伍的能力培养和业务提升，助力学校宣传思想工作。

（五）巩固壮大主流思想舆论

1. 推进思想理论建设。

积极参与马克思主义理论研究和建设工程，继续实施“青年马克思主义者培养工程”，着力构建有效覆盖、分级分层、特色鲜明的学生骨干培养体系。强化对学生骨干的后续跟踪培养，发挥好示范带动作用。探索建立学生骨干学习管理网络平台，进一步提高青年骨干运用科学理论分析和解决问题的能力。

组建文科名家智库，组织多学科、跨领域的协同研究，发挥理论类学生社团作用，支持专家学者围绕国家发展和全球性重大问题开展合作研究，增强对重大现实问题的解释力和指导力，提升研究回答重大问题的能力。

2. 做好新闻宣传工作。

以对内宣传、对外宣传、对上宣传、理论宣传、网络宣传和海外宣传“六位一体”的工作理念为统领，围绕学校中心工作，营造良好正面舆论氛围。进一步完善新闻发布和新闻发言人制度，新闻发言人列席校党委常委会、校长办公会等相关会议，构建完善新闻宣传工作的校院两级管理体制机制。

坚持把镜头对准一线、把版面留给一线，进一步改进新闻宣传的文风作风。积极探索传统媒体与新兴媒体有效融合机制。建立与主流媒体的合作沟通机制，形成校院联动协作的工作机制。以年度好新闻评选为抓手，营造讲好交大故事，传播好交大声音的氛围。

3. 创新网络思想政治教育。

广泛吸纳师生中的网络达人和意见领袖，培育一支熟悉网络语言特点和规律的网络评论员队伍，主动占领网络文化阵地，努力提升网络舆情引导能力。以校园新媒体联盟为依托，加强官方微博微信等新媒体平台建设，确立并强化学校新媒体在全国高校的一流影响力。

（六）加强宣传思想阵地建设和管理

1. 加强校园网络安全管理。

加强网络信息管理系统建设，按照“谁主管、谁负责，谁主办、谁负责”的原则，加强校园网站的维护与管理，健全安全管理制度和运营维护工作制度，加强网络信息的监督和追踪，配备网络安全审计系统，做好系统安全管理和风险防范。建立网站备案管理平台，实行网站年审备案制度。在现行上网认证制度的基础上，进一步完善网络使用实名登记制度，实现校内外资源访问统一实名认证制。

完善舆情处理和通报工作制度，健全突发事件的舆情应急系统，配备网络舆情监测系统，加强舆情的分析与研究，及时提供舆情应对的可行性对策。细化网络信息监管机制和舆论引导机制，强化校内共同协调机制，形成网络管理合力。

2. 强化课堂教学纪律。

制定加强课堂教学管理办法，健全课堂教学管理体系，注重留学生教育课堂教学管理，强化过程管理和督导，使教师牢固树立学术研究无禁区、课堂讲授有纪律的意识，对违反课堂教学纪律的，视情节轻重，要依纪依法严肃处理。

强化教师职业理想和道德教育，开展《高等学校教师职业道德规范》的宣传学习教育，推进以“热爱教育、热爱教学、热爱学生、热爱学术”为价值目标的师德师风系统工程建设，强化树立典型和表彰先进的师德建设激励导向机制。建立健全违反师德行为的惩处机制，实行师德一票否决制，建立约谈和问责机制，对师德表现不良的，及时劝诫、督促整改；对师德失范的，依法依规严肃处理。创造师德建设发展环境，营造师德建设的文化氛围。

3. 完善阵地管理制度。

积极构建通识教育理念下的形势政策报告会和哲学社会科学报告会、研讨会、讲座、论坛体系，按照“谁主办、谁负责；谁审批，谁监督”的原则，实行一会一报、分级分类归口管理。加强对校内各类读书会、学术沙龙的引导和管理。

加强哲学社会科学成果发布管理，建立出版质量监督检查体系。规范各类学生社团管理，加强活动监管，制定大学生社团的成立和年度检查制度。坚持教育与宗教相分离原则，加强校园反邪教宣传教育工作。

四、切实加强组织领导

1. 完善宣传思想工作机制。

学校各级党组织要强化政治责任和领导责任，把宣传思想工作纳入重要议事日程，经常研究，及时加强指导。党政主要负责人要旗帜鲜明地站在意识形态工作第一线，始终与以习近平同志为核心的党中央保持高度一致。建立健全学校党委统一领导、党政工团齐抓共管、宣传部门牵头协调、有关部门和学院共同参与的工作机制。

充分发挥学院党组织保证监督作用，发挥基层党支部战斗堡垒和党员先锋模范作用。建设好党校，加大党务工作者培训力度，推进基层党建工作创新，夯实学校宣传思想工作组织基础。加强共青团建设，充分发挥团组织在教育培养青年中的作用。贯彻落实《中共西南交通大学委员会关于坚持和完善党委领导下的校长负责制的实施办法》《西南交通大学章程》等文件，为加强和改进学校宣传思想工作提供法治保障。

2. 构建宣传思想工作大格局。

全校上下要充分认识加强和改进宣传思想工作的极端重要性和现实紧迫性，站在立德树人这一根本使命的高度，将此项工作始终摆在重要位置，切实加强领导。学校党委常委会每年专题研究宣传思想工作不少于 2 次。建立健全党政领导班子做形势报告制度，学校党政主要负责同志每学期至少给学生讲一次形势与政策课。

成立宣传思想工作领导小组，校党委书记和校长担任组长，分管宣传思想工作的副书记担任常务副组长，分管学生工作的副书记和分管教学工作的副校长担任副组长，成员为党委宣传部、党委办公室、校长办公室、党委组织部、教务处、学生工作处、人事处、文科建设处、校团委、国际合作与交流处、研究生院等单位负责人，领导协调宣传思想工作，定期集体研判宣传思想工作形势，牢牢把握意识形态的主导权。领导小组各成员单位要根据学校宣传思想工作格局的职责分工，各负其责，做到守土有责、守土负责、守土尽责。领导小组办公室设在党委宣传部，牵总全校宣传思想工作，负责工作的统筹协调等相关工作。成立宣传思想工作专家智库，聘请校内外马克思主义领域和哲学社会科学领域专家学者为成员，主要承担理论宣传阐释、专项调研咨询等任务。

加大对宣传思想工作的经费投入，除维持宣传思想日常工作的运转经费外，按照每生每年 20 元的标准设立宣传思想专项经费，用于宣传思想工作队伍学习培训、宣传思想文化工作理论研究、网络思想政治教育、新媒体平台建设等。把学校宣传思想工作纳入相关部门和领导班子考核，切实形成各方支持参与、协同推进学校宣传思想工作的良好局面。

西南交通大学举办形势报告会和哲学社会科学报告会、研讨会、讲座、论坛及读书会、学术沙龙管理办法

（2017年7月14日发布）

为进一步加强和规范对校内形势报告会和哲学社会科学报告会、研讨会、讲座、论坛及读书会、学术沙龙的管理，牢牢把握党对意识形态工作的领导权、管理权、话语权，充分发挥形势报告会和哲学社会科学报告会、研讨会、讲座、论坛及读书会、学术沙龙在人才培养、科学研究、文化传承创新、国际交流合作等方面的重要作用，根据中共中央、国务院《关于加强和改进新形势下高校思想政治工作的意见》文件精神，结合学校实际情况，特制定本办法。

第一条　本管理办法所指的形势报告会和哲学社会科学报告会、研讨会、讲座、论坛及读书会、学术沙龙，主要指以哲学社会科学为内容的报告会、研讨会、讲座、论坛、读书会、学术沙龙等，包括但不限于以上形式。

本管理办法适用于学校各级各类单位（包括学生组织、挂靠学校单位的各类协会、学会等）举办或联合校外单位举办的面向学校师生的形势报告会和哲学社会科学报告会、研讨会、讲座、论坛及读书会、学术沙龙等。在校园网络上举办以及校外单位租借学校场地举办的同类报告会、研讨会、讲座、论坛及读书会、学术沙龙等，按本办法管理。

第二条　举办形势报告会和哲学社会科学报告会、研讨会、讲座、论坛及读书会、学术沙龙，必须坚持以马克思列宁主义、毛泽东思想、邓小平理论、“三个代表”重要思想和科学发展观为指导，必须坚持以习近平总书记系列重要讲话精神和治国理政新理念新思想新战略为指导，坚持党的基本路线，坚持党的教育方针，遵守国家法律法规，遵守校纪校规。要坚持“课堂讲授有纪律，公开言论守规矩”，坚持正确的政治导向，坚决反对各种错误政治观点和思潮。

第三条　严格按照“谁主办、谁负责；谁审批，谁监督”原则，切实落实举办形势报告会和哲学社会科学报告会、研讨会、讲座、论坛及读书会、学术沙龙“一会一报”“一事一报”制，实行分级分类管理，归口指导监督。

（1）邀请校内人员担任报告人的形势报告会和哲学社会科学报告会、研讨会、讲座、论坛及读书会、学术沙龙，由主办单位党委（党总支、直属党支部）审查同意后，经学校办公系统报党委宣传部审批备案。

（2）邀请校外人员担任报告人的形势报告会和哲学社会科学报告会、研讨会、讲座、论坛及读书会、学术沙龙，由主办单位党委（党总支、直属党支部）和相关职能部门审查同意后，经学校办公系统报党委宣传部审批备案。

其中，形势报告会及思想政治教育类报告会、研讨会、讲座、论坛，由党委宣传部审批；

学术研究类哲学社会科学报告会、研讨会、讲座、论坛，由文科建设处审查同意后，报党委宣传部审批备案。学生组织举办的形势报告会和哲学社会科学报告会、研讨会、讲座、论坛，由校团委审查同意后，报党委宣传部审批备案。哲学社会科学读书会、学术沙龙，由研究生院审查同意后，报党委宣传部审批备案。

（3）凡邀请境外人员担任报告人的形势报告会和哲学社会科学报告会、研讨会、讲座、论坛及读书会、学术沙龙，第一步由主办单位党委（党总支、直属党支部）审查同意，第二步参照本管理办法第三条第 2 点由相关职能部门审查同意，第三步由国际合作与交流处审查同意，然后报党委宣传部审批备案。未经批准，主办单位不得向境外人员发出正式邀请。

第四条　主办单位应事先对拟邀请报告人的有关情况和报告内容进行详细了解和政治把关，并征得拟邀请报告人所在单位党组织同意批准。

第五条　校内人员被邀请担任形势报告会和哲学社会科学报告会、研讨会、讲座、论坛及读书会、学术沙龙报告人的，必须经其所在单位党组织同意。所在单位党组织对参加上述活动的人员，要提出明确的政治纪律要求。

第六条　举办形势报告会和哲学社会科学报告会、研讨会、讲座、论坛及读书会、学术沙龙，至少提前一周通过学校综合智能办公平台“文件会签”模块提交申请，申请内容包括报告主题、报告主要内容、报告人政治立场、时间、地点、参会人员等基本情况，以及主办单位党组织对报告人和报告内容的政治把关情况。未经批准一律不得举办。校内各单位不得将本单位场地租借给未经批准的单位或个人举办形势报告会和哲学社会科学报告会、研讨会、讲座、论坛及读书会、学术沙龙。

第七条　对在形势报告会和哲学社会科学报告会、研讨会、讲座、论坛及读书会、学术沙龙中传播政治谣言和错误观点的，主办单位要及时制止，消除不良影响，并第一时间向单位党组织和党委宣传部报告情况。造成重大问题和恶劣影响的要追究相关人员的责任，依据党纪国法予以处理。

第八条　主办单位要做好形势报告会和哲学社会科学报告会、研讨会、讲座、论坛及读书会、学术沙龙的组织协调、秩序维护、资料整理和存档工作。

第九条　本管理办法由党委宣传部负责解释。

第十条　本实施意见自印发之日起施行，原《西南交通大学举办形势报告会和哲学社会科学报告会、研讨会、讲座、论坛管理办法》（西交党〔2015〕73 号）文件同时废止。

中共西南交通大学委员会关于加强校园新媒体建设和管理的指导意见

（2017年7月14日发布）

为有序推进校园新媒体建设，营造文明和谐的网络文化氛围，深入学习贯彻落实中共中央、国务院《关于加强和改进新形势下高校思想政治工作的意见》和2016年全国高校思想政治工作会议精神，根据中共中央办公厅、国务院办公厅《关于加强和改进互联网管理工作的意见》（中办发〔2010〕24号）和国家互联网信息办公室、工业和信息化部、公安部《关于加强微博客管理工作的意见》以及教育部、四川省相关文件的要求，结合学校实际情况，特制定本意见。

第一条　新媒体是指新的技术支撑体系下出现的媒体形态。校园新媒体是指以西南交通大学各学院、机关部处、业务部门、直属单位，或以学校工会、共青团、学生会、研究生会、学生社团等群众组织的名义，开办的数字出版物、数字广播、手机短信、手机彩信、移动电视、社交网络、桌面视窗、数字电视、数字电影、触摸媒体、手机网络、移动客户端等新型传播媒介，包括但不限于微博、微信、今日头条、知乎、易班、手机报、APP 客户端、网络视频等新媒体平台。

第二条　校园新媒体是学校思想文化的重要宣传阵地，必须在学校党委的领导下，坚持四项基本原则，贯彻党和国家的教育方针，着眼于学校的科学发展与学生的健康成长，以科学的理论武装人、以正确的舆论引导人、以高尚的精神塑造人、以优秀的作品鼓舞人。

第三条　校园新媒体建设的责任主体为校内单位或组织。校园新媒体建设的责任主体应严格遵守中华人民共和国相关法律法规，遵守学校各项规章制度，自觉维护学校声誉。开办单位应对所发布信息的真实性负责。

第四条　各学院、机关部处、业务部门、直属单位、工会、共青团、学生会、学生社团等群众组织注册开通校园新媒体时，应严格履行以下流程：

（一）任何以西南交通大学所属学院、机关部处、业务部门、直属单位，或以学校工会、共青团、学生会、学生社团等群众组织的名义，并使用真实组织信息在提供新媒体相关服务的网站平台上注册，或行将注册的，须及时登录“西南交通大学网络信息服务备案管理服务平台”填报相关信息，向学校党委宣传部进行备案登记。

（二）根据“谁主办、谁负责”的管理原则，以学院、直属单位的名义注册的校园新媒体，备案登记表格须先经所在单位分党委（党总支或直属党支部）审批并签字同意；以机关部处、业务部门的名义注册的校园新媒体，备案登记表格须先经所在部门负责人审批并签字同意；以工会、共青团、学生会、学生社团等名义注册的校园新媒体，备案登记表须先经校工会或校团委审批并签字同意。

（三）注册新媒体平台的名称原则上应基于组织机构全称或简称，或根据机构的主要服务对象和工作特性命名。使用校名、校徽等必须严格参照“西南交通大学 VI 视觉识别系统”执行。

第五条　校园新媒体在内容建设及信息管理上应遵守以下原则：

（一）校园新媒体内容信息应当主要以宣传学校和各单位教师风采、学子风貌、人才培养、科研成果、文化氛围、改革发展成果为主，服务信息应主要以服务学校师生员工和校友的学习生活为主。要坚持“传播内容有品质，服务师生有温度”，主动设置正能量话题，牢牢把握舆论导向，因事而化、因时而进、因势而新。

（二）校园新媒体应当加强队伍建设，注重技术创新和意见引导并重，着力打造各自的核心团队。要运用新媒体新技术使工作活起来，推动思想政治工作传统优势同信息技术高度融合，增强时代感和吸引力。

（三）党委宣传部要牵头建立校园新媒体的工作联络机制，以新媒体联盟为载体，强化校院两级联动，努力推动校内二级单位以积极的姿态用好新媒体载体，加强校园网络文化建设，强化网络舆论引导，形成规模效应，着力打造校园新媒体矩阵。要经常组织各媒体进行沟通和研讨，开展学习和培训，组织评优和评奖。

（四）各开办主体要对新媒体账号及内容加强日常管理，校园新媒体要明确具体负责人，账号管理主体必须为校内在职教职工，全面负责新媒体的内容建设及信息管理，建立健全信息内容审核制度，对新媒体信息内容的制作、复制、发布、传播进行监管。如发现存在冒用本单位或组织名义的新媒体平台，应及时向新媒体平台提供方举报；如发现本部门或组织新媒体平台出现有损学校声誉的不良信息，要及时向党委宣传部报告，会同党委宣传部妥善处理。

第六条　各单位要及时摸清掌握本单位职工、学生以个人名义运营的自媒体情况，对具有一定影响力的自媒体账号主体进行合理关注和有效引导，积极营造风清气正的清朗网络空间，共同唱响时代主旋律、凝聚社会正能量、传播交大好声音，争做爱国爱校的好网民。

第七条　校园新媒体的直接责任人、单位分管领导或链接地址等信息，如发生变更，或者停办媒体的，各责任主体单位或组织应及时报学校党委宣传部备案。

第八条　本实施意见由党委宣传部负责解释。

第九条　本实施意见自印发之日起施行，原《中共西南交通大学委员会关于加强校园新媒体建设和管理的指导意见（试行）》（西交党〔2013〕42 号）文件同时废止。

实验室及设备安全

西南交通大学实验室安全管理办法

（2018 年 9 月 24 日发布）

第一章　总则

第一条　为规范和加强我校实验室的安全管理，保障人身和财产安全，保护环境，预防安全事故，促进教学科研正常开展，依据国家、四川省有关安全生产、劳动保护以及环境保护的法律法规，结合学校实际情况，特制定本办法。

第二条　本办法所称的实验室，是指按照《西南交通大学实验室设置管理细则》确认或审批的各级各类实验室实体机构。

第三条　校内各职能部门（指党群部门和行政部门）和二级教学科研单位必须高度重视实验室安全工作，坚持“一岗五责”、坚持“安全第一，预防为主”的工作方针。

第二章　安全责任

第四条　实验室安全工作按照“统一领导、分级负责、责任到人”的模式，实行学校、二级教学科研单位、实验室三级管理。学校承担安全监管责任，二级教学科研单位和实验室承担安全主体责任。

第五条　资产与实验室管理处在学校安全生产工作领导小组的领导下，代表学校牵头实施实验室技术安全的组织、协调、监督、检查、教育和管理工作，其主要职责为：

（一）负责制定、完善学校实验室安全管理规章制度，及时发布或传达上级部门的有关文件和通知；

（二）指导、督查各二级教学科研单位做好实验室安全教育培训和安全管理工作；

（三）组织或参与实验室安全检查，建立实验室安全隐患台账，并通知相关二级教学科研单位和职能部门进行整改，必要时报学校安全生产工作领导小组研究决策。指导各实验室建立安全隐患台账并督促安全隐患的整改落实；

（四）建立并完善实验室安全管理校级信息平台，实现实验室安全动态管理；

（五）建立并完善实验室安全培训考试系统，指导二级教学科研单位落实实验室安全准入制度；

（六）组织召开实验室安全专题工作会；

（七）其他实验室技术安全管理工作。

第六条　各二级教学科研单位负责本单位的实验室安全管理，单位第一负责人是实验室安全管理第一责任人，全面负责本单位的实验室安全工作，建立实验室安全责任体系，层层落实安全责任，逐级签订实验室安全责任书。各二级教学科研单位可视情况指定本单位的实验室安全分管领导。

各二级教学科研单位具体履行以下管理职责：

（一）各二级教学科研单位第一负责人或实验室安全分管领导负责制订并实施本单位的实验室安全工作计划，制定并落实本单位的安全规章制度，认真落实教育培训、安全准入、日常检查、隐患台账、隐患整改等工作。

（二）各二级教学科研单位应设立实验室安全员 1～2 人，协助本单位第一负责人或实验室安全分管领导做好实验室安全工作，并负责联系相关职能部门。

（三）各二级教学科研单位对其下设的实验室，必须指定安全责任人，承担该实验室的安全直接责任。安全责任人原则上由实验室主任兼任，各实验室必须在房间门口明示安全责任人信息及联系方式。

（四）各二级教学科研单位应定期组织实验室有针对性地开展实验室安全教育和应急演练。各二级教学科研单位应结合学科、专业特点，面向全体学生开设实验室安全教育课程，举办专题讲座或知识、技能竞赛等活动。相关活动开展前的准备及开展情况报资产与实验室管理处备案。

第七条　各实验室负责落实本实验室安全管理工作，在安全责任人的领导下，在日常工作中履行以下管理职责：

（一）分解实验室安全管理责任，做到责任落实到人，并督促执行；根据实验室的特点制定本实验室相关规章制度（包括操作规程、仪器操作说明、应急预案、值班制度等），严格落实安全准入制度并制定实施细则；

（二）建立安全运行保障机制、安全事故应急预案，并将应急预案上报资产与实验室管理处备案。

（三）各实验室应在门口公示实验室安全责任人、联系方式、报警电话、涉及危险类别等信息，在室内醒目位置悬挂实验室安全规章制度、仪器设备操作规程和注意事项、安全事故应急预案等必要信息，在可能发生人身伤害的场所或设备旁悬挂相应的危险警示标识。

（四）各实验室结合实验项目的安全要求，做好实验室安全设施的建设和管理，落实危险作业和危险性物品（包括特种设备、危险化学品、剧毒品、易制毒品、易制爆品、危险性气瓶、病原微生物等）的安全管理，以及危险废弃物、废弃化学品的安全处置，并建立危险性物品使用管理台账。

（五）进入实验室的人员，应对自身和他人人身安全以及实验室设施、设备安全负责，严格遵循各项安全管理制度，严格按照实验操作规程或实验指导书要求开展实验，并配合各级安全责任人和管理人做好实验室安全工作，避免安全事故发生。

（六）严格落实实验室安全责任人制度，负责本室的水、电、燃气、蒸汽、门、窗等设施的每日检查，发现问题及时报修；做好室内安全及设备物资保管和室内一般仪器设备的日常检查维护，发现隐患及时整改。

（七）导师对本人指导的研究生、科研团队负责人对本人率领的团队、实验指导教师对本人指导的学生、实验室主任对本实验室的职工，负有安全教育培训责任和安全责任。

（八）实验室主任负责实验室钥匙的配发、管理，严禁私自配置或转借他人使用。使用电子门禁的实验室，应对各类进入人员设置相应的级别，对于门禁卡丢失、人员变动等情况应及时采取必要的安全措施。

（九）实验室内的仪器设备、材料、工具等物品应分类存放，摆放整齐。各实验室应及时清理废旧物品，严禁堆放与实验室工作无关的物品，保证安全通道畅通。

（十）各实验室的大型仪器设备购置或场所建成后，验收之前应做好风险评估，对所涉及的仪器设备、实验操作等建立健全操作规程、应急预案等规章制度，防范安全风险。

第八条　学校各相关职能部门实验室安全管理职责：

（一）保卫处负责对实验室的消防、治安、防盗进行监督、检查和管理。

（二）保密委员会办公室和科学技术发展研究院军工办负责对承担涉密项目的实验室的保密安全管理进行指导、监督和检查。

（三）后勤与基建管理处负责保证实验室房屋及基础设施安全完整，确保实验室安全完整。实验室安全工作需要其他二级教学科研单位和职能部门协作的，相关单位应积极配合。

第三章　个人防护安全

第九条　实验室是学校重要的教学科研场所，所有人员均应实行登记制度。未经实验室管理人员许可，任何人不得随意操作实验室内仪器设备。实验人员操作时应严格按照实验操作规程进行，出现异常现象应及时妥善处理，并根据实际情况逐级上报。实验过程中必须有人值守，离开实验室时必须暂停或终止实验，无法暂停或终止的，应委托适当人员值守。

第十条　严格执行实验室安全准入制度。师生在学校实验室安全培训考试系统上完成学习并考核通过后，还应在实验室接受有关的安全风险、操作规程、应急处理等培训或提醒，方可进行实验操作。

第十一条　进入实验室的所有人员应根据各实验室特点和工作特性规范着装、穿着实验防护服、佩戴相应的个人防护用品。进入实验室、仓库和设备维修区域等可能造成眼部伤害的区域必须穿着实验服，佩带防护眼镜、手套等。

第十二条　实验室内不准存放私人物品，不得在实验室从事与实验无关的活动，禁止在仪器室、贮藏室和实验场所吸烟、饮食。

第十三条　实验室应建立卫生值日制度，保持实验室窗明几净，实验台、凳、橱、柜、仪器、设备、瓶子放置整齐、清洁，公共场所不堆放杂物，保证门口、走廊通畅。

第十四条　各实验室应做好劳动防护工作，配备必要的防护用品和急救用品。

第十五条　进行危险性实验操作或实验准备时，必须对可能发生的安全事故采取防范措施，做好安全防护，并有第二人员陪伴，陪伴者应能清晰并完整地观察操作的全过程。

第十六条　实验人员应注意机械设备的使用安全，安装必要的防护装置，严格按规章操作，定期检查维护，避免卷入、夹伤、割伤、绞伤、烫伤、砸伤和摔伤等伤害事故发生。

第十七条　对实验过程中发生异常可能会引致火灾、爆炸或人身伤害等危险事故的危险性实验，所使用的设备、化学品及其实验程序等必须经指导老师检查，确认安全和正确无误后方可进行实验。

第十八条　重要节假日及特殊时间节点对实验室实行运行申报备案制度，并将实验室值班情况报资产与实验室管理处备案。

第四章　水、电、气及消防安全

第十九条　实验室属于学校消防安全重点部位，各二级教学科研单位须按照《高等学校消防安全管理规定》和《西南交通大学消防安全管理规定》，履行相应的消防安全职责，加强消防安全管理，了解各类易燃易爆品知识及消防知识，以防为主，杜绝火灾隐患；加强管制类化学品日常管理，实行双人管理及管制类化学品出入库使用登记制度；同时将涉及的生物、化学及易燃易爆物品的种类、性质、数量、危险性和应对措施及处置药品的名称、产地和储备、管理人员、联系电话等内容报保卫处备案。

第二十条　实验室要严格执行《西南交通大学水电管理办法》和《西南交通大学公房装修改造管理办法》，各类实验室的结构和设施必须符合有关规定，实验室装修或改变用途，涉及水、电、气路改造应经所在二级教学科研单位、资产与实验室管理处、后勤与基建管理处、保卫处审核同意后，由专门技术操作人员实施。

第二十一条　实验室应注意用电安全，禁止使用非实验用途的电加热器具，不得随意改造实验室电路、私接乱拉电线、超负荷用电，电源控制箱附近不得堆放物品。

第二十二条　实验室每天下班后要进行安全检查，拉闸断电、关闭水源、关窗锁门。实验室每天最后一个人员离开时，应填写“离开实验室安全检查表”

第五章　危险化学品安全及环保安全

第二十三条　危险化学品的采购、提运、储藏、保管和使用、处置应严格遵守国家《危险化学品安全管理条例》，具体按照《西南交通大学危险化学品管理办法》执行。

第二十四条　实验室对于环保安全应有充分认识，对废气、废物、废液的处理须严格按照有关规定执行，保障师生员工的身体健康，防止污染和其他公害。新建和改扩建实验室时须考虑有害物质、有毒气体的处理方案。

第六章　特种设备安全

第二十五条　实验室特种设备必须按照《中华人民共和国特种设备安全法》《特种设备安全监察条例》《西南交通大学特种设备安全管理办法》等的有关规定，严格管理和使用锅炉、起重机械、压力容器、压力管道、场内机动车等特种设备，特种设备须取得使用登记证并定期进行检验合格。特种设备作业人员必须取得特种设备作业人员资格证书并定期审验。

第七章　仪器设备安全

第二十六条　实验室仪器设备应按《西南交通大学仪器设备管理办法》进行管理，仪器设备应按技术要求合理调试和使用。严格按有关技术资料（或使用说明书）进行维护保养，确保正常运行。

第二十七条 大型贵重仪器及特种危险设备必须有专人负责。专管人员应具有一定的技术水平，并保持相对稳定，专管人员要建立与完善仪器设备安全操作制度，并承担相应的安全职责。

第二十八条　实验室内的烘箱、冰箱、电炉仅用作教学科研，不得挪作他用。烘箱、电炉要严格按其说明书及制度使用操作，且在使用过程中使用人不准离开。非防爆电冰箱内禁止存放易燃、易爆、低沸点、强腐蚀等化学品。所有冰箱禁止存放性质相互抵触的化学品。

第二十九条　烘箱、冰箱、电炉等电器设备周围不得堆放危险化学品及易燃物。应保持通道畅通，一旦发生事故立即切断电源，并采取相应措施，抑制事故扩散，并及时向有关部门报告。

第三十条　实验室不准使用私人生活的加热装置，也不准将实验室加热装置用于私人生活。因实验需要必须使用开式电炉的，需院级单位安全责任人批准并到保卫处备案。准用的各类电炉必须由专人负责，定点使用，并妥善保管。

第八章　辐射安全

第三十一条　辐射安全主要包括放射性同位素和射线装置的安全。

第三十二条　实验室必须按照《放射性同位素与射线装置安全和防护条例》《放射性同位素与射线装置安全许可管理办法》等的有关规定使用放射性物品和射线装置，取得“许可登记”方能开展相关工作。放射工作人员必须参加职业病体检，定期接受个人剂量监测，持证上岗。射线装置辐射工作场所须安装防盗、防火、防泄漏设施，保证放射性同位素和射线装置的使用安全。辐射工作场所的入口处应放置辐射警示标志和工作信号。产生的放射性废源废物要及时送贮，按规定处置。

第九章　生物安全

第三十三条　生物安全主要涉及病原微生物和实验动植物，未经学校批准，不得在校内实验室进行相关实验。相应的实验应在学校批准同意后设立的相关生物实验室进行。

第三十四条　使用动物、微生物的实验室必须严格遵守国家《实验室生物安全通用要求》（GB 19489—2008）、《实验动物管理条例》等的有关规定，加强生物安全管理，保障实验室防护条件，做好实验动物的饲育、检疫、防疫等工作。废弃物（包括动物残体等）应进行高温高压灭菌处理或委托专业单位处理。涉及病原微生物的实验室，还应严格遵守国家《病原微生物实验室生物安全管理条例》的相关规定，并向主管部门备案或取得国家认可的资质，严禁在生物一级、二级实验室内开展高致病性微生物研究。

第十章　实验室搬迁、调整安全

第三十五条　各实验室在搬迁、调整或涉及人员离校过程中，必须遵从“谁主管，谁负责”的原则，强化主体责任，保证安全、文明搬迁，杜绝各类安全隐患，保持良好的环境卫生。搬迁、调整过程中涉及的相关物品管理要求：

（一）实验室搬迁、调整过程中的涉及的废旧仪器设备等的处置安全参照《西南交通大学公有房产及设施管理办法》相关规定执行。

（二）搬迁、调整过程中涉及钢瓶、压力容器等特种设备，必须归属明确、责任到人。

（三）搬迁、调整过程中涉及化学品，尤其危险化学品除注意安全迁移外，不得随意丢弃、遗留。处置废弃化学品必须按照“谁使用，谁负责”，严禁乱丢、乱倒废弃化学品或遗留不管。

（四）搬迁、调整过程中难以及时处置的废弃化学品，可以组织校内专家协同处理，也可请职能部门协调有专业处理资质的单位处理。

第三十六条　人员离校必须及时做好设备交接工作，及时处置遗留废弃化学品，做到文明离校。

第十一章　安全事故处理与责任追究

第三十七条　实验室如发生安全事故，应立即启动应急预案，积极采取有效措施及时处置，防止事态扩大和蔓延，减少损失；发生被盗、火灾、中毒、人身重大伤害、污染、精密贵重仪器和大型设备损坏等重大事故应保护好现场，按规定立即上报，并积极配合调查和处理，具体参照《西南交通大学实验室安全责任追究办法》执行。

第十二章　检查与整改

第三十八条　资产与实验室管理处定期组织全校实验室安全普查和各类安全专项检查，随机进行实验室安全抽查，及时按上级要求完成相关安全专项检查。

第三十九条　资产与实验室管理处将安全检查中发现的隐患记入安全隐患台账，并发出“整改通知书”要求限期整改，按照“登记—通知整改—追踪整改情况—复查—核销”的模式，严格落实隐患整改工作，实现实验室安全动态管理。

第四十条　各二级教学科研单位每月全面排查本单位实验室安全，并于次月 1 日前向资产与实验室管理处提交月度报告。各二级教学科研单位下设的实验室必须执行每日安全报告制度，在完成实验室安全巡查之后，通过安全管理信息平台向资产与实验室管理处报告实验室安全情况。

第四十一条　各二级教学科研单位应积极配合由校内外各级部门组织的实验室安全检查工作，并及时按要求提交相关报告。

第四十二条　各二级教学科研单位应建立本单位的实验室安全隐患台账，对发现的问题和隐患进行梳理，分清责任并积极整改，按照“登记—整改（或上报职能部门处理）—复查

—核销”的模式，切实消除安全隐患。

第四十三条　各二级教学科研单位无法解决的安全隐患，应及时报告相关职能部门请求处理。在处理完成前应采取停用设备或实验室等必要措施，避免安全事故发生。

第四十四条　实验室对各级各类检查发现的安全隐患问题拒不整改（连续 3 次发出整改通知未果），或整改不到位（连续检查 3 次发现安全隐患仍然存在），资产与实验室管理处报请学校安全生产工作领导小组批准同意后，有权视具体情况对实验室封门直至整改达标，由此造成的一切损失由实验室或其所在学院自行负责。对存在严重安全隐患的实验室，资产与实验室管理处有权暂停设备、用房、专项建设资金等条件支持，以确保学校资产安全。

第四十五条　对拒不配合或阻挠安全隐患整改的人员，实验室或二级教学科研单位有权向其发出整改通知。对连续 3 次收到整改通知仍未整改或整改不到位的，实验室有权对其作出禁入限制（如取消门禁系统的进入权限），有权中止其在实验室的一切实验行为，有权请求学校安全生产工作领导小组按照《西南交通大学实验室安全责任追究办法》进行处理，由此造成的一切损失概由当事人自行承担。

第十三章　安全管理考核与奖惩

第四十六条　学校将各二级教学科研单位的实验室安全工作情况纳入其实验室工作年度考核的考查范围。对发生安全事故的单位和相关人员按照学校《实验室安全责任追究办法》进行处理。

第四十七条　各二级教学科研单位在进行职工年度工作考核时，应考查其实验室安全工作业绩。

第四十八条　学校对实验室安全工作先进单位和个人进行表彰奖励。

第十四章　附则

第四十九条　各二级教学科研单位应根据本办法及国家法律法规制定本单位的实验室安全管理细则并报资产与实验室管理处备案。

第五十条　本办法自发布之日起执行，由资产与实验室管理处负责解释。原《西南交通大学实验室安全管理办法（试行）》（西交校资实〔2016〕3 号）自本办法施行之日起废止。

西南交通大学特种设备安全管理办法

（2018 年 9 月 24 日发布）

第一章　总则

第一条　为规范我校特种设备的使用和管理工作，保障人身和设备安全，预防安全事故，促进教学、科研、生产和生活的正常开展，依据《中华人民共和国特种设备安全法》、国务院《特种设备安全监察条例》《国务院关于修改〈特种设备安全监察条例〉的决定》等有关法律法规，结合学校实际情况，制定本办法。

第二条　本办法所称的特种设备是指国家以行政法规认定的、涉及生命财产安全、危险性较大的锅炉、压力容器（含气瓶，下同）、压力管道、起重机械、电梯、场（厂）内专用机动车辆，及其安全附件、安全保护装置和与安全保护装置相关的设施。

特种设备的具体范围由国家质量监督检验检疫总局发布的《特种设备目录》和《增补的特种设备目录》确定。

第三条　本办法所称的特种作业人员是指直接从事特种作业的人员及管理人员。包括电工、焊接工、切割工、电梯司机和行、吊车司机及挂钩工、场（厂）内专用机动车辆的驾驶员、锅炉司炉工、锅炉水处理工、压力容器操作人员等，及相关管理人员。

第四条　本办法适用于我校特种设备的购置、安装、使用、维修、检验、日常维护保养、改造、报废，以及特种作业人员的培训、考核、持证上岗和复审等相关活动。

第二章　管理职责

第五条　本办法所述各项安全管理工作，由各教学单位、科研单位、直属单位、业务部门等二级使用单位（含受托的物业管理单位，以下简称“二级单位”，下同）负责。其主要职责为：

（一）对本单位管理和使用的特种设备负有安全管理责任，主要行政负责人是本单位特种设备安全管理第一责任人。

（二）建立、健全本单位特种设备的安全管理制度和岗位安全责任制度，落实特种设备管理和操作人员的安全责任。组织编写、修订本单位的特种设备安全操作规程及应急预案并定期演练。

（三）组织相关人员认真学习并严格执行特种设备安全管理的相关法规，组织开展特种设备作业人员技术培训，组织特种设备作业人员按国家有关规定取得特种设备作业人员资格证书、持证上岗并定期审验。

（四）做好特种设备的购置论证、注册登记、验收、检验、改造、维修、年检、报停、报废等相关工作，建立完备的安全技术资料档案，并将资料报学校相关行政部门备案。

（五）取得所使用的特种设备的特种设备使用登记证，并按《特种设备安全监察条例》要求定期进行检验后取得合格证。

（六）组织或配合学校及上级有关部门对本单位特种设备的安全检查、检验，及时整改安全隐患，确保安全运行。

（七）配合学校和上级有关部门做好特种设备安全事故的调查、处理。

第六条　学校各相关行政部门按部门职责，代表学校对各二级单位的特种设备安全管理工作进行监督与检查，其主要职责为：

（一）贯彻执行国家及地方政府有关特种设备管理的政策、法规、标准、文件等。

（二）监督、检查各二级单位制（修）订特种设备安全管理规章制度。

（三）监督、检查各二级单位做好特种设备的购置论证、注册登记、验收、检验、报停、报废、操作人员培训等相关工作。

（四）监督、检查全校特种设备的安全运行。

第七条　各部门按以下分工行使监督与检查职责：

（一）后勤与基建管理处：负责基建项目中特种设备的规划建设及验收，向使用单位移交特种设备有关资料（含使用登记证）；负责监督、检查学校纳入物业管理的各建筑物内的电梯安全管理工作，对物业管理单位上报的特种设备档案资料进行备案、存档；在按照本办法要求做好特种设备安全管理各项工作的同时，须履行对本单位所使用的或委托校外公司提供服务的各类锅炉、压力容器、压力管道、起重设备、场（厂）内专用机动车等特种设备安全管理工作的监督、检查职责，并对特种设备档案资料进行备案、存档。

（二）资产与实验室管理处：负责建筑物及附属设施的特种设备实物接收和实物功能验收工作；负责监督、检查学校各实验室内锅炉、压力容器、压力管道、起重设备、场（厂）内机动车的安全管理工作，并对各实验室上报的特种设备档案资料进行备案、存档。

第三章　购置、安装、注册、改造、报废

第八条　特种设备购置、安装、改造、维修必须按《中华人民共和国特种设备安全法》《特种设备安全监察条例》等法律法规的相关规定进行。

第九条　学校购置的特种设备，其设计、生产单位必须是依照国家相关规定取得生产许可的单位。特种设备应符合环保节能要求，不得购买不符合安全性能要求和能效指标以及国家明令淘汰的特种设备。特种设备出厂时，应当附有安全技术规范要求的设计文件、产品质量合格证明、安装及使用维修说明、监督检验证明等文件。境外制造的特种设备，必须符合我国有关特种设备的法律、行政法规、规定、强制性标准及技术规程的要求。

第十条　特种设备的安装调试、质保期内的维修维护工作原则上由生产厂家负责实施，以确保安装、维护的质量和使用安全。特殊情况需由其他单位承担的，受委托单位必须具备

相应资质。特种设备日常维修维护应委托具有资质的单位进行并签订合同。

第十一条　电梯的安装、改造、修理，必须由电梯制造单位或者其委托的取得相应许可的单位进行，电梯制造单位委托其他单位进行电梯安装、改造、修理的，应当对其安装、改造、修理进行安全指导和监控，并按照安全技术规范的要求进行校验和调试。

第十二条　电梯、锅炉、起重设备、场（厂）内专用机动车辆等特种设备，在建设过程中已约定由合同乙方完成并在工程竣工时达到挂牌运转条件的，安装单位须完成安装调试，自检合格，并经具有特种设备检测检验资格的机构检验合格，到政府质量技术监督部门办理注册登记手续，取得特种设备使用登记证，并且将登记标志固定在该特种设备的显著位置后，方可向使用单位移交设备及技术资料。各二级单位应建立特种设备技术档案，同时报学校相关行政部门备案。

第十三条　凡未按要求办理注册登记手续、未取得特种设备使用登记证的特种设备，任何单位不得擅自投入使用。

第十四条　二级单位不得自行设计、制造和使用自制的特种设备，也不得对原有的特种设备擅自进行改造或维修。

第十五条　二级单位拟进行特种设备安装、改造、维修等施工前，应将有关情况书面报政府质量技术监督部门同意后方可施工，并报学校相关行政部门备案。

第十六条　特种设备安装、改造、维修的施工单位应当在施工前将拟进行的特种设备安装、改造、修理情况书面告知政府质量技术监督部门。

第十七条　改造锅炉、起重机械、压力容器、压力管道等特种设备，应按照新安装特种设备进行审查报批、持证施工、检测验收、建立档案。

第十八条　特种设备改造、维修竣工后经检验合格，使用单位要及时将施工单位移交的改造、维修的原始资料及特种设备监督检验机构出具的检验报告等，存入该特种设备的安全技术档案。

第十九条　因工作需要须租赁特种设备时，可向有租赁业务并且具有特种设备生产资质的厂家签约租赁。租赁的特种设备其安全管理事宜，由出租方负责，同时服从学校的管理。

第二十条　特种设备存在严重事故隐患，无改造、维修价值，或达到安全技术规范规定的其他报废条件的，二级单位应停用并按照学校固定资产报废程序提出报废申请。特种设备报废申请批准后，二级单位应采取必要措施消除该特种设备的使用功能，及时向政府质量技术监督部门办理使用登记证书注销手续，并报学校相关行政部门备案。达到设计使用年限可以继续使用的，应当按照安全技术规范的要求通过检验或者安全评估，并办理使用登记证书变更，方可继续使用。

第四章　使用管理

第二十一条　二级单位应当严格执行特种设备岗位安全责任制，落实专（兼）职安全管理人员，负责整理、登记并妥善保管随机文件和资料，建立安全技术档案；组织做好设备的安装、日常检查、维护保养和定期检测检验工作；落实国家和学校的相关规定，确保规范、安全的开展特种设备的管理与使用工作。

第二十二条　特种设备管理与操作人员，必须按国家有关规定通过培训、考核并取得特种设备作业人员资格证书后方可从事相应的工作。特种设备安全管理与操作人员应当严格执行安全技术规范和管理制度，保证特种设备安全。

第二十三条　已取得资格证书的特种设备作业人员必须按国家有关规定定期审验。离开特种作业操作岗位 6 个月以上的特种作业人员，应重新进行实际操作考核，经确认合格后方可上岗作业。

第二十四条　特种设备使用场所内必须在显著位置张贴安全注意事项和警示标志。特种设备的使用应当具有规定的安全距离、安全防护措施。

第二十五条　各特种设备的具体使用岗位应制定安全操作规程及应急预案，定期进行应急演练。加强对特种作业人员的教育，严格按照安全操作规程使用特种设备。

第二十六条　特种设备应建立特种设备安全技术档案，主要包括：

（一）特种设备的设计文件、产品质量合格证明、安装及使用维护保养说明、监督检验证明等相关技术资料和文件；

（二）特种设备的定期检验和定期自行检查记录；

（三）特种设备的日常使用状况记录；

（四）特种设备及其附属仪器仪表的维护保养记录；

（五）特种设备的运行故障和事故记录。

第二十七条　二级单位应严格执行特种设备安全技术性能定期检验制度，在特种设备安全检验合格有效期满前 1 个月向特种设备检验检测机构提出定期检验要求，及时进行安全性能检验和能效测试，并将检验结论及时报学校相关行政部门备案。未经定期检验或者检验不合格的特种设备，不得继续使用。根据国家质量监督检验检疫总局《气瓶安全监察规定》的要求，气瓶的定期检验由气瓶充装单位进行。

第二十八条　二级单位每月应对本单位在用的特种设备至少进行一次检查，检查方式可采用自行检查或委托专业机构进行，检查结果应做好详细记录。发现异常情况的，应当及时处理，对可能造成事故的设备应立即停止使用并报有关部门处理。

第二十九条　学校每年检查（或抽查）各单位的特种设备的安全管理工作情况，主要内容为：

（一）特种设备安全操作规程的制定和执行情况；

（二）特种设备安全管理责任人和操作使用人员的落实情况，特种作业人员资格证书持证情况；

（三）特种设备技术档案管理情况；

（四）特种设备使用、维护、检测检验情况；

（五）安全注意事项和警示标志。

第三十条　符合以下情况的特种设备严禁使用：

（一）未完成移交手续的、或未经检验的、或未取得特种设备使用登记证的特种设备；

（二）已超过检验日期的、或已办理停用手续的、或已报废的特种设备；

（三）经检验被判定为不合格的特种设备；

（四）发生故障而未排除的特种设备；

（五）依照国家规定应当报废或国家明令淘汰的特种设备。

第三十一条　气瓶使用单位在接收、启用气瓶前，需确认气瓶符合安全技术规范要求，气瓶再次充装必须交由具备资质的充装单位进行，不得使用自购气瓶，不得自行充装介质或处理残液。气瓶在存放和使用过程中必须固定，避免碰撞、烘烤和曝晒。易燃、易爆、有毒的压力气瓶，使用时要安放在室外。易燃气瓶和助燃气瓶要保持距离，分开存放。需要同时使用大量气瓶的单位，要设置符合要求的集中存放室，存放室需采取必要的防火、防爆、防静电等措施。

第三十二条　锅炉操作人员必须持证上岗，锅炉使用单位必须落实岗位责任制和操作规程，建立完备的巡回检查制度、维修保养制度、交接班制度、水质管理制度，在使用中必须做好锅炉及附属设备的运行记录、交接班记录、水处理设备运行及水质化验记录、设备检修保养记录、单位主管领导和锅炉房管理人员的检查记录。

第三十三条　电梯的使用与管理，必须按照《中华人民共和国特种设备安全法》《特种设备安全监察条例》等法律法规的相关条款执行。

第三十四条　起重设备的使用与管理，必须按照《中华人民共和国特种设备安全法》《特种设备安全监察条例》等法律法规和国家质量监督检验检疫总局发布的《起重机械安全监察规定》中的相关条款执行。

第三十五条　场（厂）内专用机动车操作人员必须持证上岗，机动车使用单位应建立完备的日常维护保养制度、定期检验制度、交接班制度，保障其机械性能和安全性能良好，做好使用和维护记录。场（厂）内专用机动车严禁驶出校园。

第三十六条　因工作变化，须停用一年以上的特种设备，要到政府质量技术监督部门办理停用手续。特种设备在停用期间可不进行定期检验。

第三十七条　停用一年以上的特种设备、发生过事故的特种设备、遇到自然灾害并可能影响安全技术性能的特种设备，在使用前都要进行全面检查和维护，安装（维护）单位自检合格，经特种设备检验检测机构检验合格，重新取得特种设备使用登记证后方可使用。

第三十八条　任何部门和个人不得擅自出租、出借特种设备。

第三十九条　发生特种设备安全事故后，二级单位应按应急预案及相关法规，及时处理安全事故，并积极配合上级有关部门及时查明原因，吸取教训，消除隐患。对事故的发生原因、经验教训、处理结果要有书面记载并作为正式文件存入特种设备技术档案。

第四十条　属于全校范围教学实验室公共使用的特种设备所产生的费用由学校列支，属于学院（中心）等二级单位管理使用的特种设备所产生的费用由本单位列支。

第五章　奖惩

第四十一条　学校对特种设备购置、安装、使用、维修、改造、日常维护保养、报废，以及特种作业人员管理严格、规范的单位与个人予以表彰。对违反本办法而造成事故的，视情节轻重予以处罚。

第四十二条　违反《中华人民共和国特种设备安全法》《特种设备安全监察条例》等法律法规，造成人身、财产损害的，须按法律法规接受政府主管部门的处罚，承担民事赔偿责任，缴纳罚金。有违反治安管理行为的或构成犯罪的，须依法接受治安管理处罚或承担刑事责任。

第六章　附则

第四十三条　本办法自颁布之日起施行，由资产与实验室管理处负责解释，未尽事宜，按国家及地方法律法规执行。原《西南交通大学特种设备安全管理办法》（西交校设备〔2014〕3号）自本办法施行之日起废止。

西南交通大学危险化学品安全管理办法

（2018 年 9 月 24 日发布）

第一章　总则

第一条　为规范和加强我校各类危险化学品的使用和管理，保障人身和财产安全，保护环境，预防安全事故，促进教学、科研正常开展，依据《中华人民共和国安全生产法》、《危险化学品安全管理条例》（国务院令第 645 号）、《易制毒化学品管理条例》（国务院令 666 号）等有关法律法规，结合学校实际情况，制定本办法。

第二条　本办法所称危险化学品，是指列入国家公布的危险化学品目录的，具有毒害、腐蚀、爆炸、燃烧、助燃等性质，对人体、设施、环境具有危害的剧毒化学品和其他化学品。其中，易制毒化学品是指国务院《易制毒化学品管理条例》附表所规定的易制毒化学品的分类和品种目录里的化学品；剧毒化学品、爆炸品、易制毒化学品、易制爆化学品、麻醉药品、精神药品和医疗用毒性药品等公安及食品药品监管部门根据情况认定的需要管制的化学品，统称管制类化学品；危险化学品目录，由国务院安全生产监督管理部门会同国务院工业和信息化、公安、环境保护、卫生、质量监督检验检疫、交通运输、铁路、民用航空、农业主管部门，根据化学品危险特性的鉴别和分类标准确定、公布，并适时调整。

第三条　本办法适用于学校各二级教学科研单位所有涉及危险化学品的教学和科研活动的安全监督与管理，学校各单位购买、运输、储存、使用和销毁危险化学品，必须严格按本办法执行。

第四条　学校各二级教学科研单位和个人必须高度重视危险化学品的管理工作，及时了解和掌握本单位（本岗位）危险化学品的种类、使用、管理等具体情况，加强对操作人员的安全教育和培训，严格按照国家相关规定，加大监管力度，切实落实各项管理要求，对涉及危险化学品管理的重点部位和薄弱环节进行重点排查、堵塞漏洞、排除隐患、确保安全，并要有针对性地建立事故应急预案。

第五条　学校鼓励采用无毒、无害或者低毒、低害的试剂，替代毒性大、危害严重的试剂；采用试剂利用率高、污染物产生量少的方法和设备；应尽可能减少危险化学品的使用；必须使用的，要采取有效的措施，降低排放量，并分类收集和处理，以降低其危险性。

第六条　危险化学品容器属于特种设备的，其安全管理依照有关特种设备安全的法律、行政法规的规定执行。

第二章　管理职责

第七条　危险化学品的安全管理工作实行学校、二级教学科研单位、实验室三级管理体制。

第八条　学校资产与实验室管理处、保卫处等相关职能部门按部门职责，代表学校负责全校危险化学品的安全监督管理。

（一）负责贯彻执行国家及地方政府有关危险化学品的政策、法规、标准、文件等；负责监督、检查各二级教学科研单位制（修）订危险化学品安全管理规章制度；负责监督、检查各二级教学科研单位做好危险化学品的购置、运输、存储、保管、使用、回收、操作人员培训等相关工作。

（二）资产与实验室管理处负责将各二级教学科研单位的危险化学品安全管理纳入其工作业绩考核，督促安全措施落实；负责核实各二级教学科研单位（不含校内医疗机构）提出的国家管制类化学品的采购申请，并通过四川省易制毒化学品管理信息系统向公安机关申请易制毒化学品配额。

（三）保卫处负责对管制类化学品的使用场所进行认定，并对其全过程管理进行监督和检查，协助做好管制类化学品的采购申请审批；负责管制类化学品防盗监管工作及实验室消防安全；负责对接公安部门开展管制类化学品的安全督查及突发事件的处理。

第九条　各二级教学科研单位全面负责本单位危险化学品安全管理，逐级完善安全责任制，贯彻落实“谁使用，谁管理”“谁主管，谁负责”的安全工作责任制，做到“四无一保”，即无被盗、无事故、无丢失、无违章、保安全。

二级教学科研单位主要职责为：

（一）对本单位危险化学品负安全管理责任，行政负责人是本单位危险化学品安全管理第一责任人；分管安全工作的负责人要全面负责本单位危险化学品安全管理，并确定具体的管理人员。分管领导及专管员名单每年更新一次，如有变更，需及时书面报送给资产与实验室管理处。

（二）贯彻“安全第一、预防为主”的方针，建立健全本单位危险化学品的安全管理制度，落实基层实验室的安全责任制和责任人，组织编写、修订各基层实验室或岗位的安全操作规程及应急预案，落实各项安全规程的执行。

（三）组织本单位师生员工认真学习并严格执行危险化学品安全管理的法律法规，组织开展安全教育与技术培训、事故应急处置培训与应急演练，增强师生员工的安全意识和自我防范能力，确保相关人员全面掌握实验技术规范、操作规程和安全防护知识。

（四）建立从申购、领用、使用、回收、销毁的全过程记录和控制制度，做好危险化学品的购置、运输、存储、保管、使用、回收等相关工作。

（五）建立储存危险化学品的专用库房，建立完备的危险化学品台账。确保物品台账与使用登记账、库存物资之间的账账相符、账实相符，并定期对使用情况和存量情况进行检查监督，使各类危险化学品在整个使用周期中处于受控状态。

（六）组织或配合学校及上级有关部门对本单位危险化学品开展安全检查，及时整改安全隐患，并有计划采取防范措施，防止安全事故发生。

（七）在新建、扩建和改建教学科研场所或设施时，应向资产与实验室管理处、保卫处、科学技术发展研究院、后勤与基建管理处等部门提供有关危险化学品安全说明及防范措施等资料，经审批后，方可实施。各二级教学科研单位对于拟搬迁或废弃的实验室，必须对实验室存在的危险化学品等危险物品进行彻底清查，并按要求及时处理，消除各种安全隐患。

（八）配合学校和上级有关部门做好危险化学品安全事故的调查、处理。

第十条　基层实验室负责本实验室所有实验场所涉及的危险化学品的安全使用管理工作。建立健全实验室所有实验场所危险化学品的安全操作规程，制定相应的危险化学品事故应急预案，指定专人对危险化学品进行管理。有针对性地组织本实验室人员开展危险化学品的安全知识学习，提高实验室人员的安全意识和安全使用水平。

第三章　申购与运输

第十一条　为确保危险化学品的安全，购置工作实行一般危险化学品和国家管制类化学品分级购置。

（一）采购非国家管制类化学品，经二级教学科研单位主管领导批准同意后，由二级教学科研单位指派专人到有资质的经营单位购买。申购成功后应在资产与实验室管理处备案。

（二）采购国家管制类化学品，按照公安机关要求实行申购审批制度。基层实验室向二级教学科研单位提出申请，二级教学科研单位主管院领导审核后统一报资产与实验室管理处、保卫处、科学技术发展研究院等部门审核后，报公安机关审批。

第十二条　各二级教学科研单位购买的危险化学品，必须由经营单位负责运输到校内指定地点，任何单位和个人不得自行运输。

第十三条　各二级教学科研单位在校内转运少量危险化学品时，必须小心谨慎、确保安全。气瓶必须使用气瓶推车运输。严禁将性质互相抵触的危险化学品混装运输。严禁将易燃品与助燃品混装运输。

第四章　储存、保管、使用、回收

第十四条　各二级教学科研单位应设立专（兼）职危险化学品库房保管人员，负责危险化学品的入库、保管、发放、回收、台账工作。

第十五条　各二级教学科研单位要对剧毒品、危险化学品中的毒害品、构成重大危险源的危险化学品、第一类易制毒化学品等，参照剧毒化学品的管理要求，落实“五双”即“双人保管、双人领取、双人使用、双把锁、双本账”的管理制度。

第十六条　各二级教学科研单位用于储存危险化学品的专用库房，须针对所存储物品的存储要求，配备相应的通风、防火、防爆、防毒、监测、报警、降温、避雷、防静电、隔离等安全设施。

第十七条　各二级教学科研单位存储危险化学品时，必须按照危险化学品的安全技术要求进行存放，严格分库、分类存放，严禁混放、混装，保持安全距离，不得超量储存。危险化学品的盛装容器或包装物应选用与其性质和用途相适应的安全材质，所有容器或包装物应有清晰的标识或标签。

第十八条　各二级教学科研单位应及时向资产与实验室管理处上报易制毒化学品的使用及库存情况，便于资产与实验室管理处及时上报公安机关并申请配额。

第十九条　基层实验室领用危险化学品，必须按需求领取，必须有完整的使用记录，其内容包括使用时间、使用地点、使用人、使用数量等。有多余或当天使用不完的，必须立即退还库房，严禁使用人自行保管。危险化学品使用单位和个人应熟悉和了解所使用化学品的性质，并备有安全使用说明。

第二十条　实验室须制定危险性实验的安全操作规程，并张贴上墙或置于显眼位置。实验人员使用危险化学品前要制定实验方案及其应急防范措施，严格遵守有关规章操作。要严格执行危险化学品安全管理各项规定，安全使用、安全操作，并及时做好实验记录。实验期间严禁人员脱岗。过夜、加热、低温、压力和有毒危险性实验必须有相关的操作规程，优先执行国家、地方和行业的相关规定和标准。

第二十一条　教师对学生使用危险化学品具有安全指导责任。学生实验前要接受安全培训与考核，参加由二级教学科研单位统一组织的实验室安全知识及实验操作安全培训，并参加实验室安全准入考试，合格后方可进行实验操作；学生实验时教师必须详细指导，教授安全操作方法，并采取必要的安全防护措施。

第二十二条　严禁师生私自将危险化学品带出实验室，严禁将实验室内的危险化学品用于非实验用途。

第二十三条　二级教学科研单位及实验室，须对危险化学品使用管理中可能发生的突发事件有应急预案和必要保护设施与手段，一旦发生被盗、丢失、流失、泄漏等情况，应立即向保卫处和资产与实验室管理处报告，并采取一切可能的警示和安全措施。保卫处和资产与实验室管理处在接到报告后，应立即向其他有关部门通报情况，并启动安全事故应急预案。

第五章　废弃危险化学品处理

第二十四条　废弃危险化学品的处置及教学、科研、生产等活动产生的废气、废液、废渣排放处理依照有关环境保护的法律、行政法规和国家及地方有关规定执行。

第二十五条　各二级教学科研单位不得私自丢弃或自行处置废弃危险化学品及危险化学品容器，应进行分类收集，妥善储存，容器外加贴标签，注明废弃物内容和品名，送交有相应资质的单位进行回收处理，并保存好交接单据。处置费用由学校、学院按一定比例进行分摊。

第二十六条　剧毒品的处置，必须按国家法律法规上报公安机关。

第二十七条　有条件的二级教学科研单位，应对废弃危险化学品进行无害化、减量化、资源化处理，减少环境污染，降低处置费用。

第六章　奖惩

第二十八条　学校对危险化学品管理严格规范的单位与个人予以表彰。

第二十九条　对违反危险化学品管理规定的人员，学校视危害情节轻重给予批评教育或行政处分，构成犯罪的由司法机关依法追究刑事责任。

第七章　附则

第三十条　本办法自颁布之日起施行，由资产与实验室管理处负责解释，未尽事宜，按国家及地方法律法规执行。原《西南交通大学化学危险品及易制毒化学品安全管理办法》(西交校设备〔2014〕3号）自本办法施行之日起废止。

西南交通大学实验室安全考试准入办法

（2016 年 3 月 7 日发布）

第一条　为进一步加强师生员工的实验室安全责任意识，提高其实验室安全知识水平，保障人身和财产安全，维护教学科研等工作正常进行，促进实验室安全文化建设，根据《高等学校实验室工作规程》《西南交通大学实验室安全管理办法》等文件精神，制定本办法。

第二条　本办法所称的实验室，是指按照我校实验室设置管理办法确认或审批的各级各类实验室实体机构。

第三条　所有拟进入校内实验室学习、工作的师生，必须接受实验室安全教育培训，经考核合格取得《西南交通大学实验室安全准入证书》（以下简称“准入证书”）后，方可进入。

第四条　资产与实验室管理处按照“统一标准、集中建库、分散考试”的原则，建设并维护实验室安全考试系统，及时更新培训内容与题库。

第五条　校内各实验室必须严格落实安全考试准入制度，督促师生完成培训和考试，严格禁止未获得准入证书的人员进入实验室。

第六条　师生可通过实验室安全考试系统的在线学习功能，或通过其他渠道，学习实验室安全知识。

第七条　师生在学习掌握实验室安全知识后，可登录实验室安全考试系统申请考试。实验室安全考试内容包括安全基础知识、化学品安全、生物安全、辐射安全、仪器设备安全等。

第八条　考试时间 30 分钟，满分 100 分，90 分及以上成绩为合格。2 次考试仍未合格者，需间隔 15 日方可重新参加考试。

第九条　准入证书有效期 5 年。到期后需重新参加考试。

第十条　本办法自发布之日起执行，由资产与实验室管理处负责解释。

西南交通大学实验室安全责任追究办法

（2016 年 3 月 7 日发布）

第一章　总则

第一条　为进一步加强我校实验室安全管理，有效预防实验室安全事故发生，保障人身和财产安全，促进教学科研正常开展，依据国家相关法律法规，以及《高等学校实验室工作规程》《西南交通大学实验室安全管理办法》等文件精神，制定本办法。

第二条　学校安全生产工作领导小组主要负责学校安全生产工作的组织领导和统筹协调，落实上级主管部门有关安全生产工作的要求，研究决定涉及学校安全生产相关的重大问题，协调处理需要学校层面解决的安全隐患，研究提出对安全事故责任人、相关人员、相关部门的责任追究意见。

第三条　学校实验室安全工作按照“安全第一、预防为主”的工作方针，坚持“一岗四责”“谁使用、谁负责；谁主管、谁负责”原则，逐级建立实验室安全责任体系，确定各级、各个实验室房间的安全责任人，履行实验室安全工作职责。因未履职尽责或因管理不当等工作失误而造成实验室安全事故的，依据本办法对事故责任人和相关人员追究相应责任。

第二章　责任追究范围

第四条　实验室安全工作责任追究种类：

（一）针对人员：

（1）书面检查；

（2）诫勉谈话；

（3）通报批评；

（4）取消评优评奖、升职升级资格；

（5）责令经济赔偿；

（6）行政处分；

（7）移送司法机关。

（二）针对二级单位：

相关单位年度工作考核“一票否决”。

以上责任追究的种类可以单独使用，也可以合并使用。需要给予党纪处分的按照有关规定执行。

第五条　实验室安全工作责任追究对象：

（一）相关人员：

（1）直接责任人（含学生）；

（2）实验室负责人、研究生导师、实验指导教师、科研团队负责人；

（3）二级教学科研单位第一负责人、二级教学科研单位第一负责人根据工作需要指定的实验室安全分管领导；

（4）职能部门负责人和管理人员；

（5）校级责任领导。

（二）相关单位：

（1）发生事故的二级教学科研单位；

（2）负有监管不力、失职渎职等责任的职能部门。

第六条　实验室安全事故分级：

（一）一般实验室安全事故：导致学校或他人财产损失 1 万元（含）至 2 万元（含），或人员轻伤，或消防车进入校园；

（二）较大实验室安全事故：导致学校或他人财产损失 2 万元至 10 万元（含），或有人员重伤，或有毒有害试剂、病原体、放射源等管理不善造成 5 人（含）以下急性中毒、致病；

（三）重大实验室安全事故：导致学校或他人财产损失 10 万元以上，或 2 人（含）以上重伤，或有毒有害试剂、病原体、放射源等管理不善造成 5 人以上急性中毒、致病，或人员死亡。

第三章　人员责任追究

第七条　二级教学科研单位的相关人员有以下行为之一、且未造成严重后果的，视职责履行情况和情节轻重给予以下处分：

（一）违反或指使他人违反国家法律法规和学校实验室安全规章制度，冒险作业；

（二）未履行安全职责，或发现安全隐患未及时采取整改措施并上报，或接到相关报告后未采取有效措施，或未经许可擅自启用被封实验室；

（三）发生造成财产损失或人身伤害的实验室安全事故后隐瞒不报，或不如实反映事故情况，或未及时将事故报告上级领导和有关职能部门；

（四）不服从、不配合政府部门、学校职能部门、本单位的实验室安全管理和检查等工作；

（五）未进行实验室安全设施、特种设备的定期检修和维护；

（六）未严格执行危险化学品和易制毒化学品管理规定；

（七）未根据政府部门、学校职能部门、本单位的要求及时排查、消除安全隐患的，或未组织、督促、协助消除安全隐患；

（八）未开展实验室安全教育培训，未严格落实实验室安全准入制度。

责任追究对象	责任追究种类
直接责任人（含学生）	通报批评、警告
实验室负责人	书面检查、通报批评
研究生导师、实验指导教师、科研团队负责人	书面检查、通报批评
二级教学科研单位第一负责人	书面检查、诫勉谈话、通报批评
实验室安全分管领导	书面检查、诫勉谈话、通报批评

第八条　二级教学科研单位的相关人员有以下行为之一的，视职责履行情况和情节轻重给予以下处分：

（一）违反国家法律法规和学校实验室安全规章制度、违规操作、玩忽职守、失职渎职、管理不到位等，造成实验室安全事故；

（二）未履行安全职责或发现安全隐患未及时采取整改措施并上报，或接到相关报告后未采取有效措施，造成安全事故；

（三）未进行实验室安全设施、特种设备的定期检修和维护，造成安全事故；

（四）未严格执行危险化学品和易制毒化学品管理规定，造成安全事故。

追究对象	一般实验室安全事故	较大实验室安全事故	重大实验室安全事故
直接责任人（含学生）	教职工处以警告、记过；学生处以警告、严重警告、记过。同时取消其一年内（从宣布处分之日起开始计算，下同）各类评奖评优、升职升级资格	教职工处以警告、记过、降级、撤职、开除；学生处以警告、严重警告、记过、留校察看、开除学籍。同时取消其两年内各类评奖评优、升职升级资格	教职工处以开除；学生处以开除学籍
实验室负责人	通报批评、警告。同时取消其一年内各类评奖评优、升职升级资格	警告、记过、降级、撤职。同时取消其两年内各类评奖评优、升职升级资格	降级、撤职。同时取消其三年内各类评奖评优、升职升级资格
研究生导师、实验指导教师、科研团队负责人	通报批评、警告。同时取消其一年内各类评奖评优、升职升级资格	警告、记过、降级、撤职。同时取消其两年内各类评奖评优、升职升级资格	降级、撤职。同时取消其三年内各类评奖评优、升职升级资格，暂停研究生招生资格或指导学生实验资格三年
二级教学科研单位第一负责人	通报批评、警告。同时取消其一年内各类评奖评优、升职升级资格	警告、记过、降级、撤职。同时取消其两年内各类评奖评优、升职升级资格	降级、撤职。同时取消其三年内各类评奖评优、升职升级资格
实验室安全分管领导	书面检查、诫勉谈话、通报批评。同时取消其一年内各类评奖评优、升职升级资格	警告、记过、降级、撤职。同时取消其两年内各类评奖评优、升职升级资格	降级、撤职。同时取消其三年内各类评奖评优、升职升级资格

第九条　相关职能部门负责人和管理人员有以下行为之一的，导致实验室发生本办法所定义的较大及以上安全事故或事故后果扩大的，视职责履行情况和情节轻重给予书面检查、诫勉谈话、通报批评、警告、记过、降级、撤职等处分。

（一）接到上级部门、学校有关通知或文件后，未及时发布或通知相关单位，致使发生较大及以上实验室安全事故或事故后果扩大；

（二）接到二级教学科研单位提交的实验室安全隐患报告后，在本部门工作职责范围内未及时解决，或未及时通知其他职能部门处理，致使发生较大及以上实验室安全事故或事故后果扩大；

（三）未认真履行实验室安全的相关职责或违反有关规定，监管不力、失职渎职，致使发生较大及以上实验室安全事故或事故后果扩大。

第四章　二级教学科研单位和职能部门责任追究

第十条　发生本办法所定义的一般及以上实验室安全事故的二级教学科研单位，当年年度工作考核实行“一票否决”制度：

（一）发生一般实验室安全事故，当年本单位实验室工作考核的实验室安全分值为零；

（二）发生较大实验室安全事故，当年本单位实验室工作考核分值为零，二级教学科研单位年度工作考核结论最高为二等，且不得参评任何单项考核奖励；

（三）发生重大实验室安全事故，当年本单位年度工作考核结论直接降为最低等，且不得参评任何单项考核奖励。

（四）一年内第二次发生实验室安全事故，按本条追究方式升档处罚，即一般事故按较大事故、较大事故按重大事故处理。发生第三次及更多实验室安全事故，由学校安全生产工作领导小组按照从严从重的原则提出处理建议。

第十一条　对本办法所定义的较大及以上实验室安全事故或事故后果扩大负有主要责任的职能部门，当年部门工作考核实行“一票否决”制度：

（一）对较大实验室安全事故负有主要责任，当年部门年度工作考核结论最高为二等，且不得参评进步奖、奉献奖等单项考核奖励；

（二）对重大实验室安全事故负有主要责任，当年部门年度工作考核结论直接降为最低等，且不得参评进步奖、奉献奖等单项考核奖励。

第五章　其他责任追究

第十二条　责令经济赔偿的，二级教学科研单位、相关责任人、职能部门的赔偿额度按下文中责任追究程序执行。

第十三条　校级领导因领导不力、管理失职致使实验室发生严重安全事故或事故后果扩大的，按上级部门的意见或决定进行处理。

第十四条　涉密实验室发生泄密事故的，按照国家法律法规追究责任。

第十五条　以上行为触犯法律的，依法移送司法机关追究责任。

第六章　责任追究权限和程序

第十六条　对学校发生的实验室安全事故，发现一起查处一起。资产与实验室管理处会同其他相关职能部门进行初步调查，提出对相关责任人和责任单位的处理建议、以及责令经济赔偿额度建议，由学校安全生产工作领导小组办公室复核后提交学校安全生产工作领导小组研究，按程序报学校审批。学校安全生产工作中的渎职和腐败行为，由学校监察处负责牵头查处。

第十七条　需移送司法机关追究法律责任的，按法律规定程序处理。

第十八条　对校级领导干部的责任追究权限与程序，按上级部门的相关规定执行。

第十九条　由于科学研究实验的实践性、未知性和探索性，实验人员已事先向二级教学科研单位第一负责人提出书面申请（申请中需对该实验的操作步骤、应急预案、防护措施等作出说明）并获批同意，同时有证据表明实验人员已按申请书认真、细致、规范地采取了安全防护措施，但仍然发生无人员伤亡的事故，相关人员可以提出减免责任追究的申请。减免责任追究仅限于获得书面同意的科学研究实验项目或活动，不适用于教学类或服务类的实验项目或活动。

第二十条　教职工或学生对所受行政处分不服的，可在收到处分决定后 10 个工作日内向学校提起申诉。

第七章　附则

第二十一条　本办法未尽事项，按国家有关法律法规执行。本办法条款与国家法律法规相抵触者，按国家法律法规执行。

第二十二条　本办法自发布之日起执行，由资产与实验室管理处负责解释。

西南交通大学实验室工作规程

（2018年5月发布）

第一章 总则

第一条 高等学校实验室是教学、科研和社会服务的重要基地，是办好学校的基本条件之一。为进一步做好学校实验室的建设与管理，提高实验教学质量，提升科学研究水平，充分发挥实验室的整体效益，依据《高等学校实验室工作规程》（国家教委第 20 号令）、《国家中长期教育改革和发展规划纲要（2010—2020年）》，结合学校实际情况，特制定本规程。

第二条 实验室建设应从实际出发，根据教学和科研任务的需要，确定实验室的规模及水平，统筹规划，合理设置，要充分发挥现有人力、物力、财力的作用，提高投资效益。

第三条 实验室建设要重视实验队伍的建设和培养，制定配套的政策和措施，努力建立一支结构合理、技术熟练、具有较高专业素质的、能够支撑学校建成一流大学目标的实验队伍。

第四条 从事实验教学的教师在业务考核和技术职称晋升时应侧重考察实验室工作业绩，学校应为实验室人员提供进修、培训、考察交流学习的机会。

第二章 任务

第五条 实验室应根据人才培养目标、培养方案及实验教学大纲的要求，编写实验教材和实验指导书，安排实验指导人员按时、按质、按量开出各项实验。按照学校统一要求，提前一学期完成实验教学计划和实验项目安排。各实验室在完成实验教学任务的同时，应主动为相关专业本科生毕业设计提供实验条件。

第六条 实验室要不断吸收科学技术和教学改革的新成果，更新课内实验内容，改革教学方法，及时完善更新实验教材和实验指导书等，逐步增加设计性、综合性实验比例。积极开展课外创新实验活动，培养学生勇于创新的精神、理论联系实际的学风、严谨的科学态度和分析问题、解决问题的能力。积极申报教育教学改革项目、教材建设项目等，深化实验教学体系改革。

第七条 实验室应做好仪器设备的管理、维修、改造工作，使仪器设备处于完好状态。实验耗材分别设有专人负责采购及验收，建立实验耗材的使用台账。

第八条 实验室应充分利用现有的实验设备进行科学研究，积极承担、参与国家、省（部）各级各类科研课题，研制开发各种新工艺、新技术、新产品。在保证完成基本教学、科研任务的前提下，实验室要积极对校内外提供开放共享服务，提高仪器设备（尤其是大型精密贵重仪器设备）的使用效益。

第三章　体制

第九条　学校对实验室实行学校、教学科研单位、实验室三级管理，设一名校级领导分管实验室工作。资产与实验室管理处是学校管理实验室的职能部门，负责教学实验室整体规划、建设和管理，协同科学技术发展研究院对国家实验室（筹）、国家重点实验室、教育部重点实验室和四川省重点实验室实施管理。各教学科研单位应有一名领导分管本单位实验室相关工作，同时安排专人协助单位分管领导开展工作。实验室实行主任负责制，全面负责实验室工作。根据实验室规模大小，可设主任 1 名，副主任 1~2 名。

第十条　西南交通大学实验室工作委员会是学校学术委员会的专项学术委员会之一，是学校实验室工作的学术决策和咨询机构，负责开展对实验室建设和实验教学的研究、咨询、指导、评估等工作。

第四章　建设

第十一条　学校实验室的设置，应当具备以下基本条件：

（一）有稳定的学科发展方向和饱满的实验教学或科研、技术开发等项任务；

（二）有符合实验技术工作要求的房舍、设施及环境；

（三）有足够数量、配套的仪器设备；

（四）有合格的实验室主任和一定数量的专职工作人员；

（五）有科学的工作规范和完善的管理制度。

第十二条　凡学校各实验室建设、调整与撤销，必须经学校正式批准。省部级及以上实验室、工程中心的建设、调整与撤销，在经学校审核后，报上级主管部门批准。

第十三条　实验室的建设应按学校的总体规划进行。其中：房舍、设施纳入学校基建规划；仪器设备和运行、维修费纳入学校财务预算；工作人员配备与结构调整纳入学校人事计划。

第十四条　各教学科研单位按照学校发展规划，制定实验室建设的发展规划和年度计划，实验室建设要注重硬件投入和软件建设的综合配套。通过立项论证、过程监督、竣工验收、效益考核，建立健全管理机制，提高实验室建设效益。

第十五条　学校每年投入专项经费用于实验室建设及运行，以满足实验室发展需求。学校实验室的建设应注重投资效益。新增实验设备须认真选型、成组配套。购置大型、精密、稀缺、贵重仪器设备前，必须按规定进行科学性和可行性论证。

第五章　监管

第十六条　学校各实验室应针对高温低温、辐射、病菌、噪声、毒性、激光、粉尘、超净等对人体有害的环境，切实加强实验室环境监测和劳动保护工作。凡经技术安全和环境保护部门检测认定不合格的实验室，应暂停使用，并落实管理责任，限期进行整改，待重新通过检测合格后，方可投入使用。实验室应严格遵守国家环境保护工作的有关规定，不得随意排放废气、废液，不得随意处置废物，不得污染环境。

第十七条　建立健全实验仪器设备和材料、低值品、易耗品的采购台账和使用情况记录，并逐步实现信息化管理。实验仪器设备和材料、低值品、易耗品的管理按照《西南交通大学仪器设备管理办法》（西交校设备〔2014〕5 号）、《西南交通大学材料、低值品、易耗品管理办法（试行）》（西交校资实〔2016〕10 号）的有关规定执行，分别设专人负责采购和验收。

第十八条　学校定期对各教学科研单位的实验室总体工作进行考核，考核结果作为学校开展实验室建设、实验教学改革及资源配置等工作的重要决策依据。

第十九条　实验室工作委员会、资产与实验室管理处、教学科研单位、学校安全生产工作领导小组办公室等对实验室的实验教学、实验室安全、实验室建设项目，采取随机检查与期中、期末、年末定期检查相结合的方式进行检查与督导。

第六章　队伍

第二十条　学校各实验室主任应由具有较高的思想政治觉悟，有扎实的专业理论修养，有丰富的实验教学或科研工作经验，组织管理能力较强，原则上具有副高级职称及以上人员担任。

第二十一条　校级实验室主任由教学科研单位任命，并报资产与实验室管理处备案。省部级及以上实验室、工程中心的主任，按照相关主管部门要求任命。

第二十二条　实验室主任的主要职责是：

（一）负责编制实验室建设规划和计划，并组织实施和检查执行情况；

（二）领导并组织完成本实验室工作任务；

（三）搞好实验室的科学管理，贯彻、实施有关规章制度；

（四）制定岗位责任制，领导本实验室各类人员的工作，负责对本实验室工作人员的培训及考核工作；

（五）负责落实实验室安全相关工作；

（六）定期检查、总结实验室工作，开展评比活动等；

（七）完成学校和学院规定的其他任务。

第二十三条　学校实验室工作人员包括在实验室工作的教师、研究人员、工程技术人员、实验技术人员，以及管理人员和工人，上述人员分专职和兼职两种。各类人员应各司其职，做到团结协作，共同积极完成各项任务。对承担实验教学任务的教师，可设立专职教师、课程教师、项目教师等工作岗位。其中专职教师负责实验室建设规划、实验教学改革、实验过程的指导和管理；课程教师负责理论教学与实验教学相结合，与专职教师一起拟定实验项目和实验教学计划；项目教师要负责科学研究与实验教学相结合，以个性化创新实验、重点实验室向本科生开放项目以及课外创新实验竞赛项目等为纽带，结合教师的科研项目开展实验教学改革与创新。

第二十四条　对从事有害健康工种的实验室工作人员，参照国家有关文件规定享受保健待遇。

第二十五条　教师参加实验室建设和管理，可根据其承担的工作任务，合理计算工作量，以提高教师参加实验室建设和管理工作的积极性。

第二十六条　实验室应对工作人员按年度或聘期进行工作考核，考核结果作为职称评聘、职级晋升、评奖评优等的重要依据。

第二十七条　实验室专职人员的职称评定，按国家及学校相关规定执行，由学校组织评审组进行评议，不属实验室专职工作岗位的其他人员不得占用实验系列职称指标。

第七章　奖惩

第二十八条　为加强实验室建设和管理，学校将定期组织开展总结与交流活动；评选先进实验室、先进工作者、优秀成果，以表彰先进集体或个人。

第二十九条　因管理不善、违章、渎职，对实验室造成损失或产生严重后果的，除依法追究当事人和相关领导责任外，单位和相关责任人将不得参加本年度学校组织的各类先进评比。

第八章　附则

第三十条　本规程由资产与实验室管理处负责解释。

第三十一条　本规程自公布之日起施行。

西南交通大学改善基本办学条件专项资金（设备购置类）项目管理办法

（2017 年 5 月 3 日发布）

第一章　总则

第一条　中央高校改善基本办学条件专项资金是我校设备购置类项目经费主要来源，为提高财政资金使用效益及执行效率，提高仪器设备的投资效益，根据《中央高校改善基本办学条件专项资金管理办法》（财科教〔2017〕3 号）等文件精神，特制定本办法。

第二条　本办法所称专项资金（设备购置类）项目（以下简称“项目”）是指中央高校改善基本办学条件专项资金（设备购置类）项目。

第三条　项目按照“科学规划、立项建设、分布实施、资源共享”的原则，主要用于实验教学、实习实践、校园公共服务体系建设等基础性需求相关的仪器设备购置，结合各二级单位“十三五”实验室建设规划，优先建设国家级实验教学平台、省级实验教学平台、校级实验教学平台，并考虑学科发展与专业认证等需求。

第二章　项目申报

第四条　项目实行限额申报。具体申请经费额度与项目数在每年项目申报时通知。项目实施周期为一个自然年。

第五条　项目申报时，各单位依据实验室建设规划编制项目申报书，做好仪器设备调研，了解市场行情，对价格波动做出合理预期，提高项目执行计划的准确性、完整性和规范性。除校园公共服务体系平台建设外，原则上不支持单台套 40 万元及以上的大型精密仪器设备购置。

第六条　建立项目负责人制度。每个项目必须指定唯一项目负责人。项目负责人原则上由分管实验室工作的领导担任，对项目立项、实施，以及项目绩效考评总负责，并对整个项目实施进度进行严格把控。并指定专人具体负责执行项目。

第七条　各单位在申报前须对项目组织论证，论证内容包括投资的必要性、建设的合理性和可行性以及资源共享等。

第八条　项目论证依据主要包括实验室建设规划、场地、安装条件、实验教学大纲、学科建设规划、发展定位、现有仪器设备使用情况以及设备调研情况等。

第九条　通过论证的项目经主要行政负责人签字后提交资产与实验室管理处，同时提供会议纪要与论证依据。

第十条　资产与实验室管理处为项目归口管理单位，负责对项目实施动态管理，按照规定编制三年滚动规划，并报计划财务处汇总，由校长办公会审批。

第三章　实施管理

第十一条　项目一经评审立项，必须严格按照评审后的内容制定设备购置计划。购置计划中的设备名称必须与申报书中的名称保持一致。不得购置专家组评审反馈清单之外的设备，超出范围的设备由项目单位自行解决经费。在购置过程中需要细化技术指标时，必须以申报书中的技术指标为基准进行完善。

第十二条　项目采购必须按照《西南交通大学采购与招标管理办法》（西交校招投标〔2017〕7 号）等有关规定，纳入学校统一采购。

第十三条　项目实施过程严格按照《西南交通大学仪器设备管理办法》（西交校设备〔2014〕5 号）组织验收、设备入账、使用管理、处置等相关工作，项目实施单位应妥善保管、维护、不定期盘点，防止丢失损坏。如有损坏丢失的，按照《西南交通大学仪器设备及家具固定资产损坏丢失赔偿管理办法》（西交校资实〔2016〕5 号）进行处理。

第十四条　严格把控项目执行进度。各项目要严格按照“6 月 20 日前，完成项目经费的 60%；9 月 20 日前，项目经费的 80%；12 月 10 日前，完成项目经费的 100%”的执行进度要求开展工作。

第十五条　项目实际执行金额超出项目批复额度的，由项目单位自行解决超出部分的经费。

第十六条　正式立项前，各项目申报单位须落实一定的配套经费，并按要求划转至学校改善基本办学条件专项（设备购置类）项目配套经费专项经费卡。

第十七条　项目配套经费额度。试行期间，实验室建设类项目申报额度在 200 万元（不含）以下的，配套经费不少于 2 万元；项目申报额度在 200 万至 300 万元（不含）的，配套经费不少于 3 万元；项目申报额度在 300 万至 400 万元（不含）的，配套经费不少于 4 万元；项目申报额度在 400 万元（含）以上的，配套经费不少于 8 万元。校园公共服务体系建设等基础性项目配套额度范围为 0.5 万元至 1 万元。

第十八条　配套经费由资产与实验室管理处负责管理，专项用于项目单位自身的实验室建设、仪器设备维护维修、实验人员培训、实验室技术安全管理、危废处置、实验教学改革等。经费使用须经项目配套单位和资产与实验室管理处负责人共同签字审批。

第四章　绩效评价

第十九条　项目执行完成后，各项目所在单位需提交验收总结与绩效考核等材料，形成绩效自评报告，并按照《中央高校改善基本办学条件专项资金管理办法》（财科教〔2017〕3

号）等文件要求做好项目验收准备工作。

第二十条　学校将绩效考核结果作为以后年度审批立项和预算安排的重要依据。

第五章　附则

第二十一条　因项目所在单位原因造成未按规定进度执行的，将全面终止后续经费拨付，并按学校相关管理办法进行问责和处罚，项目所在单位在其后三年内不得再次申报改善基本办学条件专项资金项目或其他类似项目。

第二十二条　本办法自发布之日起执行，由资产与实验室管理处负责解释。

西南交通大学实验室设置管理细则

（2018 年 5 月发布）

第一条　为进一步做好学校实验室建设工作，加强安全管理，充分发挥实验室的整体效益，依据《高等学校实验室工作规程》（国家教委第 20 号令）、《西南交通大学实验室工作规程》（西交校资实〔2017〕2 号），特制定本细则。

第二条　本细则所称的实验室是指隶属于各二级教学科研单位的实体实验室，不含二级教学科研单位。

第三条　实验室管理体制按照《西南交通大学实验室工作规程》第三章之规定执行。

第四条　实验室包括教学为主、科研为主、公共服务三大类，分为国家级、省部级、校级、院级四个层次。校级、院级实验室建设、调整与撤销，必须经学校正式批准。省部级及以上实验室、工程中心的建设、调整与撤销，在经学校审核后，报上级主管部门批准。

第五条　实验室设置条件须满足《西南交通大学实验室工作规程》（西交校资实〔2017〕2 号）中第四章之规定，且各实验室之间的人员、设备、用房等基础条件不得重叠。

第六条　校级、院级实验室设置程序：

（一）填写“西南交通大学实验室设置（调整）申请表”（附件 3），经各二级教学科研单位教授委员会充分论证、党政联系会决策后，科研为主实验室向科学技术发展研究院提出申请，教学为主实验室、公共服务类实验室向资产与实验室管理处提出申请。

（二）经资产与实验室管理处、科学技术发展研究院、人事处、保卫处、后勤与基建管理处审核，报主管校领导审批后，学校授权资产与实验室管理处及科学技术发展研究院联合公布实验室名称及相关人员信息。

（三）实验室设置的申请、复核，原则上每年进行一次。

第七条　正式建制的实验室因情况发生变化，导致不具备实验室设置条件要求时，二级教学科研单位应及时提出合并调整或撤销方案，报送资产与实验室管理处、科学技术发展研究院审核（必要时组织专家进行论证），经主管校领导批准，由学校授权资产与实验室管理处及科学技术发展研究院联合公布。

第八条　校内二级教学科研单位与校外联合共建实验室，需经资产与实验室管理处及科学技术发展研究院审批。

第九条　资产与实验室管理处组织相关部处及专家不定期对实验室进行安全检查，实验室对各级各类检查发现的安全隐患问题拒不整改（连续 3 次发出整改通知未果），或整改不到位（连续检查 3 次发现安全隐患仍然存在），学校授权资产与实验室管理处及科学技术发展研究院视具体情况对实验室封门直至整改达标，由此造成的一切损失由实验室或其所在二级教学科研单位自行负责。对存在严重安全隐患的实验室，以上两个部门有权暂停设备、用房、专项建设资金、科研经费等条件支持，以确保学校资产安全。

第十条　未登记在册的实验室，学校将不对其进行设备、房屋维修，不投入耗材，不进行危废处置，不得开展实验业务，安全责任由二级教学科研单位正职领导负责，学校对该单位公开通报批评。

第十一条　国家、省部级重点实验室的建设、调整与撤销按照上级部门有关文件执行。在学校开展的科研项目，由科学技术发展研究院监督并提醒项目涉及的安全问题，并应在项目立项前向项目负责人以及所在的二级教学科研单位提出意见。

第十二条　所有实验室的安全管理按照《西南交通大学实验室安全管理办法》（西交校资实〔2016〕3 号）、《西南交通大学安全生产工作管理规定（试行）》（西交校〔2016〕58 号）中的有关规定执行。各二级教学科研单位第一负责人是实验室安全管理第一责任人；资产与实验室管理处负责对实验室的技术安全生产、危险品和实验室特种设备的安全工作进行归口监督管理；科学技术发展研究院负责对科学研究项目相关安全工作的归口监督管理。

第十三条　本细则自公布之日起执行，由资产与实验室管理处与科学技术发展研究院负责解释。

西南交通大学辐射安全与防护管理办法

（2019 年 1 月 3 日发布）

第一章　总则

第一条　为加强西南交通大学实验室放射性同位素与射线装置安全和防护的监督管理，保障工作人员和公众的健康，保护环境，依据《中华人民共和国放射性污染防治法》、《中华人民共和国职业病防治法》、《放射性同位素与射线装置安全和防护条例》（中华人民共和国国务院第 449 号令）、《放射性同位素与射线装置安全许可管理办法》（原环境保护总局第 31 号令，环境保护部令第 3 号修订）和《放射性同位素与射线装置安全和防护管理办法》（环境保护部第 18 号令），结合学校实际情况，特制定本办法。

第二条　在西南交通大学实验室工作场所使用放射性同位素与射线装置的单位与个人，应当遵守本办法。

本办法所称放射性同位素包括放射源和非密封放射性物质。

本办法所称射线装置，是指各类 X 线机、加速器、中子发生器以及含密封源的装置。

第三条　各二级教学科研单位和个人必须按照国家相关法律法规以及本办法加强放射性同位素与射线装置等辐射安全管理，落实责任，做好防护工作。

第二章　管理职责

第四条　学校辐射安全与防护管理工作按照“统一领导、分级负责、责任到人”的模式，实行学校、二级教学科研单位、实验室三级管理体制，责任落实到人。

第五条　学校资产与实验室管理处按部门职责，代表学校负责全校辐射安全与防护管理工作的监督管理。

（一）负责贯彻执行国家及地方政府有关辐射安全与防护管理的政策、法规、标准、文件等；负责监督、检查各二级教学科研单位制定辐射安全与防护管理规章制度；负责监督、检查各二级教学科研单位做好辐射安全与防护管理。

（二）负责将各二级教学科研单位的辐射安全与防护管理纳入其工作业绩考核，督促安全措施落实；负责对各二级教学科研单位（不含校内医疗机构）放射性同位素与射线装置采购备案，并依照国家法规及环保部门要求监督管理学校辐射安全与防护管理工作。

第六条　各二级教学科研单位全面负责本单位辐射安全与防护管理，逐级完善安全责任制，坚持“安全第一、预防为主”“谁使用，谁管理”“谁主管，谁负责”的原则，做到“四无一保”，即无被盗、无事故、无丢失、无违章、保安全。

（一）各二级教学科研单位党政负责人为本单位辐射安全第一责任人，对本单位辐射安全工作负领导责任，并负责组建本单位辐射安全管理队伍，明确主管院领导、明确专人负责协助本单位主管院领导管理本单位辐射安全，并依法对其造成的放射性危害承担责任。

（二）各二级教学科研单位必须建立专门的安全和防护管理组织，配备具体的专（兼）职管理人员；负责对放射工作人员进行安全防护的教育培训。

（三）各二级教学科研单位必须建立健全并落实相应的规章制度、安全操作规程和放射事故应急处置预案。

（四）各二级教学科研单位必须配备必要的安全防护设施、设备和个人防护用品。

第七条　各实验室负责本实验室所有实验场所涉及的辐射安全与防护管理工作，建立健全实验室所有辐射安全操作规程，制定相应的事故应急预案，指定专人进行管理，有针对性地组织本实验室人员开展辐射安全知识学习，提高实验室人员的安全意识和安全使用水平。

第八条 实验室辐射安全管理人员对本实验室辐射安全负有检查、监督和管理的责任。各相关实验教师、实验技术人员应履行辐射安全管理与防护职责，协助实验室安全管理人员开展相关辐射安全教育、落实安全事故紧急处理措施。

第三章　许可管理

第九条　依照国家法规，放射性同位素与射线装置的使用单位必须取得“辐射安全许可证”后方具有从事放射性活动的资格。学校从事放射性活动的相关二级教学科研单位须按要求办理“辐射安全许可证”。获得豁免水平的放射性同位素与射线装置按照上级环保主管部门相关管理规定执行豁免管理。

第十条　资产与实验室管理处根据校内各辐射工作场所使用放射性同位素与射线装置的情况，协助具体使用单位向上级环保主管部门申请办理辐射安全许可证。上级环保主管部门批复后，校内各辐射工作场所方可在辐射安全许可证许可范围内开展相关辐射工作。

第十一条　各二级教学科研单位从事的相关放射性活动仅限于“辐射安全许可证”所规定的种类和范围，不得越界。

第十二条　因教学科研需要，增加放射性同位素与射线装置使用种类或用量时，须根据情况办理辐射安全许可增项及相应变更手续。

第四章　辐射工作场所管理

第十三条　新建、改建、扩建的放射性同位素和射线装置等辐射工作场所，应按照学校公房装修改造的相关规定办理校内相关手续，完善校内审批程序后须依法履行环境影响评价和职业卫生评价等手续，获批后方可施工。竣工后须经上级主管部门验收通过、取得批复并办理“辐射安全许可证”，方可投入使用。

第十四条　各相关辐射工作场所须结合自身实际情况及工作特点，制定辐射安全管理规定、操作规程、安全守则和辐射事故应急措施等规章制度，并将制度上墙。各相关辐射工作场所须具备防盗、防火、防泄漏等安全防护设施，门口、设备表面须设电离辐射警告标识。

第十五条　在现有的辐射工作场所开展相关工作时，应按工作场所所属级别严格控制核素使用种类和用量，因工作需要必须增加使用种类或用量时，应按要求事先办理环境影响评价报批手续。

第十六条　辐射工作必须在辐射安全许可范围内进行。不得以任何理由在非辐射工作场所开展，也不得进行任何超出核素使用种类和用量许可的辐射工作。

第十七条　辐射工作场所负责人须指定专人制定监测计划，定期或根据需要及时检测所在辐射工作场所的环境剂量并存档。

第十八条　辐射工作场所不再用于辐射工作时，应申请退役并根据国家相关要求办理环境影响评价等退役手续。未完成退役手续前，不得对其实施拆除、迁建或改作他用。

第五章　辐射工作人员安全与职业健康管理

第十九条　辐射工作人员是指从事与放射性同位素、射线装置相关的工作人员。辐射工作人员须持国家主管部门颁发的培训证书上岗。

第二十条　临时或短期参加与放射性同位素、射线装置相关的工作人员，在工作前应经过必要的培训。

第二十一条　辐射工作人员须定期参加相关主管部门组织的培训、个人剂量监测和职业健康体检。

第二十二条　用人单位要在辐射工作人员上岗前向其说明工作风险、安全注意事项、职业病防护以及应急救治措施等内容。

第二十三条　在校生参加辐射工作实行教师负责制，由教师（具有辐射工作人员资格）指导和监督完成辐射工作；独立从事辐射工作者按辐射工作人员进行管理，由相关管理人员或教师（具有辐射工作人员资格）提出申请并监督其取得上岗资格后，方可从事辐射工作。

第二十四条　辐射工作人员须正确佩戴个人剂量计，接受个人剂量监督，妥善保管个人剂量计，并由所在二级教学科研单位组织定期送检测机构进行剂量测量。

第六章　放射性同位素和射线装置购买

第二十五条　放射性同位素购买程序。

需购买放射性同位素的实验室，报所在的二级教学科研单位审核同意后，按照上级环保主管部门的管理规定进行购买。

第二十六条　射线装置购买程序。

需购买射线装置的实验室，报所在的二级教学科研单位审核同意后，由所在二级教学科研单位按照学校设备采购流程及上级环保主管部门的管理规定进行购买。

第二十七条　各二级教学科研单位所订购的放射性同位素及射线装置到货后，需报资产与实验室管理处备案，并按照上级环保主管部门的管理规定办理相关许可证后方可使用。

第七章　放射性同位素与射线装置使用管理、处置

第二十八条　放射性同位素与射线装置实行分类管理，不得与易燃、易爆、腐蚀性物品等放在一起，其贮存场所应当采取有效的防火、防盗、防射线泄露等安全防护措施，并指定专人负责保管。豁免水平的放射性同位素与射线装置应在购置（转让）前办理豁免手续；高于豁免水平的放射性同位素与射线装置应办理购置（转让）审批手续。

第二十九条　放射性同位素保管实行双人双锁制度，严防个人独自获取放射性同位素；要建立健全放射性同位素的使用和出入库登记制度，做到账物相符；使用放射性同位素的，每次实验结束，须对工作场所和人员进行辐射剂量测量，并做好记录。

第三十条　放射性同位素与射线装置的操作过程应严格按相应的安全操作规程进行。

第三十一条　专门装置、教学装置以外的零散使用的放射源须在实验结束后收回保险柜内存放，严防丢失。

第三十二条　各辐射工作场所须指定专人管理废旧放射源和放射性废物，严禁随意堆放、掩埋、焚烧和丢弃。废旧放射源和放射性废物的处置须按照上级环保主管部门的规定，选择有资质的处置公司进行处置。放射性废物（源）处置的费用按照教学、科研类型分别由学校和所在二级教学科研单位承担。

第三十三条　放射性同位素的转移和运输，须向资产与实验室管理处提交申请并报所在二级教学科研单位审批后，由有资质的单位、人员及车辆承担。

第八章　辐射安全与防护设施的运行与维护

第三十四条　辐射安全与防护的设施主要包括剂量检测仪器、安全连锁装置、防火防盗设施和监控报警系统等。各辐射工作场所负责制定并落实本单位的辐射安全与防护设施的运行与维护制度。

第三十五条　各辐射工作场所应详细记录本单位辐射安全与防护设施的维护维修情况，并存档备查。

第三十六条　剂量检测仪器应定期校验、比对，相关报告应存档备查。

第九章　辐射事故管理

第三十七条　各相关辐射工作场所应制定辐射事故应急预案，并定期组织开展事故应急演练，做好应急准备。

第三十八条　辐射事故发生时（放射源丢失、放射性核素污染和超剂量照射等），应立即启动辐射事故应急预案，采取必要措施，防止事故进一步扩大并努力将事故造成的损失降至最低。同时，事故单位须及时向所在二级教学科研单位及资产与实验室管理处、学校安全领导小组办公室报告。

第三十九条　发生放射性同位素（源）失窃事故，事故单位须立即向保卫处报告，保卫处须及时报当地公安部门并密切配合查找、侦破，尽快追回丢失的放射性同位素（源）。

第四十条　发生人员误照事故，须立即切断辐射源照射途径，首先考虑人员生命安全，迅速安置受照射人员就医，组织控制区域内人员撤离，并及时控制事故影响，防止事故扩大蔓延。

第四十一条　发生工作场所、地面、设备放射性污染事故，须首先确定污染的核素、水平，并尽快采取相应去污染措施；发生放射性气体、气溶胶或粉尘污染事故，须根据监测数据大小采取相应通风、换气、过滤等净化措施。

第十章　安全检查与责任追究

第四十二条　各辐射工作场所应积极配合上级主管部门的例行辐射安全与防护检查。资产与实验室管理处定期抽查各辐射工作场所辐射安全与防护情况，对抽查中发现的问题提出整改意见并监督落实。各级检查的书面整改意见和落实情况报告统一报资产与实验室管理处存档备查。

第四十三条　各辐射工作场所应根据工作实际情况，定期进行辐射安全与防护自查，并针对自查中发现的问题及时整改。检查记录、整改方案和落实情况等文字材料应存档备查。

第四十四条　各辐射工作场所在开展辐射工作的过程中，应按规定向资产与实验室管理处提交申请、报告和统计表等相关资料，并确保资料准确、详实、规范、有效。对出现错报、漏报或隐瞒不报的单位将进行责任追究并通报批评。

第四十五条　各辐射工作场所应按期完成上级主管部门在各项检查中提出的整改意见。对于未按期完成整改的，学校将暂停其相关辐射工作，并对相关单位和责任人给予通报批评和行政处分。

第四十六条　发生放射性同位素丢失、泄漏、污染等事故的单位必须按有关规定进行限期整改，整改期间暂停相关辐射工作。违反本办法及相关规定造成辐射事故者，学校将按照《西南交通大学实验室安全责任追究办法》（西交资实〔2016〕3 号）对造成事故的单位和责任人给予通报批评和行政处分。触犯法律的将由国家有关部门依法追究其法律责任。

第十一章　附则

第四十七条　本办法由资产与实验室管理处负责解释。

第四十八条　本办法自发布之日起施行。

教学考试安全

西南交通大学本科生教育教学安全管理办法

（2019 年 3 月发布）

第一章　总则

第一条　为了加强西南交通大学本科生教育教学安全管理，研究制定本科生教育培养工作相关的安全规章制度，建立安全管理体系，制定本安全工作制度。

第二条　本办法适用于本科生教育教学安全管理工作。

第三条　本科生教育教学安全坚持“安全第一、预防为主”的方针，贯彻教育先行、明确责任、实事求是的原则。

第二章　安全管理机构及职责

第四条　成立以教务处分管领导为教育教学安全第一责任人的安全管理小组，负责教育教学安全工作。安全管理小组组长：分管教学副校长；安全小组副组长：教务处处长；成员：教务处副处长、安全生产联络员、相关科长。

第五条　安全管理小组工作职责：

1. 全面负责本科生教育教学安全管理工作。

2. 负责领导和督促各部门的工作和日常安全管理。

3. 定期组织召开教育教学安全会议，分析情况、研究解决在教育教学中出现的新情况、新问题，及时协调安全与教学之间的关系。

4. 组织审定教育教学安全管理制度；审批每年的教育教学安全管理措施经费及使用情况。

5. 组织领导重大教学安全事故的调查分析，研究、决定对违章者和直接责任人的处理。

6. 组织编制年度本科教育教学安全管理工作计划。

7. 分管本科教学工作组长同时分管安全工作，对组织实施国家本科教育教学安全方针、政策和法规，对学校上级主管部门提出的教育教学安全工作要求负有直接领导责任。

8. 直接领导安全检查督促工作，及时研究解决有关本科生教育教学工作中存在的安全问题，及时消除隐患，制定预防措施。

9. 组织人员定期或不定期的教学安全大检查，对查出的安全问题采取措施，落实部门，指定人员，限期整改。

10. 负责监督、监察教育教学工作中，贯彻执行有关安全教学方面的方针、政策、法令、法规以及安全规章制度的落实执行情况。

11. 参与定期和不定期的教育教学安全检查，坚持查课堂、查思想、查制度、查纪律、查隐患、查整改的“六查原则”。

第三章　本科生教育教学安全管理规章制度

第六条　安全意识是高校教育的重要组成部分，本科生教育教学安全工作必须与教学工作同部署同落实。

第七条　教育教学安全工作要贯彻于本科教学全过程，各教学单位应做到事前有集中动员教育，过程中有监督与提醒，结束后有总结与改进。

第八条　强化教学过程中的安全教育，要求师生主动接受安全教育，学习安全法规，掌握安全操作和技能。

第九条　将政治安全、意识形态安全、安全通识课程等纳入本科生教育教学体系，研究制定本科生教育培养工作相关的安全规章制度，并组织实施。在教学内容审查中，重视政治安全，对于教师无意造成的不安全教学，及时反馈并指导其予以整改，做到防微杜渐。

第十条　杜绝师生在课堂散布过激言论、消极言论、与党和国家方针政策相抵触言论。通过师生反馈、课堂巡查、问卷调查等形式，了解师生课堂言论是否得当，一旦发现问题，追究相关人员责任，性质严重的将予以通报。

第十一条　各教学部门在制定和审查实验教学、工程训练、校内实习、校外实习、军事训练等实践教学大纲时，将教育教学安全工作列入计划，并督促执行。在对各专业实践教学大纲进行审核过程中，要重点核查安全教学相关内容是否齐全、完整、恰当。

第十二条　对实践课程负责教师、实验室管理人员、实验课程助教等进行安全培训，加强对学校相关安全管理规章制度的学习，提高相关人员安全意识。对具有危险性质的实验和实习环节进行重点检查和监督，并要求各教学单位在按照规范操作规程的基础上针对其特点制定出相应的安全规定，并宣传落实到位，确保教学过程安全实施。

第十三条　将学生课程设计、毕业设计等过程中的安全管理工作作为教育教学安全管理重点工作。加强对课程设计、毕业设计等过程中的安全管理工作，增强师生安全责任意识和自我防护意识，预防、控制教学过程中的安全风险，确保师生人身安全和财产安全。

第十四条　在教学检查、教师培训、工作考核、教学管理等过程中要体现安全方面的要求，将安全教学纳入各项考核指标中。教学检查要将安全检查作为重点检查内容，对新进员工和转岗教师实行安全教育。新进员工和转岗教师必须经安全培训教育，合格方可上岗。

第十五条　将教学过程中涉及师生安全的事项作为教学评估与监督的一项重要指标。

第十六条　建立高效的信息反馈渠道，对教学中故意传播不安全的行为，要让师生能主动地报告，并组织专家对教育教学中的不安全行为进行教育并帮助其及时改正。

第十七条　根据需求开设针对日常生活中的安全教育类通识课程。结合学校开设的安全类本科专业，如消防工程、安全工程等，搭建安全类专业选修课程建设平台，并在各专业培养计划中适当加入安全通识类课程。

第十八条　针对各项大型考试，制定严格完善的安全管理与相应违纪处罚制度，并实施专门的现场安全巡视检查。对人流量较大的大型讲座、宣讲、培训等活动进行监督检查，保证其安全、顺利进行。

第十九条　开展经常性的教育教学安全宣传。面向本科生开展教育安全知识讲座、知识竞答等活动，并邀请相关专家教授参加讲授。

第二十条　定期对教学中出现的安全问题进行总结反馈。每学期期末，对本学期教学过程中出现的安全问题进行统计、总结。对问题的解决和处理结果进行评估，总结相关工作经验，为下一步教育教学安全管理工作提供参考依据。

第二十一条　本科生教育教学安全检查制度

1. 本科生教育教学安全检查内容：查制度、查措施、查隐患、查教育培训、查处理结果。

本科生教育教学安全检查内容：以《西南交通大学安全生产工作管理规定》为依据。

2. 本科生教育教学安全检查标准：以《西南交通大学安全生产工作管理规定》和各教学单位制定的安全教学制度为依据。

3. 安全生产检查的实施方法：健全安全课堂管理制度，实施课堂安全检查常态化，加强对实习实践课程的安全监管，从而达到安全教学的目的。

（1）专项安全教学检查：针对具有危险性质的实验和实习环节进行安全检查。如针对化学生物类实验课程进行安全检查；针对电工机械类操作类实验课程进行安全检查，针对金工实习进行安全检查。

（2）常态化安全教学检查：按教学周进行课堂安全抽查；每学期末进行教育教学安全工作整体检查。

（3）特殊安全教学检查：针对各项大型考试、讲座活动等，组织专门安全巡查小组进行安全检查。

第二十二条　教学安全事故处理

1. 当发生教学安全事故或突发事件时，当事人或事故现场有关人员应在确保人员安全的前提下，积极采取措施，开展自救、互救工作，减少人员伤亡和财产损失，并保护好事故现场，同时第一时间向负责人和主管部门报告。

2. 接到报告后教学单位第一责任人应立即赶赴现场，组织专业力量开展抢救，防止事故扩大，并按事故报告规定如实上报事故情况，不得隐瞒、谎报或故意拖延不报，不得毁坏事故现场和毁灭有关证据。

3. 学生在参加安全教育后仍违反实习实训安全管理规定，造成个人人身安全事故和损失的，由学生本人负责；造成集体和国家损失的，按有关规定处理。

4. 因管理不善、工作不负责任、忽视安全管理等造成实验与实践教学学生安全事故的，视情节追究直接责任人和主要领导责任人的责任。

第四章　附则

第二十三条　本办法由学校授权教务处负责解释，自发布之日起执行。

西南交通大学全日制硕士专业学位研究生专业实践安全管理办法

（2010 年 7 月 9 日发布）

为加强我校全日制硕士专业学位研究生专业实践的安全管理工作，切实有效地保障研究生在专业实践过程中的人身与财产安全，根据国家和学校的有关规定，制定本办法。

第一条　本办法适用于全日制硕士专业学位研究生进入研究生院签约或备案的校外实践基地进行专业实践期间的安全管理。

第二条　全日制硕士专业学位研究生进入校外实践基地参加专业实践的安全管理工作由学校与基地建设依托单位共同负责。由研究生院、学生处代表学校负责管理该项工作；各学院与基地建设依托单位负责具体实施与管理。

第三条　学校职责

1. 研究生院负责制定研究生进入校外实践基地参加专业实践的安全管理办法，并为经研究生院备案的研究生购买商业保险。

2. 学生处负责研究生校外专业实践过程中突发事件的调查处理。

3. 研究生院、学生处共同负责督促、检查研究生校外专业实践安全管理规定的落实情况。

4. 学校相关部门要紧密配合，共同做好研究生外出安全的教育和管理及事故的处理工作。

第四条　学院职责

1. 学院要结合实际制定本单位研究生外出安全管理规定，明确学院领导、研究所（中心）负责人、研究生导师与辅导员的工作职责。

2. 学院在与校外单位建立联合培养基地前应先对实践基地的安全情况（住宿、饮食）进行实地考察，优先考虑与有专门宿舍和食堂的单位建立合作关系。

3. 建立联合培养基地的合作协议中须对学生人身安全方面进行约定。

4. 学院应与参加专业实践的研究生及指导教师保持联系，定期与参加专业实践的研究生进行交流，实时掌握研究生的状况，确保出现突发事故时能够迅速妥善处理，并按规定及时上报，不得瞒报或迟报、漏报。

第五条　实践基地单位职责

1. 实践基地单位的安全责任以双方协议形式进行约定。

2. 实践基地单位须做好学生食宿的安全管理。

3. 实践基地单位要严格执行纪律要求，学生有事外出必须向基地辅导教师请假，否则不允许其外出。

4. 实践基地单位须实时掌握学生的身体健康等情况，对不适合继续进行专业实践的研究生，应及时停止其实践活动，并及时与学院或学校联系。

5. 实践基地单位应对学生进行岗前培训，保证学生专业实践操作过程中的人身安全。

第六条　研究生个人安全纪律要求

1. 研究生参加专业实践期间必须遵守国家的法律法规，因违反法律法规造成的一切后果由研究生自己负责。

2. 研究生参加专业实践期间，必须遵守实践基地的相关管理规定，因违反实践基地管理规定而出现意外的，由本人负责。

3. 研究生在实践期间如有特殊情况需请假的，应以书面形式向导师及辅导教师请假，获得实践单位相关负责人的同意后方能外出。

4. 实践期间，研究生应主动与导师通过电话、短信、电子邮件、QQ 等方式保持联系，每周至少联系一次，及时报告相关情况。

5. 研究生外出期间如果发生人身意外伤害等突发事故，要保持冷静，采取积极有效的处理措施，并及时向当地公安机关和学校报告。

6. 参加校外专业实践的研究生必须与学院签订“专业实践安全责任书”，各学院有权拒绝未签订“专业实践安全责任书”的学生参加校外专业实践。

第七条　事故处理

1. 研究生在外出专业实践出现事故的责任，应根据具体情况依法确定。

2. 研究生由于与专业实践无关的个人行为造成事故的，责任由研究生本人承担。

3. 研究生专业实践期间如违反国家法律法规、社会公共行为准则、学校及基地单位的规章制度等，除研究生本人依法承担责任外，学校也将按相关规定对研究生进行处理。

4. 研究生专业实践时如发生事故，研究生或研究生家长可与学校通过协商方式解决，或通过法律诉讼解决。

5. 重大伤亡事故的处理结果，学校须及时上报上级主管部门。

第八条　本办法由西南交通大学研究生院负责解释。

第九条　本办法自公布之日起执行。

西南交通大学关于研究生入学考试自命试题工作的管理办法

（2011 年 12 月 12 发布）

第一章　总则

第一条　研究生入学考试是选拔优秀人才的主要环节，为了贯彻教育部“坚持德智体全面衡量、择优录取、宁缺毋滥和按需招生”的方针，做好自命试题工作，根据《教育部高校学生司关于印发〈关于招收攻读硕士学位研究生统一入学考试初试自命题工作的指导意见（试行）〉的通知》（教学司〔2007〕37 号）和有关法律法规，特制定本办法。

第二条　本办法适用于学校各类研究生入学考试自命试题工作。

第三条　凡参与研究生入学考试自命试题工作的所有人员，必须严格执行国家关于研究生入学考试命题及试卷保密保管的规定，必须严格遵守本办法。

第四条　实行回避制度，凡有直系亲属报考本校研究生的人员不得参与当年其亲属所报考专业各科自命试题有关工作。

第二章　组织管理

第五条　学校研究生招生工作领导小组全面负责对自命试题工作的领导和统筹管理，落实安全保密责任，组织开展对相关工作人员的业务和纪律培训，协调解决自命试题工作所需的人员、设备和经费保障等。

第六条　各相关学院研究生招生工作领导小组在学校研究生招生工作领导小组的领导下，全面负责本单位自命试题工作的组织和管理，成立各科命题小组和评卷小组，落实本单位自命试题的命制和评卷工作，确保本单位自命试题工作的顺利实施。

第七条　各科命题小组应至少由 2 人组成，设组长 1 名。成员由政治素质好、责任心强、教学经验丰富、学术水平较高并且近期承担研究生教学工作的具备副教授及以上职称或相当职称的教师组成，并从中选择一名学术水平较高、原则上具备教授或相当职称的教师担任组长。

第八条　各科评卷小组原则上应以原命题小组成员为基础，由政治素质好、责任心强、业务水平较高，能胜任评卷工作的人员组成。

第九条　在同一层次或类型的研究生入学考试中，原则上每人只能参加一门考试科目的命题和评卷工作，且命题小组和评卷小组成员应保持相对稳定。

第十条　研究生院研究生招生办公室具体负责全校自命试题的组织协调，组织实施试卷的印刷、保密、保管、封装、寄送、评卷等工作；各相关学院和命题人员要与研究生院签订自命试题命制及保密责任协议书。

第三章　试题命制

第十一条　自命试题命制的基本原则。

（1）政治性：试题不得有政治性错误，凡涉及国家政策、民族、宗教等方面的内容要准确严谨。

（2）科学性：试题要遵循高层次专门人才和拔尖创新人才选拔、培养规律，反映本学科、专业主干课程的主要内容，避免出现学术界尚在争论的问题，不出偏题、怪题。

（3）基础性：试题主要测试考生对本学科的基础理论、基本知识、基本技能的掌握程度，以及运用所学理论解决问题的能力，要根据教育部组织制订的或学校自订的教学大纲要求进行命题；试题难易程度要适当，一般应使本学科毕业的优秀考生能取得及格以上的成绩。

（4）选拔性：试题中应有部分难度较大、用以测验考生掌握该门课程的深度和对课程知识是否融会贯通、独立思考以及灵活运用所学知识解决问题能力的试题，这类试题所占比重应以该科总分的 20%左右为宜。

（5）连续性：试题的份量和难易程度要与往年保持较好的连续性，不应有较大的波动，但要避免重复使用往年的试题。

（6）保密性：牢固树立安全意识，将安全保密措施和要求贯彻到自命试题工作的每个环节和各个方面。将安全保密责任层层落实到每一个职能岗位，确保自命题工作安全。不得委托非我校研究生招生单位或个人命题，特殊情况须获得学校研究生招生工作领导小组的批准方可进行；命题和评卷人员的信息须严格对外保密；命题和评卷人员不得参与任何有关研究生入学考试的补习、辅导活动，不得向任何人透露试题的内容和命题工作情况；命题过程中，命题人员应在独立的场所，应使用专用电脑，且电脑须物理脱离网络，严禁使用公用电脑或服务器命题，不得将试题以任何形式通过互联网传递；命题完成后，命题人员不得保留任何形式的试题副本，须立即销毁一切与命题有关的草稿纸、电子文档等材料，以防泄题，确保试题的安全保密。

（7）规范性：试题结构要完整，无重复、遗漏、文字图表错误等情况；试题题意表达准确、简练，避免引起考生的误解，无逻辑错误、语法错误；注意试题之间的相关性，但要避免试题之间的相互提示。

第十二条　自命试题命制的基本要求。

（1）严格按照各类研究生招生简章和招生专业目录公布的对应考试科目名称和代码进行命题；命制试题时须同时确定试题参考答案及评分标准。

（2）研究生入学考试初试均采用闭卷笔试形式，闭卷考试不允许考生携带任何参考书及各种手册等，必要的原始数据和材料应在试题中提供；若允许考生携带必要的计算器或其他特殊用具，须在试题命制袋上注明。

（3）相近学科（类别）、专业（领域）的试题难度应尽可能保持一致；试题的分值、考试时间等须严格按照教育部和学校制定的要求执行；每道试题的分值和答题要求等须在试题中注明。

（4）试题要按照教育部和学校规定的统一格式命制，图表、公式等书写规范、工整、清楚。

（5）试题的题量要根据该科目考试时间合理设置，以本专业优秀学生能够完全答完，并稍留有一定的检查时间为宜。

（6）为方便印制，试题内容及附图等不能用彩色打印，也不能用颜色区分。

（7）命题人员要对试题进行认真审查，防止出现差错。试题审查包括内容审核和形式审查，内容审核由命题小组成员和组长负责，对试题内容的政治性、科学性、基础性、选拔性、规范性和试题结构的完整性等进行审核，确保准确无误；形式审查由研究生院研究生招生办公室指定专人负责，重点核对试题代码、名称、题号、分值和总分。

（8）自命试题交接过程中须由在职在岗的专人负责，交接手续须完备清楚。

（9）对于其他要求，须严格按照委托命题单位的要求执行。

第四章　试卷的印制、封装和寄发

第十三条　试卷的印制。

（1）试卷的印制由研究生院研究生招生办公室具体负责组织实施。

（2）试卷印制前需经学校保密委员会审查同意，核发准印证方可付印。

（3）须选派保密意识强、政治素质高的在职在岗人员担任试卷印制工作；试卷须集中在符合保密规定的场所印制、封装，工作场所要封闭，印制过程中须有监察、保卫工作人员全程监察和保卫，禁止任何无关人员进入印制场所。

（4）试卷应使用60克或以上的白纸打印、铅印或胶印，严禁手写；严格按照使用份数印制试卷；试卷印制后除必需的试卷外，其他一切与试题相关的材料须立即销毁，不得以任何形式保留副本或传递与试题、试卷相关的内容和材料。

第十四条　硕士研究生入学考试自命题试卷的封装。

（1）试卷采取一份一袋的办法封装。试卷袋（小信封）按照教育部规定标准印制，试卷按考试科目分别装入小信封内，核查无误后，加以密封，并按规定在封面上注明考生编号、考试科目名称和具体考试时间等内容；小信封内仅封装试卷，不得装入答题纸和草稿纸等。

（2）把同一考点的中信封捆扎装入邮包（大信封）。在邮包里附一个装有“硕士生入学考试初试考生情况汇总表”的信封，供考点清点试卷。

（3）在封装过程中须有专人监督，认真核对，严防错装、漏装；封装好的试卷要按机要文件保管。

第十五条　试卷的寄发。

（1）在教育部规定时间内，通过机要局将试卷寄发到全国各地相应的报考点。

（2）必须由专人（2人以上）、专车将试卷送往机要局，并在邮包的封面注明“（接收试卷地点）××同志亲启”以及“机密”“非收件人不得拆封”等字样。

第五章　评卷

第十六条　评卷方式。采取集中阅卷、封闭式管理方式；评卷小组须在学校统一安排的场所，按规定的时间集中评卷，并按时完成评卷工作。

第十七条　评卷程序。一般应该按照试评、制订评卷细则、评判、复查、登分、统计分析的程序进行。评卷小组随机抽取试卷按照答案及评分参考进行集体试评，经集体研究掌握统一尺度后形成评卷细则，评卷教师根据评卷细则进行评判；同时，评卷小组要组织专人进行复查，纠正错漏等现象，对复查后的试卷进行成绩核算、登录，对登录后的成绩，任何人不得改动；评卷工作结束后及时对本考试科目考生成绩进行统计分析，对试题的题量、题型、难易程度、存在的问题进行分析总结。

第十八条　报告制度。评阅过程中遇有异常情况和疑难问题，应及时报告，集体讨论，研究解决。重大问题，由评卷小组提出处理意见，及时报告研究生招生工作领导小组作出处理决定。

第十九条　成绩公布。根据四川省教育考试院或学校的时间安排，在规定时间内向考生公布成绩。考生如对本人成绩存疑，可在规定时间内向招生单位申请复查。经专人复查，如发现漏判或统分有误，由研究生院研究生招生办公室出具书面报告，连同试卷、答案或评分标准一并报四川省教育考试院或相应评卷组织机构，经四川省教育考试院或相应评卷组织机构确认批复后方可变更成绩。

第二十条　评卷工作纪律。评卷人员名单、评卷时间、地点、答案及评分参考、考生答卷、考生成绩（学校统一公布前）对外保密。评卷人员不得向外公布评卷情况，不得涂改考生答卷和成绩，不得查阅考生成绩，不得将试卷带出阅卷室，不得翻阅他人评阅或复查的试卷。非评卷人员不得进入评卷室。所有答卷均应密封评卷，任何人不得擅自启封答卷。

第六章　试题及试卷的安全保密

第二十一条　自命试题、答案及评分参考在启封前和使用过程中属国家机密级材料；考生答卷在成绩公布前属国家秘密级材料。

第二十二条　各相关单位对所有参与试题命制、审核、印刷、装订、封装、分发、移交、保管、试卷整理的人员和评阅人员（以下简称涉密人员）须严格按照要求选派；要加强对涉密人员政策、纪律和保密等方面的教育和培训，使其明确安全保密责任和义务。

第二十三条　试题及试卷在全过程中须存放在专用的保密室。保密室必须符合《教育部、中宣部、公安部、国家保密局关于印发〈国家教育考试考务安全保密工作规定〉的通知》（教考试〔2004〕2 号）规定的标准并经省级教育考试机构和公安、保密部门的检查验收合格；同时须确保保密室及其相关设备在使用期间处于正常工作状态。

第二十四条　试卷、答卷交接环节要做到手续严密、无误，各环节交接过程均有文字记录。试卷、答案和评分参考要单独存放，按机要文件妥善保管。答案和评分参考在评卷前严禁拆封。

第二十五条　建立健全安全保密责任制。落实“分级管理、逐级负责”“谁使用、谁负责”

的保密责任制度，严守国家秘密。按照《教育部、中宣部、公安部、国家保密局关于印发〈国家教育考试考务安全保密工作规定〉的通知》（教考试〔2004〕2 号）规定，建立健全严格的安全保密工作责任制。

第二十六条　建立健全应急机制。一旦发生泄题或试卷错装、错寄事件，要立即上报四川省教育考试院和教育部高校学生司，并迅速采取有效措施控制泄题影响范围，就地查处。发现较多数量错寄试卷后，应在规定时间安排考生到指定报考点或招生单位补考，不再采用补寄试题的办法。

第七章　责任追究

第二十七条　建立健全责任追究机制。针对自命试题命制、交接、印刷、封装、保管、寄送、评阅等全过程中出现的责任问题，由学校研究生招生工作领导小组根据具体情况和产生的后果提出对责任人、相关人员、相关部门的责任追究意见。

第二十八条　对于泄密或丢失试题、试卷等违法、违纪行为，按照我国保密法等相关法律、《国家教育考试违规处理办法》（教育部第 18 号令）和《教育部办公厅关于切实做好近期国家教育统一考试安全保密和考风考纪工作的通知》（教学厅〔2004〕17 号）规定，追究当事人和领导者责任。

第二十九条　建立约谈机制。对于试题命制中出现质量问题（包括内容质量和形式质量）、在交接过程中未按照要求执行以及其他工作环节出现责任问题的，由研究生招生工作领导小组指定工作人员约谈相关责任单位领导，由相关责任单位约谈责任人，并在一定范围内进行通报批评。

第三十条　人员责任追究。对于在自命试题工作中出现责任问题的人员，由相关学院或研究生院按照人事管理属性责成当事人作出书面检查，取消年度评优资格，视情节及后果轻重给予取消命题资格、在一定时期内停招研究生、扣发绩效津贴、调离工作岗位等处理，或报学校相关部门给予行政处分。对于责任领导视职责履行情况和情节轻重给予书面检查、诫勉谈话、通报批评、行政处分等处理。

第三十一条　部门单位责任追究。对于在自命试题工作中出现责任问题的二级教学科研单位，视情节及后果轻重扣减该单位相应类别的研究生招生计划，并且在学位与研究生教育年度考核中扣减相应分值。对于在自命试题工作中出现责任问题且造成严重后果的职能部门，当年部门工作考核扣减相应分值。

第八章　附则

第三十二条　本办法自发布之日起实施，解释权属于研究生院，如遇与国家和教育部文件不一致的，以国家和教育部的文件为准。

西南交通大学研究生入学考试试卷（答卷）保密（保管）室管理制度

（2018 年 11 月发布）

第一条　全国统一命制的试卷、参考答案和评分标准在开考前属国家绝密级材料；招生单位自行命制的试卷、参考答案和评分标准在开考前属机密级材料；考生答卷在成绩公布前属秘密级材料。试卷、答卷必须存放在专用的试卷（答卷）保密（保管）室的保密柜内。

第二条　试卷保密室需建立明确的岗位责任制度、交接班制度、值班巡逻制度。

第三条　试卷保密室必须要符合教育部、四川省招考委的有关标准。试卷保密室必须具备“三铁、四防、四装置”。“三铁”即要安装铁门、铁窗，配备铁柜存放试卷；“四防”即试卷保密室要做到能“防盗、防火、防潮、防鼠”；“四装置”即要安装有报警设备和视频监控设备、防火器材和专用值班电话。其中铁柜应为密码柜，数量应以满足分科存放全部试卷为准。保密室的设置要考虑值班人员就餐、就近用水、卫生等的便利。

第四条　试卷保密室为保存试卷专用，不得堆放其他物品，也不得兼作其他用途。

第五条　试卷保密室的进门钥匙、保密柜的钥匙和密码必须分别由招生负责人和试卷保密室负责人分别掌管，两人同时到场才能开启，保密室、保密柜的钥匙不得转交其他人保管，守护人员不得携带保密室、铁柜钥匙和密码。

第六条　试卷保密室值班人员必须是西南交通大学在编职工和公安（或武警）人员组成。值班人员要忠于职守，工作认真负责，不得擅自离开岗位。试卷保密室使用期间，每天由专人 24 小时不间断轮流值守，任何情况下值班现场不得少于 4 人，并要每半小时进行一次试卷（答卷）保密（保管）室内外环境巡视，并做好相应记录。

第七条　试卷保密室值守人员禁止在值班室会客、睡觉、吸烟、饮酒、搞文娱活动，禁止私自使用值班电话，禁止无关人员进入保密室。

第八条　保密室值守人员要按规定详细填写保密室值班日志，认真记载值班人员姓名和交接班时间，做好出入人员的登记工作。

第九条　试卷、答卷在保密、保管室或在运输途中，若发现泄密、失密、失盗、损毁、涂改等事件，保密、保管人员必须立即向上级主管部门汇报，配合有关部门保护现场、做情况调查。

第十条　违反保密规定，按《中华人民共和国保守国家秘密法》《国家教育考试考务安全保密工作规定》之相应条款处理。

西南交通大学研究生入学考试试卷（答卷）保密（保管）室管理人员工作职责

（2018 年 11 月发布）

第一条　管理人员应熟悉理解《中华人民共和国保守国家秘密法》的条款和研究生招生考试的保密规定，熟悉有关工作流程和相关业务。

第二条　管理人员应具有良好的政治素质，纪律性强，坚持原则，严格遵守保密制度，工作认真负责。

第三条　管理人员应分工明确，恪尽职则。

第四条　管理人员在试题保管期间进入保密室，必须是 2 人及以上，单人不得出入保密室；严禁无关人员出入保密室。

第五条　管理人员在试题保管期间，严格遵循出入手续，做好详细记录，严禁私自开启试题。

第六条　管理人员在试题保管期间，要严格监督检查试卷保密室值班人员的值守情况，主动为值班人员提供必要的工作条件。

第七条　管理人员要做好试卷保密室的日常维护工作，确保试卷、答卷存放期间的正常使用。

第八条　管理人员应严格遵守保密制度和保密室的有关规章制度，不得违反；任何可能导致试题泄密、失密、失盗等事件发生，管理人员必须及时向学校有关领导和部门报告，不得隐瞒。

西南交通大学研究生入学考试试卷（答卷）保密（保管）室值守人员工作职责

（2018 年 11 月发布）

第一条　全面负责试卷（答卷）存放期间保密室的保卫、保密工作，确保存放在保密室的试卷（答卷）绝对安全保密。未经许可，严禁除试卷保管员外的其他任何人员进入保密室；对因工作需要进入保密室的人员进行认真审查、核对，并详细做好登记，确保不出现单独一人进入保密室的情况。

第二条　24 小时坚持在试卷守护室守护试卷（答卷），中途不得擅自离岗，禁止在值班室会客、睡觉、吸烟、饮酒、搞文娱活动，禁止用值班电话接打私人电话，禁止无关人员进入保密室，不做与值班无关的事。

第三条　每半小时要对保密室周边进行一次巡检，并做好详细的值班巡逻记录。

第四条　制止违反保密规定的行为，拒绝他人索用试卷保密室、答卷保密室门、柜钥匙，拒绝代领试卷。若遇意外紧急情况，试卷值班守护人员要勇敢顽强，临危不惧，敢于和坏人坏事坚决斗争，确保试卷（答卷）的绝对保密和安全，并保护好现场，立即报告招生考试机构负责人和公安部门。

第五条　值班期间要严格详细做好值班日志记录，详细记录值班期间的有关考试、试卷的电话（包括：来电人单位、姓名、职务、电话内容），属紧急情况，应立即报告招生考试机构负责人。

第六条　交接班时，要仔细检查试卷保密室的防盗设施、监控系统、报警系统、通信系统是否正常，试卷保密状况是否正常，若遇有异常情况应立即报告招生考试机构负责人。

第七条　负责在规定的时间内，向上级招生考试机构报告试卷安全保密情况。

第八条　值班守护工作结束后，最后值班守护人员负责将试卷（答卷）保密室的有关资料交研究生招生办公室留存。

第二课堂及就业安全

西南交通大学校园大型活动安全管理规定

（2017 年 12 月 6 日发布）

第一章　总则

第一条　为加强校内大型活动安全管理，维护正常校园秩序，引导活动健康、有序发展，根据国务院《大型群众性活动安全管理条例》和成都市人民政府办公厅《关于进一步加强全市大型活动安全管理的试行意见》，结合学校实际，特制定本办法。

第二条　本办法适用于校内举办的各类大型活动。

（一）学校、各院（部门）、学生团体及校外主办单位在校内公共场所组织、主办、承办的人数较多、规模较大（参加人员 200 人以上）的活动：

1. 音乐会等文艺演出活动；
2. 各类庆祝、庆典、集会等活动；
3. 体育竞赛、科技竞赛和各类统一考试；
4. 专题报告会和人才交流招聘会及大型学术交流会；
5. 招生咨询、新生报到；
6. 法律法规和规章规定的其他大型活动。

（二）热点人物参加及重点话题、敏感时间节点的各类校内活动。

第三条　学校严格控制校外单位到校内租借场地举办活动，原则上不承接纯商业性体育比赛、演唱会、集会、产品展览、推销、演示等活动。

第四条　校园大型活动安全管理工作实行审批备案制，遵循“安全第一、预防为主”的方针，按照“谁主办、谁负责”的原则，活动主（承）办单位（以下简称主办者）的主要负责人为安全第一责任人，主（承）办单位对活动的安全措施承担全部责任。

第五条　保卫处是学校大型活动的安全监督管理部门，负责对相关大型活动作出安全许可；场地提供单位是学校大型活动的场地提供部门，按照学校规定负责提供相关安全应急预案，按照程序会签完成后，方可决定是否租借场地。

第六条　校内各二级单位对其下属社团或机构承办大型活动负有安全等管理责任。

第二章　大型活动的审批备案

第七条　校外单位在校内主办大型活动，场地提供单位应事先报该单位主管校领导和主管保卫工作校领导批准，并提前 10 个工作日向学校保卫处提交书面安全许可申请，其安全管理按照成都市有关规定执行，并报党政办公室备案。

第八条　校内二级单位与校外单位在校内联合举办的大型活动，校内二级单位应事先报该单位主管校领导批准，并提前 10 个工作日向学校保卫处提交安全许可申请，并报党政办公室备案。

第九条　校内二级单位在校内主办的大型活动，经本单位主管领导同意后，提前 5 个工作日向保卫处提交安全许可申请；内容涉及意识形态范畴的大型活动（含热点人物参加及重点话题、敏感时间节点的各类校内活动）还应由党委宣传部或文科处鉴别后，党委宣传部审批。已批准通过的大型活动方案，应报学校党政办公室备案。

第十条　根据大型活动的具体情况，学校保卫处或校外主办单位负责向属地公安机关报备。

第十一条 场地提供单位书面提供校外单位及与校内单位联合举办的大型活动安全许可申请（安保措施预案）应当包括以下内容：

（一）举办时间、地点、人数和内容，参与单位与参与人员范围人数，车辆数量；

（二）明确安保工作人员的数量及岗位职责；

（三）场所建筑和设施的消防安全措施；

（四）秩序维护、人员疏导措施；

（五）突发事件、防暴恐应急措施预案，重大活动应进行事前应急演练；

（六）其他与安全工作有关的内容。

第十二条　主办者申请大型活动安全许可时，应当向学校保卫处提交下列材料：

（一）主办单位负责人同意主办该活动的意见；

（二）承办单位出具主办者和承办者之间签订的安全协议书、承办单位法人证明、法定代表人的身份证明；

（三）场所租赁、借用协议书，大型活动现场出入通道、安全人员岗位、用电设备平面图；

（四）大型活动使用的证件及门票的样本；

（五）大型活动的安保措施预案；

（六）其他与举办大型活动安全工作相关的证明材料。

第十三条 校内学生组织借用活动场地开展宣传、推广活动，应提前 3 个工作日向保卫处提出申请，需符合下列要求：

（一）宣传品摆放应明确地点以及宣传品的内容和数量；

（二）学生组织的指导老师签署同意意见，并承诺活动不涉商业行为；

（三）学生组织的审核单位按活动组织管理，分别由学生工作部或校团委、招生就业处、各学院学工组负责人审核活动内容后，签署意见并盖章，涉及热点人物参加及重点话题、敏感时间节点的各类校内活动还应由党委宣传部审核签章；

（四）学生社团不得开展与本社团登记宗旨无关的活动，组织者要对所举办的活动的安全性和工作程序及活动结果负责。

第十四条　学校保卫处应当自接受大型活动安全许可申请之日起两个工作日内，对申请人提交的材料进行审查，与场地提供单位沟通研讨安全保障方案，并对大型活动场所、设施进行现场核查，做出许可或者不予许可的决定，并书面通知申请人；不予许可的应当在书面通知中说明理由。

第十五条　大型活动符合下列全部要求的，保卫处应当给予安全许可：

（一）主办者具有合法身份；

（二）内容符合法律法规及校规校纪要求；内容涉及意识形态范畴（含热点人物参加及重点话题、敏感时间节点的各类校内活动），已获得党委宣传部批准。

（三）场所、设施符合安全要求；

（四）安全责任明确、措施有效；

（五）不会对学校名誉、校园正常秩序造成不良影响；

（六）不影响校内其他重大活动；

（七）已获主管校领导和主管保卫工作校领导批准；

（八）不严重妨碍校内道路交通安全和公共秩序；

（九）无严重违反安全管理的不良记录；

（十）符合法律法规规定的其他条件。

第十六条　不符合本办法第十五条规定的任一条件的，保卫处不予安全许可。

第十七条　大型活动举办时间、地点、内容需变更的，主办者应重新进行申请。变更、取消已公布大型活动的，主办者应当提起公告，并做好善后工作。

第十八条　学生组织申请场地及宣传品摆放的，按要求填写审批表后，保卫处应给予批准；如现场发现活动与审批内容不符的，保卫处将当场取缔活动，收缴相关宣传品并将此情况反馈给审核单位，要求审核人进行处理，同时将处理结果以书面形式报学生工作部、保卫处。学生组织应在活动结束后清除横幅、广告、易拉宝等宣传品。

第三章　大型活动主办单位责任

第十九条　活动主办单位是直接责任单位。其责任是：

（一）保证活动符合法律法规和学校相关规定要求，制定切实可行的整体活动方案，确保活动安全的正常有序开展；

（二）掌握参加活动人员身份，对涉外活动按规定向外事部门报告；

（三）按程序进行审批；

（四）拟定活动安全工作方案和处置突发事件应急预案；

（五）建立健全安全责任制度，明确安全措施和各岗位安全职责；

（六）为大型活动的安全工作提供必需的物质保障；

（七）活动前，组织开展安全自查，发现安全隐患及时消除；

（八）开展大型活动安全宣传教育，及时劝阻和制止妨碍大型活动秩序的行为，发现违法犯罪行为及时向学校保卫处或公安机关报告；

（九）接受属地公安、消防、学校保卫处等有关部门的监督、检查和指导；

（十）确定大型活动现场安全工作人员，并对其进行培训。

（十一）活动后应立即撤除活动宣传横幅、展板。

第二十条　参加大型活动的人员必须遵守下列规定：

（一）遵守法律法规和社会公德，尊重各地、各民族风俗习惯，安全文明参与活动；

（二）遵守活动场所治安、消防等各项管理制度，不得携带易燃易爆及危险物品或非法携带枪支、弹药、管制器具入场；

（三）服从安全管理，不起哄，不喝倒彩，不得展示侮辱性标语、条幅等物品，不得围攻工作人员，爱护公物及公共卫生，不得投掷杂物和乱扔垃圾以及一切不得体、不文明的言行；

（四）如遇紧急情况，服从工作人员的统一指挥；

（五）人员及车辆服从疏导和管理，不得影响学校正常的教学、工作和生活秩序。

第四章　大型活动的其他规定

第二十一条　大型活动主办者应当遵守下列规定：

（一）如实申报举办的活动，不得瞒报和隐报，不得将大型活动转让他人举办；

（二）按照批准的时间、地点和内容举办大型活动；

（三）公开售票的，要采取票证防伪、场所入口设置安全、有效、便捷的验票措施；

（四）保证临时搭建、安装、悬挂的设施、设备的安全。

第二十二条　大型活动现场安全工作人员应当遵守下列规定：

（一）熟练掌握安保措施预案和处置突发事件应急预案的全部内容；

（二）能够熟练使用消防器材，熟知安全出口和疏散通道位置，掌握本岗位应急救援措施；

（三）掌握和运用其他安全工作措施；

（四）服从现场安保人员的统一指挥。

第二十三条　大型活动有下列情形之一的，保卫处可以责令全部停止或部分停止活动。

（一）未办理审批手续；

（二）未按审批内容，擅自变更活动内容、规模、地点、时间等行为的；

（三）活动内容有违反国家法律法规、外事纪律、社会公德的；

（四）可能引发民族纠纷，造成不良影响的；

（五）影响学校声誉的；

（六）现场秩序严重混乱，对人员生命财产安全构成威胁的；

（七）大型活动开展过程中，已有发生治安案件、火灾事故、群体性事件等苗头的；

（八）违反学校有关规定，影响学校正常的教学、科研工作的。

第二十四条　参加大型活动的人员违反本办法第二十条规定之一的，予以批评教育；对严重危害社会治安秩序或者威胁公共安全的，学校将依法处置。

第二十五条　大型活动主办单位为校外单位的，违反本办法造成不良后果的，一切责任（含治安案件、消防安全、交通事故、饮食卫生安全等）由主办单位负责，学校视其情节及后果追究其法律责任。

第五章　附则

第二十六条　本办法由保卫处负责解释。

第二十七条　本办法自公布之日起施行。峨眉校区校园大型活动安全管理规定参照本规定另行制定执行。

西南交通大学学生社团管理条例

（2017 年 4 月发布）

第一章　总则

第一条　学生社团是学生为增长知识，锻炼能力，丰富课余文化生活，实现成员共同意愿，依据兴趣爱好自愿组成，按照社团章程自主开展活动的群众性学生组织。为规范学生社团的管理，充分发挥社团的育人作用，根据《社会团体登记管理条例》（1998 年国务院令第 250 号）、《普通高等学校学生管理规定》（中华人民共和国教育部令第 21 号）、《高校学生社团管理暂行办法》，结合学校具体情况，制定本条例。

第二条　学生社团的基本任务：

（一）遵循和贯彻党的教育方针，坚持立德树人的基本导向，团结和凝聚广大学生，促进学生全面发展，提高学生综合素质；

（二）按照自愿、自主、自发原则，善用网络技术和新媒体，开展主题鲜明、健康有益、丰富多彩的线上和线下课外活动，服务大学生素质拓展，繁荣校园文化；

（三）充分发挥共青团基层组织建设的载体作用，培养学生的社会责任感、创新精神和实践能力，提升学生综合素质，促进学生成才。

第三条　学生社团必须遵守宪法等法律法规和校规校纪。社团成员必须是经学校正式注册的西南交通大学在读学生，不接收校外人员。我校学生社团实行校团委统一管理、指导单位负责活动指导、社团联合会监督考核的三级管理体制。

第四条　学生社团会员实行“免费入会”制。在社团日常工作中落实“七个一”工程：即一个管理单位、一个指导单位、一个考核单位、一位指导老师、一个团支部、一部章程、一项品牌活动。

第二章　学生社团的成立、注册及招新

第五条　学生社团必须接受校团委管理和社团联合会的监督考核，遵守《西南交通大学社团联合会章程》（以下简称《章程》）和《西南交通大学学生社团管理条例》，必须有一个固定的指导单位和指导老师。

第六条　学生社团的成立应按以下程序进行：

新社团成立条件：

（一）社团由五名及以上的学生联合发起；
（二）社团有明确的指导单位，指导老师；
（三）社团有规范的名称及相应的组织结构、章程（社团名称应符合法律法规的规定，能准确反映其特性）。

新社团成立程序：

（一）在网上下载“西南交通大学新社团成立申请表”（附件 4）填写并制定社团章程与相关计划后交至社团联合会办公室（犀浦校区一食堂三楼 601）。

（二）校团委主管老师在社团联合会意见、相关指导单位和指导老师意见的基础上，对材料进行审核并对发起人面试，签署意见，若有涉外情况需提前向学校党委报备审批。

（三）15 个工作日内校团委书记办公会回复审批结果。在同意筹备成立新社团后，社团联合会常务理事同发起人组成筹备组，开始新社团的招新及筹备工作。学生社团筹备期间，不得开展对外的活动，所有工作需向社团联合会报批，并在批准后以“西南交通大学 × × × 协会筹备组”的名义开展工作。社团筹备期为一个月。并于第二学期正式开始活动。

（四）筹备工作结束后，新社团的第一届负责人由社团联合会组织选聘；由社团自己拟订社团成立大会方案，30 个工作日内日在校团委的指导下及社团联合会的监督下召开新社团成立会员大会，通过章程、社团负责人，15 个工作日内由校团委给予批复，公示，产生组织机构。

章程内容完整，包括：

（1）社团全称、组织机构及其职责；
（2）宗旨、活动范围（原则上为校内）；
（3）会员资格、权利、义务及会员管理；
（4）民主的组织管理制度，执行机构的产生程序；
（5）负责人及主要学生干部的选拔条件和任免、考核程序；
（6）资产管理和使用原则；
（7）章程的修改程序；
（8）社团终止程序和终止后经费的处理；
（9）应当由章程规定的其他事项。

（五）对筹备工作符合要求章程完备的社团，社团联合会授予成立公告，发注册表，登记备案。

（六）发起成立学生社团须向校团委及社团联合会提交以下材料：

1. 协会章程。章程是协会发展的基石。学生社团章程应包括：
（1）学生社团的名称；
（2）性质和宗旨；
（3）会员的权利和义务；
（4）组织机构及负责人产生程序和职权范围；
（5）章程的修改程序、纪律等其他有关事项。

2. 西南交通大学校级社团成立申请表。

3. 协会组建后一学期内活动计划。

所有资料准备齐全以后将纸质版交至社联办公室，15 个工作日内社团联合会审批并报请校团委审批通过方可进行筹备。筹备工作结束后，社团需在 30 个工作日内日召开新社团成立会员大会，通过章程、社团负责人，15 个工作日内由校团委给予批复，公示，社团方可成立。

第七条　学生社团指导单位和社团指导老师：

（一）社团指导单位应是具有管理或学术研究职能的我校正式机构，如专业教研室、学校各机关部处、学院分党委、分团委（团总支）等。指导单位应熟悉该社团的活动内容并能胜任对其的指导工作。

（二）社团指导老师须由具有一定的与该社团活动内容相关的专业知识且热心学生社团工作的本校教师担任，指导老师原则上由指导单位选派。

（三）聘请教师作为社团指导老师须经教师本人同意，原则上为一名。指导老师不得随意更换，如有特殊情况，需向校团委提交书面申请，经批准后，由社团指导单位重新选派。

第八条　有以下情况不得批准学生社团成立：

（一）校内已经有性质相同或相近的学生社团，没有必要成立的；

（二）发起人中有受过校纪处分或曾担任不合格社团、被勒令解散社团的主要负责人；

（三）无有别于其他社团的特色精品活动的；

（四）没有明确的活动范围的；

（五）以营利和商业经营为目的的；

（六）在申请筹备成立时弄虚作假的。

第九条　已申报、但尚在审批期间就开展活动的准社团，视情节轻重予以警告直至取消成立资格处分（情节严重者三次警告无效后取消其成立资格）；造成恶劣影响的社团，对其负责人给予警告以上处分。

第十条　社团审批时间一般不超过一周，对未获批准的成立申请，社团联合会需提出不予批准的书面意见。

第十一条　对未经批准擅自成立或被取缔后仍以社团名义进行活动且不听劝阻者，校团委将协助校保卫部门强行停止其活动，并对其负责人按学校相关规定予以严肃处理。

第十二条　学生社团每学年招收一次新会员，该项工作在社团联合会的统一部署下进行。新成立协会的招新可定在协会审核通过的下一学期初。

第十三条　各学生社团需在每学期开学初填写“西南交通大学校级学生社团学期注册表”，在注册表中应写明社团主要负责人的姓名及联系方式、本学期工作计划，并将全体社团会员名册上交到社团联合会办公室。

第十四条　各学生社团在学期末需提交学期工作自评材料和副部长级以上学生干部工作考核评定成绩，交至校团委存档。

第三章　学生社团的组织建设与管理

第十五条　社团成员应接受社团的定期注册。社团成员有选举权和被选举权，有权按照社团的章程自由加入或退出该社团，有权了解所在社团的制度章程和经费使用，有权对该社团的工作提出建议和质询，有权向社团联合会投诉或申诉。

第十六条　学生社团会员大会是该学生社团的最高权力机构，依照本社团的章程行使职权，每学期至少召开两次。

会员大会行使下列职权：

（一）选举和更换社团负责人；

（二）审议批准负责人的工作报告；

（三）修改社团章程；

（四）监督社团财务状况；

（五）了解社团日常事务。

第十七条　各社团在召开会员大会时，应通知社团联合会，主动接受社团联合会监督和考核（社团联合会根据情况选择性对社团会员大会进展情况进行抽查）。

第十八条　社团会员大会做出决议，选举或罢免会长，必须经出席会议的半数以上会员通过；对变更、注销和修改章程做出决议，必须经出席会议的三分之二以上会员通过。

第十九条　社团负责人变更须呈送文本材料至校团委给予批复，社团部门换新需向社团联合会进行报备。

第二十条　各学生社团须具有规范的社团章程，并不断地加以修订和完善。

第二十一条　社团执行机构是社团会员大会领导下的社团日常事务处理机构。执行机构由社团负责人及各职能部门的部长组成。

第二十二条　社团实行会长负责制。社团负责人指社团会长、副会长，原则上任期为一年。

第二十三条　为避免社团组织机构的冗长和称谓的混乱，学生社团不得设立主席团、理事会、秘书处、组织部、财政部等机构。不得设置主席、理事长、秘书长等职务。学生社团设会长一名，副会长不得超过两名，任何社团不得设立会长助理、部长助理职务，对于团支部，原则上只设立团支书一职，组织委员和宣传委员均由协会部长级别以上的干部担任。原则上，不得设置超过 6 个职能部门，每个职能部门设置部长一名，副部长不得超过两名（如有特殊情况需增设副部长，需向社团联合会提交书面申请，通过后备案至校团委方可）。

第二十四条　为加强社团的组织建设，社团必须在社团内部成立团支部，经社团联合会和校团委批准，按《中国共产主义青年团章程》有关规定选举支委，进行组织生活和团日活动，并可以申请参加主题团日竞赛等共青团系统的各项创优活动。

第二十五条　学生社团负责人只能由社团会员大会民主选举或校团委与社团联合会公开选拔产生。

第二十六条　学生社团负责人的选举，首先由本社团拟订选举方案，填写“社团负责人换届申请表”，报指导单位、指导老师和校团委通过后，在社团联合会监督下由会员大会民主选举产生。

第二十七条　学生社团负责人实行差额选举，候选人应满足以下要求：

（一）有良好的个人品质；

（二）学习成绩较好（必修课程无不及格记录）；

（三）入会时间满一年以上的社团成员；

（四）有与所任职务相当的工作能力和专门知识；

（五）有良好的群众基础。

第二十八条　有下列情况之一者，不得担任或继续担任学生社团负责人：

（一）曾经受到校纪校规处分的；

（二）有两门以上重点课程不及格的；

（三）被校团委、社团联合会撤职或被宣布解散的社团负责人或主要成员；

（四）其他不宜担任社团负责人的有关事项。

第二十九条　学生社团聘请顾问需报备社团联合会进行统一备案，原则上不聘请校外人员担当顾问。

第三十条　校外机构在校建立分支、校内组织成为校外机构会员、分支需经党委同意报上级团组织；校内组织不得以校外机构、组织冠名。

第四章　学生社团活动规程

第二十八条　学生社团开展活动须由指导老师、指导单位、校团委审批通过。

第二十九条　各社团活动内容应与自己社团宗旨和活动范围相适应，严重超越社团宗旨和活动范围经警告仍不整改的社团，将被强制注销。

第三十条　学生社团为非营利性组织，不得进行任何以营利为目的的纯商业性活动。学生社团开展活动禁止收取学生报名费、参赛费等任何费用。

第三十一条　学生活动不得影响学校正常的教学秩序和生活秩序。除特殊情况经学校批准外，社团会员在社团活动与教学计划安排的课程发生冲突时，一律不得请假。未经学校批准擅自因参加社团活动而不上课者，按照学校学籍管理规定以旷课处理。

第三十二条　社团在每学期初，原则上开学两周内，需向校团委提出申请，并按要求上交活动策划并填写“西南交通大学学生社团活动申请表”，若有校外人员参与需加以注明，活动方案经批准后方可开展活动。学生社团举办下列活动，校团委还需上报校党委宣传部、保卫处等部门批准，全程指导。

（一）涉外的活动：如涉及外籍人士的讲座、报告、活动等；

（二）涉及政治敏感性、外来文化传播的活动；

（三）与校外团体、单位联合举办的活动；

（四）晚会、讲座、报告会、社会调查等比较重要的大型活动；

（五）室外群众性集会、沙龙及研讨会等活动；

（六）涉及宗教、民族问题的活动。

第三十三条　学生社团开展活动须接受社团联合会对活动的考核，认真做好活动总结。

第三十四条　学生社团不得组织除本协会会员之外的人员参加出游、社会实践、外出考察等校外活动，组织本协会会员出游等校外活动须遵守以下规定：

（一）在活动举行 3 天之前，提交“学生社团内部出游活动申请表”（附件 5）。活动申请须经社团指导单位及社团指导老师审核签字同意后，报校团委审批；

（二）外出活动经校团委批准后，由校团委与每位活动参加者签订“外出活动安全承诺书”；涉及未成年人及安全风险较大的活动，所有参加者必须持有家长签署的书面材料方可进行；

（三）在活动结束后，社团负责人须及时将活动安全情况报告校团委。

第三十五条　学生社团未经校团委批准擅自组织集体出游、社会实践、外出考察等校外活动，予以警告以上处分，并对社团负责人按学校相关规定予以严肃处理。若发生重大事故，其责任由社团自行承担。

第三十六条　社团出游出现安全问题，取消该社团及学生干部本年度的评优资格。

第三十七条　社团成员不得以社团名义进行私人活动。社团活动的责任由社团自行承担，社团负责人及其主要成员在活动过程中有错误或重大失误的，其个人也应承担相应责任。

第三十八条　社团活动悬挂宣传条幅、摆放宣传展板须遵守学校宣传工作规范进行报批。社团张贴广告、海报等必须署名。

第三十九条　社团举行活动，未按审批程序进行审批和不遵守学生社团活动规程，视情节轻重，予以该社团警告甚至取缔处分，并对其负责人按学校相关规定予以严肃处理。

第五章　学生社团名称、印章及对外宣传、联络的规定

第四十条　社团名称。

（一）社团名称须体现社团宗旨，不得使用有损于国家、社会、学校及其他公共利益的名称；

（二）社团名称必须含“学生”字样，或在使用名称时注明“学生社团”。

第四十一条　社团印章。

（一）社团不得私刻及拥有印章，社团印章为无效印章，不具有法律效力。私刻印章的社团，社团联合会有权予以该社团警告以上处分。

（二）社团联合会印章为全校学生社团活动的唯一有效印章。

（三）学生社团开展活动、颁发奖状、签订合同、对外联系等需要统一到社团联合会或校团委处盖章。

（四）学生社团承办社团指导单位（如体育部）的活动、颁发奖状、签订合同、对外联系等需要统一到社团联合会或校团委处盖章。

第四十二条　对外宣传。

社团接受社会媒体采访，或者进行其他形式的对外宣传时，必须首先报校团委、社团指导单位同意，须定位于学生社团，并且须醒目注明“学生社团”字样。

第四十三条　对外联络。

（一）社团在进行对外联络前需先向校团委提交“西南交通大学学生社团外联赞助申请表”，经校团委审核批准后方可进行，必要时可向校团委开介绍信；

（二）活动必须签署正规合同，合同必须报校团委批准，方可与单位或组织签订；

（三）社团在进行对外联络活动时，必须真实署名，必须强调学生社团身份，不得盗用指导单位或其他组织的名义开展活动；

（四）赞助方如需借用学校场地组织活动，如，讲座等，进行时须有社团联合会理事前去监督；

（五）赞助活动结束后，需前往社联办公室填写“西南交通大学学生社团外联备案表”向

社团联合会如实报告情况。

第四十四条　违反《关于学生社团名称、印章及对外宣传、联络的规定》，视情节轻重予以该社团以及社团负责人警告以上处分。

第六章　学生社团活动经费管理

第四十五条　学校提供学生社团活动的必要经费，同时支持学生社团在遵守学校财务管理规定的前提下，通过吸纳社会赞助募集活动资金。

第四十六条　校团委对学生社团活动的经费审批进行项目化管理。学生社团开展活动需提前向校团委提出立项申请（体育类社团举办全校性的体育活动应向校体育部提出活动经费申请），经审批同意后进行专项拨款。

第四十七条　学生社团活动经费项目化管理程序：

（一）学生社团在学期初填写并上交“西南交通大学学生活动申请及预算审批表”及“西南交通大学学生社团活动企划书”到社团联合会审批；

（二）开展活动时，学生社团必须接受社团联合会常务理事会对活动的考核；

（三）活动结束后，社团须填写“西南交通大学学生社团活动总结报告”，上交校团委，并凭发票及 POS 单（或相关支付截屏）进行冲账（发票必须符合学校计划财务处相关规定）。

第四十八条　社团经费由社团按照各自章程自主管理，但必须用于社团的活动，不得在会员中分配，并接受社团指导老师、校团委、社团联合会的监督。

第四十九条　社团经费包括：

（一）活动经费：校团委、社团指导单位等学校相关部门对学生社团活动支持的经费；

（二）社会赞助：在遵守学校计财处管理规定的前提下，在上报校团委批准后，通过吸纳社会赞助募集活动资金。

（三）各种奖励：学生社团获得的各种奖励经费。

第五十条　社团接受捐赠、资助，必须符合《章程》规定的宗旨和活动范围，应当向主管单位校团委报告接受、使用捐赠、资助的有关情况，并应当将有关情况向会员公布。

寻求社会赞助具体程序：

（一）社团在进行赞助合同签署前需先向校团委提交“西南交通大学学生社团外联赞助申请表”并提交所需赞助活动详细的活动计划书、经费预算及拟签订的赞助合同书，经校团委审核批准后方可进行，必要时可向校团委开介绍信；

（二）活动必须签署正规合同，合同必须报校团委批准，方可与单位或组织签订；

（三）合作协议书由学生社团会长签字、加盖西南交通大学社团联合会公章，特殊情况由校团委或社团指导单位盖章，协议书一式三份，赞助单位、校团委、学生社团各一份；

（四）社团在进行对外联络活动时，必须真实署名，必须强调学生社团身份，不得盗用指导单位或其他组织的名义开展活动；

（五）赞助方如需借用学校场地组织活动，如讲座等，活动开展时须有社团联合会理事前去监督；

（六）赞助单位所提供的赞助经费、物品由学生社团自主管理，原则上只能用于社团开展活动。

第五十一条　学生社团自成立起应设专人管理经费。经费管理人员应履行以下职责：

（一）采用收付记账法，使用社团联合会要求的统一账簿（附件 6）将资金来源、去向逐项登记清楚，并有相应原始凭证。实行凭票报销制度，报账须由社团会长签字并须持正规收据、发票等有效凭证。

（二）定期向学生社团成员公布财务使用情况，并接受社团成员监督。

（三）在学生社团负责人换届时，做好经费交接工作，对上届负责人所欠债务，新任社团负责人有权不予承担。

（四）定期接受社团联合会的经费管理培训。

第五十二条　社团必须执行学校的财务管理制度，违反学校相关财务管理规定的学生社团视情节轻重予以处理。

第七章　学生社团使用学校教室等活动场所的规定

第五十三条　社团使用学校教室等活动场所须到校团委办理审批手续。擅自占用教室开展活动、与同学发生纠纷者，严重影响社团形象和声誉的，将取消其本年度的评优资格。

第五十四条　办理使用教室活动场所手续如下：

（一）申请人经社团负责人授权到社团联合会说明使用原因；

（二）若社团使用教室时，应按照教务处有关规定，于教务处网上办事大厅进行借用；

（三）社团申请人在社联值班时间领取教室借用凭条并将教室借用条凭据交到相应教学楼物管处办公室借用教室。

第五十五条　社团须服从教务处、电教办公室对教室、器材借用的安排。各社团应自觉爱护活动场所的公共财物，由于社团使用不当造成的各种损失，由社团自行负责。

第八章　学生社团内部资料性出版物管理规定

第五十六条　校内内部资料性出版物是指校内各单位主办的，用于指导工作、沟通情况、校内交流而编印的简报、工作通讯等信息类资料印刷品。校党委宣传部为校内内部资料性出版物的主管部门，负责审核、批准校内内部资料性出版物的创刊、停刊和变更事宜。

第五十七条　凡校内学生社团组织创办、编辑、出版、发行的内部资料性出版物，必须先向校团委提交“西南交通大学内部资料性出版物登记表”，由校团委审查、批准并提出具体管理意见后，向校党委宣传部申请备案登记。已经登记的学生社团内部资料性出版物名称、主要内容等如有变动，需及时到校团委重新登记。

第五十八条　社团内部资料性出版物在出版、发行后，必须报送校团委 5 份审读，后送党委宣传部存档备查。

第五十九条　任何校内内部资料性出版物都不得使用“××报”“××刊”“××杂志”等字样，必须在封面位置注明“内部资料，免费交流”字样；不得刊登广告，不得拉赞助或搞有偿经营性活动，不得与外单位以“协办”等形式出版发行；所有内部资料性出版物原则上仅限于在校内发放。内部资料性出版物在出版、发行后，必须报送党委宣传部审读，存档备查。

第六十条　学生社团刊物必须符合下列条件：

（一）依照“谁主办，谁负责”的原则，各主办单位应明确定责任人，严格把关，未经审查，不得印发。主办单位对负责的出版物负有以下责任：指导刊物编辑部坚持正确的舆论导向；审核刊物编辑部的办刊宗旨、工作方针及宣传报道计划和刊发的稿件；加强采编队伍的建设和管理，确保印刷品的质量；决定刊物的主编人员；决定刊物的发放范围及发行量。

（二）刊物内容健康积极，符合国家法规、学校管理条例和其他文字内容的有关规定。

第六十一条　校团委有权对违反规定的社团刊物，视情节轻重予以责令停刊、整顿、没收，并对社团及主要责任人给予严肃处理。对刊物违反国家《出版管理条例》等相关法规和考核规章制度而发生的严重错误和其他重大问题，社团负责人承担相应责任。

第九章　学生社团网络管理规定

第六十二条　社团联合会为每个学生社团提供网络宣传平台（微信公众号、微博等），学生社团应积极维护和更新本社团网络宣传平台。社团负责人作为本社团网络宣传平台的第一负责人，务必对本社团网络宣传平台的内容直接管理。

第六十三条　社团网页必须符合以下条件：

（一）必须执行《互联网电子公告服务管理规定》《中华人民共和国计算机信息网络国际互联网管理暂行规定》《中国教育和科研计算机网暂行管理办法》的规定，遵守中宣部、信息产业部、公安部、文化部和学校对于网络管理的具体要求。

（二）严格管理信息发布的审批程序。社团网页以活跃校园文化、促进社团发展、加强社团内部交流为原则，不得开设违反社会公德的版面，不得违反国家的法律法规、学校管理条例。

（三）不得将有关干扰、破坏或限制任何计算机软件、硬件或通信设备功能的软件病毒，或其他有害的计算机代码、档案和程序等资料，加以上传、张贴，或以电子邮件等其他方式传送。

（四）不得将侵犯他人的专利、商标、著作权以及商业秘密等其他专属权利的内容加以上传、张贴，或以发送电子邮件等其他方式传送。

第六十四条　社团建立网络宣传平台后须告知分管副理事，对社团网络平台开发进行监管。

第六十五条　社团联合会对社团网站和网页进行监督，且有义务删除在该网页上发表的与国家政策、法律法规、学校管理条例相悖的文章、图片和内容。

第十章　社团奖惩制度

第六十六条　处分种类为：①警告，②限期整改，③强制解散（取缔）。

第六十七条　有以下情况之一的社团将予以警告，连续警告两次的社团，社团联合会有权将其解散，被勒令解散的社团，社团负责人承担善后责任。

（一）一个学期内无一次社团活动；

（二）一个学期内无一次会员大会；

（三）经费管理混乱，账目不清；

（四）负责人连续三次无故不参加社团联合会例会；

（五）未按规定民主选举程序产生社团负责人；

（六）招收新会员、开展活动、寻求社会赞助、编印刊物、建立网站不提前报批；

（七）逃避社团联合会对社团工作的监督和考核；

（八）私自向会员收取会费。

第六十八条　有以下情况之一的社团，校团委可责令其停止活动进行整顿直至取缔。

（一）违反国家法律法规，严重触犯校规校纪；

（二）无正式负责人及组织机构；

（三）机构疏于管理，活动组织不力，会员意见大，造成恶劣影响；

（四）活动范围和内容与社团宗旨、章程相违背，影响恶劣；

（五）利用社团从事以营利为目的活动；

（六）主要成员侵占、私分、挪用学生社团经费或者所接受的捐赠资助；

（七）盗用指导单位或其他组织名义，引起严重后果；

（八）未如期按要求进行整改。

第六十九条　学生社团每学期考核评定一次，成立满一学期的学生社团均需参评。评定分优秀、优良、合格、不合格四个等级。对学期综合考评成绩 85 分及以上的社团授予优秀社团荣誉称号，学期综合考评成绩 75 分及以上（85 分以下）的社团授予优良社团荣誉称号，学期综合考评成绩 60 分以上（75 分以下）的社团为合格社团，学期综合考评成绩 60 分及以下的社团为不合格社团。

第七十条　学生社团每年表彰奖励一次，成立满一年的学生社团均有参评资格。连续两学期被评为“优秀”的社团，获得年度“明星社团”称号及奖励。连续两学期被评为“不合格”的社团，社团联合会有权将其解散。

第十一章　社团干部管理

第七十一条　社团学生干部指社团副部长级以上社团成员，不得设置会长助理、部长助理等职务。

第七十二条　社团会长每学期工作由社团联合会组织考核，并据此评定“十佳社团”。社团干部由各学生社团自行负责在每次协会大型活动之后的干部例会上进行民主评议，总结评价。

第七十三条　对不称职的社团负责人，校团委、社团联合会有权罢免。对违法或违反校规校纪受到记过以上处分（含记过）的社团成员，社团负责人有权取消其社团会员资格。

第七十四条　学生社团干部的奖励分为优秀学生干部和精神文明积极分子，优秀团干部和优秀团员。其中限期整改的社团将没有优秀团干部、优秀团员名额。

第十二章　社团干部换届制度

第七十五条　总则

（一）为规范西南交通大学学生社团换届过程中的各项活动，特制定此制度。

（二）社团应严格参照本制度规定进行换届，若有特殊情况，应向西南交通大学社团联合会（以下简称“社联”）提交书面申请，经社联常务理事会讨论批准后方可进行。

（三）各学生社团应本着公正、公平、公开的原则，在校团委指导老师及指导单位的指导下，根据社团联合会统一部署，开展社团换届工作。

（四）新一届社团干部换届应在校团委及社联的监督下选举产生。社团换届时现场应至少有一名社联理事长或副理事长到场并进行监督，以保证换届的公开、公平、公正。严禁擅自换届，否则视为无效换届，并取消一切评奖评优及社团成员认证资格。

（五）社团干部不得连任超过两届，每届任期一年。任期内的干部原则上不能随意更换，如有特殊情况的需向校团委及社联提交书面申请，待审议通过后方可进行更换。任职满一年及以上的社团干部方可获得任职证明。

第七十六条　换届条件。

（一）每年 5-6 月份为社联规定的社团会长及主要负责人换届时间，建议社团换届集中在此时进行，若有特殊情况需在其他时间换届，需向社联提交书面申请，待审议通过后方可依照该制度进行换届。

（二）社团会长或主要负责人由于各方面原因主动辞去会长职务时，可向社联提出换届申请。

（三）社团会长或主要负责人因工作严重失职而遭解聘时，将由社联组织进行该社团换届工作。

（四）社团由于发展需要而变动主要负责人时，可向社联提出换届申请。

（五）社团会长或主要负责人候选人可由现任会长推荐、社团成员推荐或自荐产生。候选人应为三名及以上。

第七十七条　换届流程

（一）有意进行换届的社团，换届工作由现社团负责人组织，召开全体会员大会选举产生 3~5 名会长或主要负责人候选人，应在召开换届选举大会前一周及以上提交换届申请资料至社联办公室并通知分管副理事长，由校团委和社联对候选人进行资格审查并批复后，方可进行换届，否则视为无效换届。社团换届申请资料包括：

1. 学生社团年度工作总结；

2. 西南交通大学学生社团换届申请表；

3. 候选人成绩单及“西南交通大学学生社团换届主要负责人候选人简历”各一份。

（二）参与竞选的候选人应满足以下条件：

1. 必须为该社团成员，由现任会长推荐、社团成员推荐或自荐产生；

2. 原则上，在学生社团工作一年及以上，有一定的社团工作经历；

3. 遵守校级校规，政治立场坚定，无任何违纪处分记录；

4. 该学年没有挂科（补考通过不算挂科）；

5. 遵守校团委学生组织各项章程，全心全意为同学服务，具有较高工作热情；

6. 品德良好，学习成绩优良，具有良好的群众基础。

（三）社联将组织主要干部组成社团换届考核小组，对各社团提交的会长和团支书候选人资料进行审核，并组织各位候选人进行面试。

（四）经社联及校团委批复后，社团应尽快确定换届时间与地点并提前至少三天将确定的换届时间及地点告知社联常务理事会，社联将安排至少一位主要干部前往进行监督。

（五）社团换届应按以下要求进行：

1. 社团干部应全部到场参与换届，确因有事不能到场者须提前一天及以上通过现任会长向分管副理事长请假，各社团会长应提前一天及以上向分管副理事长报告应出席并参与选举的社团干部人数，社团联合会将对无故不到者进行相应处罚；

2. 社团会员在 50 人（含）以下的，会员应至少到场四分之三及以上；社团会员在 51 人（含）至 100 人的，会员应至少到场三分之二及以上；社团会员在 100 人（含）以上的，会员应至少到场二分之一及以上；

3. 候选人在与会人员面前进行演讲及答辩，接受在场所有人员提问；

4. 最终结果由与会人员无记名投票经差额选举得出，投票本着公平公正的原则进行，社团主要负责人不得进行干预，若重要职位候选人只有一名，其得票需在二分之一以上，候选人两名及以上者则票多者当选，如若票数相同，则进行第二轮选举，如有异议，由社联干部及社团新任、前任主要干部和会员代表组成讨论小组于会后对结果进行讨论；

5. 若有特殊情况发生，社团主要负责人应与到场监督的社联干部及时进行沟通并予以解决；

6. 投票结果经由监票、计票、唱票后得出，社联干部监督，并现场公布；

7. 社联干部有权对现场出现的违规现象提出质疑并给出解决建议；

（六）社团各部门部长由各协会自行进行选举并决定，并在换届大会后三日内提交新一届社团干部拟任人选登记名单。社联将在收到并审核登记表后的第二天对结果进行公示（公示时间为三个工作日），公示无异议后校团委及社联将进行正式任命。

（七）社团所有干部必须经由社团联合会正式任命后方可生效。

（八）以上所涉及材料均为一式两份，一份由社团保存，一份交由社联存档。

（九）若有严重违反上述规定者，社联将有权不予承认该社团换届。

第十三章　社团联合会干部换届制度

第七十八条 总则。

（一）为规范西南交通大学社团联合会换届过程中的各项活动，特制定此制度。

（二）社团联合会应严格参照本制度规定进行换届，社团联合会应本着公正、公平、公开的原则，在校团委指导老师及指导单位的指导下，开展社团换届工作。

（三）新一届社团联合会干部换届应在校团委、社联及社团的监督下选举产生。社联换届时现场应有校团委指导老师到场并进行监督，以保证换届的公开、公平、公正。严禁擅自换届，否则视为无效换届。

（四）社联干部不得连任超过两届，每届任期一年。任期内的干部不能随意更换，如有特殊情况的需向校团委及社联指导老师提交书面申请，待审议通过后需重新进行公开招聘及公开选举方可产生新干部。任职满一年及以上的社联干部可获得任职证明。

第七十九条　换届条件

（一）每年 6—7 月份为社团联合会干部换届时间。

（二）社联干部因工作严重失职而遭解聘时，将在校团委指导、监督下，由社联组织进行换届工作。

（三）社联干部候选人可由现任理事推荐、现任会长推荐、社团成员推荐或自荐产生。理事长候选人应为两名及以上；副理事长候选人应为六名及以上。

第八十条　常务理事换届流程

（一）社团联合会理事长候选人条件：

1. 大学三年级在读本科生；

2. 遵守校纪校规，政治立场坚定，无任何违纪处分记录；

3. 在社团工作三年及以上，且担任社团联合会副理事长或优秀社团会长一年及以上；

4. 遵守校团委学生组织各项章程，全心全意为同学服务，具有较高工作热情；

5. 品德良好，学习成绩优良，具有良好的群众基础；

6. 在满足以上条件的基础上，通过理事会投票选举产生；

7. 报校团委批准并公布。

（二）社团联合会副理事长候选人条件：

1. 大学二年级在读本科生；

2. 遵守校纪校规，政治立场坚定，无任何违纪处分记录；

3. 在学生社团工作两年及以上，且担任社团联合会部长（含副职），或在学生社团担任团支书、副会长以上干部一年及以上；

4. 遵守校团委学生组织各项章程，全心全意为同学服务，具有较高工作热情；

5. 品德良好，学习成绩优良，具有良好的群众基础；

6. 在满足以上条件的基础上，通过理事会投票选举产生；

7. 报校团委批准并公布。

（三）选拔程序

1. 凡满足招聘条件的同学均可填写“西南交通大学社团联合会常务理事会常务理事竞选申请表”，并将申请表及个人简历交至社团联合会办公室。

2. 由社团联合会理事长及常务理事会对报名同学进行资格审查，确定进入笔试阶段的候选人名单并予以公布。

3. 在社团联合会理事长的指导监督下进行笔试答题，候选人笔试合格后方可进入面试答辩阶段。

4. 由社团联合会理事长及常务理事会组成选聘小组对候选人进行面试及综合评议。

5. 面试形式：候选人进行 3~5 分钟个人陈述，内容包括自我介绍以及对所竞聘岗位的认识，并回答由选聘小组提出的与所竞聘岗位相关的问题，时间不超过 10 分钟；

6. 选聘小组将依据答辩情况，择优确定候选人进入会长投票环节；

7. 通过面试答辩的候选人统一参加会长现场投票，公开选出新任理事会成员，选举团由学生社团新老会长共同组成。

8. 投票形式：每位候选人按照副理事长、理事长的顺序依次进行三分钟自我陈述，并回答老师和同学们现场提出的问题，现场投票，现场唱票。选票严格由各协会新老会长现场投出，严禁非正当拉票行为。

9. 面试及招聘工作结束后，社团联合会将对拟任人选面向全校公示三天，根据公示结果报校团委同意后，进行聘任。

第八十一条　常务理事会部长换届流程

（一）社团联合会部长候选人条件：

1. 大学一年级在读本科生；

2. 遵守校级校规，政治立场坚定，无任何违纪处分记录；

3. 在学生社团工作一年以上；

4. 遵守校团委学生组织各项章程，全心全意为同学服务，具有较高工作热情；

5. 品德良好，学习成绩优良，具有良好的群众基础。

（二）选拔程序：

1. 凡满足招聘条件的同学均可填写“西南交通大学学生社团联合会常务理事会成员报名表”，并于将申请表及个人简历交至社团联合会办公室。

2. 由社团联合会常务理事会对报名同学进行资格审查，确定进入面试答辩阶段的候选人名单并予以公布。

3. 在社团联合会副理事长的指导监督下进行笔试答题，候选人笔试合格后方可进入面试答辩阶段。

4. 由校团委指导老师及社团联合会常务理事会常务理事组成选聘小组对候选人进行面试及综合评议。

5. 面试形式：候选人进行 3~5 分钟个人陈述，内容包括自我介绍以及对所竞聘岗位的认识，并回答由选聘小组提出的与所竞聘岗位相关的问题，时间不超过 10 分钟；

6. 选聘小组将依据答辩情况，择优确定拟任人选；

7. 面试及招聘工作结束后，社团联合会将对拟任人选面向全校公示三天，根据公示结果报校团委同意后，进行聘任。

第八十二条　附则

（一）本条例适用于西南交通大学学生社团。本条例自发布之日起施行，凡以前规定和本条例相抵触的，以本条例为准，各学生社团的章程不得有悖于本条例。

（二）本条例的解释权归校团委。

（三）各院系分团委（团总支）对院系级学生社团进行管理时可参照此条例。

西南交通大学大学生“三下乡”社会实践安全管理办法

（2019 年 7 月 19 日发布）

第一章　总则

第一条　为进一步规范我校大学生“三下乡”社会实践活动，增强学生的安全防范意识，确保学生安全开展“三下乡”社会实践活动，保障学生的人身财产安全，结合我校实际，特制定本办法。

第二条　本办法适用于我校在籍本科生、研究生。

第三条　我校大学生“三下乡”社会实践活动均应由组织者严格按照本办法执行。

第二章　安全规则

第四条　校团委作为组织实施部门要把安全工作作为整个社会实践活动的重中之重来抓，各项安全措施要落实到人，确保外出实践师生的人身财产安全。

第五条　各学院要加强对学生进行安全常识教育，提高安全意识，树立“安全第一”的思想。

1. 学生在社会实践期间要服从带队教师的统一管理，遵守国家法律法规，遵守公共秩序，维护社会公德、防止意外事故发生。

2. 要切实加强安全教育，在活动开始前，明确告知每位学生安全注意事项，并针对实践服务地的实际情况对团队成员进行必要的安全培训。

3. 组织社会实践活动，指导教师或队长要做好车、船以及活动地点等的安全状况检查工作，制定安全防范措施，确保学生人身安全。

4. 若遇暴雨等恶劣天气或存在其他安全隐患的，已批准的社会实践活动要根据具体通知安排延期或取消。

5. 学生在参加社会实践活动之前，队长要负责搜集整理好成员购买保险所需信息，并在规定的时间内提交至“三下乡”社会实践活动负责人处。

6. 学生在社会实践期间不得擅自到江河、水库、池塘、海边游泳，不得擅自到荒山野岭游玩、野炊等活动，违者一切后果自负。

7. 学生在社会实践活动期间，若由于地方气候等原因出现生病或者身体不适等特殊情况，应立即停止参加活动并就近医治，根据实际情况和具体通知延期或取消社会实践活动。

8. 对于指导教师不随队的队伍，学生要服从队长的社会实践活动安排，若有异议请及时提出，多多参考指导老师提出的建议。

9. 学生在参加社会实践活动期间实行“每日一报”制度，队长每天按时向“三下乡”社会实践活动负责人报告活动进程和团队成员情况，确保队伍内成员的安全。

10. 学生进行社会实践活动时,如活动安排与之前报备的安排不一致,应及时与“三下乡”社会实践活动负责人取得联系，需项目指导教师提前向校团委报备通过后方可执行。

11. 学生在选择接收单位时，要选择正规接收单位。若选择的接收单位为企业，则该企业要拥有工商登记（法定代表人营业执照）、税务登记证、法人代码证、拥有固定的经营场所。

第三章　审批管理

第六条　所有校级实践团队由学院根据要求进行申报，由学生提交书面申请，经学院审批后报校团委。

第七条　申报校级实践团队均要有 1~2 名指导教师，没有指导教师的团队不予以审批。

第八条　所有社会实践活动申请时要陈述活动的内容、活动路线、交通工具和安全防范措施等，并明确活动负责人。

第九条　除以上团队之外，由学院、学生班级、个人自行组织的社会实践团队均须征得辅导员及学院同意后方可组织，并落实具体负责人，所有材料需报校团委备案。

第十条　实践队如遇极端天气等特殊情况，可申请更改实践时间、地点，需团队指导教师提前向校团委报备通过后方可执行。

第四章　责任

第十一条　明确安全管理责任。

1. 校团委责任。组织开展学生社会实践安全教育及培训活动，编发相关培训资料；统计了解全校学生社会实践去向及计划安排、保险办理情况等相关事项；假期安排专人值班，协助学院处理学生社会实践过程中各种突发事件，并统计备案。

2. 学院责任。部署本学院学生社会实践去向及计划安排，以及学生身体健康状况、保险办理情况等相关事宜；组织学生参加安全教育培训，安排老师担任学生实践团队负责人，给予学生全程指导帮助。

3. 指导教师责任。给予学生相应的指导帮助；对整个项目进行安全评估；与对接单位进行沟通；妥善处理实践过程中的突发事件，并及时上报、备案；配合学院学校做好学生社会实践安全工作。

4. 团队队长责任。全面负责团队的日常事务，积极配合学校做好社会实践的各项工作，带头严格执行校、院有关安全规定；制定团队安全预案，组织团队开展安全教育培训，督促和确认团队成员签订《西南交通大学大学生暑期“三下乡”社会实践项目协议》、办理意外伤害保险；及时向指导教师或学院报告团队活动开展情况，妥善处理各类突发事件，确保团队成员安全。

5. 学生个人责任。实践前，学生必须征求家长同意，参加学校组织的社会实践安全教育培训，签订《西南交通大学大学生暑期“三下乡”社会实践项目协议》，保证办理好意外伤害保险。实践过程中服从领导、严守纪律，自觉遵守实践单位的规章制度，自觉保护自己及同伴的生命财产安全，发现其他同学有违反纪律和有关规定的，须及时制止或报告；严格遵守国家的法律法规，遵守社会公德，不做违法乱纪和有损学校形象的事情；如遇突发事件，及时与指导教师或学院联系。

第十二条　建立联系人制度，各实践队伍如遇突发事件，应在第一时间上报联系人，联系人收到信息后须及时报告学校。

第十三条　凡未按本办法的要求办理活动审批手续而擅自组织活动者，将追究个人或组织者的责任。

第十四条　因组织管理不严格导致活动中发生事故并造成损失或伤亡的，由有关责任人承担相应责任。

第十五条　对组织学生社会实践的有关部门和个人，因忽视安全防范工作，造成责任事故的，将追究部门有关领导和组织者（当事人）的责任。

第五章　附则

第十六条　本办法自颁布之日起执行。

第十七条　本办法最终解释权归共青团西南交通大学委员会所有。

西南交通大学体育运动安全管理办法

第一章 总则

第一条 为进一步加强对学校体育运动安全工作的监督、管理，防范学校体育运动风险，明确管理人员和教职工在体育运动安全工作中的职责，预防和减少体育运动安全事故，保障学校体育工作健康有序开展，保护学生、教师和学校的合法权益，依据教育部《学校体育运动风险防控暂行办法》的规定，结合我校体育运动开展特点，制定本办法。

第二条 学校体育运动是指教育行政部门和学校组织开展或参与的体育教学、课外体育活动、课余体育训练、体育比赛。学校体育运动风险是指学校体育运动过程中可能发生人员身体损伤的风险。体育运动伤害事故是指体育运动中发生的造成人员身体损伤后果的事故。

第三条 根据教育部和学校规定，体育工作部负责全校体育运动的开展，并对所有体育运动活动过程进行监督与管理。

第四条 体育工作部安全管理工作的主要任务是：建立健全《体育运动安全管理办法》；制定安全管理事故应急处置预案并监督执行；对师生进行安全生产教育及管理；预防安全事件和伤害事故的发生、安全隐患排查整治、妥善处理各类安全事故等。

第五条 体育工作部全体师生必须严格依照本办法之规定，落实体育运动安全管理责任制，加强体育运动风险防控工作，实行安全管理奖惩制度，确保安全。

第六条 体育工作部将安全工作纳入发展计划，建立和完善安全责任制，定期召开安全工作会议，分析、布置、督促和检查各项体育运动的安全生产工作，根据体育运动的特点，制定相应的安全管理制度，张挂在醒目的地方，并严格执行。

第二章 管理机构

第七条 体育运动安全管理小组。

组　长：体育部主任。

副组长：体育部副主任。

组　员：体育部工作教师。

安全生产管理员：体育部工作教师。

第三章 管理责任

第八条 部门领导职责。

1. 体育工作部主任是本单位安全管理第一责任人，对体育运动安全管理工作的组织领导和监督管理全面负责。

2. 体育工作部分管教学工作副主任负责教学的组织及安全工作，并协调学校教务处、各院系等单位进行安全管理工作。

3. 体育工作部分管群体工作副主任负责竞赛的组织及安全工作，并协调学校学生工作处、团委、工会、保卫处、校医院、各院系、后勤保障处场馆资源中心等单位进行安全管理工作。

4. 运动机能实验室管理人员负责学生体质测试工作的统筹安排，并协调学校资产与实验室管理处、保卫处、校医院及各学院进行安全管理工作。

第九条　安全生产管理员职责。

1. 忠于职守，坚持原则，对体育部安全生产实施综合监督管理，及时反映部门的安全状况，提出改进安全管理工作的建议。

2. 定期组织相关人员对体育教学或体育竞赛活动进行安全检查，对查出的安全隐患及时上报部门领导。

3. 督促本部门相关负责各项体育活动的人员遵守有关体育运动安全管理规章制度和操作规程，切实做到“安全第一、预防为主”。

第十条　教职工职责。

1. 遵守体育部安全管理各项规章制度，对本岗位的安全管理负责。

2. 结合岗位实际，定期、定时进行体育教学或体育竞赛安全检查，发现异常及时处理和报告；发生事故立即报告上级并按照事故预案程序处理，做好记录、保护现场。

3. 负责对所带班级或竞赛学生的体育教学、体育比赛的安全教育和管理。

第四章　措施保障

第十一条　利用开学教育、校园网络等进行体育安全宣传教育，普及体育安全知识，宣讲体育运动风险防控要求和措施，教育学生树立安全第一的思想，引导学生重视并理解体育运动风险防范。

第十二条　对体育器材设施及场地的使用安全情况进行定期巡查，根据安全需要或相关规定及时更新和报废相应的体育器材设施，及时消除安全隐患。组织体育运动前检查运动设施及场地，场地要保持平整，不应有坑洼、石块等，地面不宜太硬、打滑，球架、球门不应有松动或脱落。

第十三条　开展体育教学的过程中必须精心设计、严密组织、严格要求、严格训练。

（1）建立良好活动秩序、重视准备活动；教师、学生着装规范，必须穿着运动服运动，不准穿皮鞋、有跟鞋、凉鞋，女学生不穿裙子运动。

（2）精密组织，加强教育。教师必须经常反复地向学生进行遵守纪律、遵守常规、服从组织、遵守规则等方面的教育。

（3）培养学生自我保护、相互保护的意识。

（4）掌握合理的运动量、注意区别对待。在运动量的掌握上，教师要随时注意学生的生理反应，进行合理调整；教师对于病痛、体弱、伤残的学生要及时关心，安排他们见习等。

第十四条　校内大型体育竞赛的组织工作，由体育工作部分管群体副主任负责实施，在活动开始前，应成立安全管理机构；制定安全应急预案；检查体育器材设施及场地，设置相应安全设施及标识；设置现场急救点，安排医务人员现场值守；对学生进行安全教育。

第十五条　体育工作部主办的各单项体育赛事由体育部委派的教师作为裁判长组织实施、相关体育类协会负责承办。比赛前三周，裁判长应将竞赛规程、安全预案等提交体育部群体办公室审核，经审核同意后方可执行。裁判长赛前应准备好最新项目规则、竞赛指南、竞赛规程和安全预案，做好裁判的培训、制定竞赛程序和工作计划、主持技术会议并对竞赛相关问题作诠释、处理比赛中各种突发事件、组织竞赛进行。

第十六条　加强保护措施。严格裁判、禁止粗野动作，不使用错误的推、拉、撞等危险动作，加强组织领导，建立和健全规章制度。

第十七条　加强医务监督。教师应根据活动内容和气候情况决定准备活动的内容，严禁不做准备活动就进入体育活动，准备活动要充分、有针对性；学生应掌握自我医务监督的常识。

第十八条　组织和开展体育运动的教师要有安全意识与行为，在出现安全事件或伤害事故时及时上报。

第五章　监督检查

第十九条　体育工作部安全管理机构的成员应当依照本办法，对负责教学和竞赛的教师执行的情况进行监督检查。

第二十条　监督检查的重点。

1. 查思想：查对安全管理的认识是否正确；查安全管理的责任心是否强。

2. 查制度：查安全管理制度的建立和健全情况，是否有违规作业情况；查安全管理制度的执行情况。

3. 查纪律：查在体育教学或体育竞赛时，负责教师是否擅离职守。

4. 查隐患：是否做到了安全、有序地开展活动；是否存在不安全因素。

第二十一条　监督检查的形式。

1. 综合性检查：每学期开学后 30 天内和每学期结束前 30 天内以及重大节假日、重要活动前，由体育部安全管理机构成员组织开展安全检查.

2. 定期性检查:每个月组织开展 1 次定期检查,全面检查体育教学和体育竞赛开展情况，每次检查后要将检查情况汇总、建立档案，并形成工作台账，提交安全生产工作领导小组办公室汇总分析。

3. 经常性检查：体育部要形成安全管理自查、预判、分析、评估长效机制。凡寒暑假、节假日放假前及重要体育活动前，应组织进行全面细致的安全检查，检查安全事故易发的重点部位、要害部位、关键环节和地点，对排查出的隐患要制表列出问题清单，建立台账，制定整改方案，落实整改措施。

4. 岗位性检查：教职工每天要对自己开展体育教学或体育竞赛的场所进行安全自检（包括对进行体育活动学生的上课或竞技状态等的安全检查）。

第六章 应急预案

体育运动应始终坚持“安全第一，预防为主”的指导思想，把安全责任落实到每天的值班领导和组织教师。学生在进行体育运动时，如发生重大突发安全事件和意外伤害事故，应按以下预案进行处理：

1. 体育活动负责教师应在现场迅速进行急救，同时通知部门值班领导及相关人员，并立即拨打急救电话（九里校区：87601247；犀浦校区：66361930 或成都市：120）。要求医务人员必须尽快赶到现场，情况严重者，校医院应派救护车就近送往有能力抢救的医院治疗。

2. 部门值班领导及相关人员要立即赶到事故现场组织指挥抢救，如属于重大伤亡事故的，体育部主管领导应及时上报分管校领导和学校安全生产工作领导小组，力争把伤害事故控制到最低限度。

3. 现场的负责老师必须立即妥善安排其余参与运动的学生，以保证有序和不妨碍救护人员抢救伤者的工作。

4. 如果经医院抢救无效而死亡，组长必须立即如实地向主管领导报告死亡情况，并第一时间通知伤亡学生所在院系有关领导、辅导员或班主任，由他们尽快通知学生家长。

5. 通知校保卫处（成都市：110；九里校区：87600110；犀浦校区：66369110；）进行立案。

6. 请学校及有关部门积极配合，妥善做好事故后的处理安抚事宜。

7. 现场处置工作结束后，在学校及相关部门的统一组织协调下，采取措施，消除安全事件的消极影响，稳定受害师生的情绪，解决他们的实际困难。开展事后安稳工作，维持正常的教学、竞赛秩序。总结经验教训，进一步加强安全生产工作，提高防范能力。

第七章 奖惩办法

第二十二条 奖励办法。

1. 在组织体育活动过程中，无违反体育运动安全管理规定的行为，未发生安全生产事件和事故或及时发现事故征兆，采取果断措施避免事故发生的个人，部门内部进行口头表扬。

2. 如出现安全责任事故，在事故抢险救护中表现突出或最大幅度地减小伤害事故的个人，除部门内部进行口头表扬外，在部门内部评奖评优或年终考核时作为考评依据之一。

3 对于在安全管理方面，表现突出对单位有重大贡献的个人，依据情节给予相应的物质奖励。

第二十三条 问责办法。

对于履职不到位或因此导致体育活动安全事故发生的，体育工作部将追究直接责任人和相关责任人的责任，追究责任时视事故情节、事故后果、责任大小，分别给予相应的处理。

1. 检查。责任人以书面形式对安全事故做出检查，包括事故原因、过程及整改措施。

2. 约谈。由体育安全管理小组组长对责任人进行谈话及诫勉教育，指出其存在问题，督促其整改，帮助其吸取教训。

3. 通报。以口头形式将责任人的履职情况或事故情况在体育部内予以公布。

4. 取消内部评奖评优。依据情节，严重者将取消体育部内部的评奖评优的资格。
5. 经学校认定为重大伤亡事故直接责任人的个人将按照学校安全管理相关规定进行处理。
6. 移送司法机关。构成违法犯罪的，将移交司法部门依法处理。

第八章　附则

第二十四条　本办法的解释权归体育工作部。
第二十五条　本办法自颁布之日起执行。

西南交通大学就业指导活动安全工作制度

（2018 年 12 月发布）

第一条　为加强校内就业指导活动的安全管理，防止人身伤害和财产损失等事故发生，确保就业指导活动安全、有序、顺利进行，依据《西南交通大学安全生产工作管理规定》《西南交通大学安全生产工作责任追究实施办法》以及党委保卫部、党委宣传部相关规定，以杜绝防范安全事故为指导原则，结合我校实际，制定本制度。

第二条　本制度规定所指就业指导活动是指招生就业处以及校内其他部门、二级单位，在校内主（承）办的讲座、比赛、会议等大型活动。

第三条　活动开展必须全面贯彻党的十九大、全国高校思想政治工作会议精神，有利于学校精神文明建设，有利于学生职业发展和全面成长，不得举办违背现行法律法规以及各种不文明、不健康的活动，不得影响学校的正常秩序和师生安全。

第四条　就业指导活动严格遵循“谁举办、谁负责”的原则。

（一）招生就业处组织举办的就业指导活动，招生就业处为活动安全工作第一责任单位，负责制定活动安全工作方案和紧急预案，上报学校保卫处，并组织实施；

（二）其他部门和二级单位举办的就业指导活动，举办单位为活动安全工作第一责任单位，单位的主要负责人是活动安全工作的第一责任人，对所举办的活动安全全面负责。

第五条　就业指导活动上报制度

（一）大型就业指导活动（校内参加人员 500 人以上，校外参加人员 100 人以上）举办前需向保卫处报告，参加人数较多情况下，需向保卫处申请配备安保人员；

（二）校外人员进校举办讲座，需严格审查讲座内容活动，并在举办前向学校文科处和宣传部等相关部门申报和备案。

第六条　就业指导活动突发情况处理

如遇突发事件，举办单位应积极组织人力果断处置，必要时尽快争取学校保卫人员和地方公安人员协助，控制事态发展，消除事件不良影响。因主（承）办方组织不力，活动中发生安全事故的，由相关部门依照国家有关法律法规和学校的相关规定予以处理。

（一）如有可疑人员出现、打架斗殴等，在确保老师和学生安全的情况下，及时上报保卫处，联系保卫处干警处理；

（二）如发现危险物品，应及时隔离，避免人员受伤，并及时联系消防队员处理；

第七条　参加就业指导活动的人员应当遵守下列规定：

（一）自觉遵守活动场所的规章制度，服从工作人员的指挥和管理，有秩序地入场退场；

（二）严禁携带易燃易爆危险物品、管制刀具和其他妨害公共安全的物品进入活动现场；

（三）严禁在禁烟禁火部位吸烟或私自动用明火。

第八条　本规定由招生就业处负责解释，自公布之日起施行。

西南交通大学校园招聘安全工作制度

（2018 年 12 月发布）

为了保证参加校园招聘会用人单位以及广大毕业生人身安全，防范重大事故的发生，保证校园招聘顺利进行，结合学校实际，特制定本制度。

一、日常安全巡查及隐患排除制度

（一）对外联络科各位老师应每周巡查一次场地，及时发现隐患，并上报学校，及时处理。

（二）学生助理应在每天校园招聘会结束后，巡查一次场地，及时发现隐患并上报老师及时处理。

（三）学生助理应参加用人单位招聘宣讲，发现用人单位宣讲中含有反党反社会言论、宗教宣传言论、夸大宣传等方面内容，应及时上报老师及时处理。

（四）学生助理在每天招聘会结束后，应检查房间门窗是否关闭、房间内电源及设备是否关闭。

（五）对外联络科各位老师应每月检查招聘场地消防设施是否能够正常使用，如发现消防设施坏旧，及时上报保卫处补充。

二、校园招聘安全工作行为规范

（一）禁止在机房、库房内吸烟、丢掷烟头以及其他明火；禁止在各房间内放置易燃易爆物品。如发现有上述现象应及时制止，并提出严肃批评。

（二）及时清理各房间内存放杂物，避免出现安全事故。

（三）如发现场地内有 10 人以上集会、可疑人员出现、打架斗殴等，在确保用人单位工作人员和学生安全的情况下，及时上报保卫处，联系保卫处干警处理。

（四）发现马蜂窝等危险物品存在时，应及时隔离，避免人员受伤，并及时联系消防队员处理。

（五）张贴海报以及摆放桁架，严禁占用消防通道，并严格按照保卫处要求履行审批手续。

（六）审核用人单位招聘信息时应查看用人单位组织机构代码证扫描件，并严禁发布含有就业歧视性内容与反党反国家、反社会言论以及含有宗教宣传内容的招聘信息。

（七）大型招聘会应在举办前及时向学校保卫处申报，并申请配备干警以应付突发事件。

（八）大型招聘会举办期间应配备医生并做好相应准备以应付突发事件。

（九）发现有受伤者应及时送医救治。

信息网络安全

西南交通大学网络与信息安全管理办法（试行）

（2017 年 7 月 4 日发布）

第一章　总则

第一条　为加强西南交通大学网络与信息安全管理，提高学校信息网络安全防护能力和水平，为全校师生员工和社会公众提供安全、可靠、稳定的网络服务和信息服务，保障学校各项事业健康有序发展，根据《中华人民共和国网络安全法》（中华人民共和国主席令第五十三号）、《中华人民共和国计算机信息系统安全保护条例》等国家法律法规，按照《教育部关于加强教育行业网络与信息安全工作的指导意见》（教技〔2014〕4 号）、《教育部 公安部关于全面推进教育行业信息安全等级保护工作的通知》（教技〔2015〕2 号）等文件精神和具体要求，结合我校实际，制定本办法。

第二条　西南交通大学校园网是指由西南交通大学投资或引入社会资金建设，为我校教学、科研、管理、生活服务的学术性、公益性的计算机网络，包含校园有线网络、无线网络和各种虚拟专网，其服务对象是我校的教学、科研和管理机构、全校师生员工以及其他经学校授权的单位及个人。校园网范围包括犀浦校区、九里校区和峨眉校区区域内，与西南交通大学核心网络互联并接受西南交通大学网络地址统一管理的网络。

第三条　网络与信息安全是指校园网络硬件设施、各类信息系统（含网站）及其承载的信息内容受到保护。不因偶然或恶意的原因导致信息数据被攻击、泄露、更改、破坏、未经授权访问和使用，网络服务不中断，信息系统（含网站）连续、可靠、正常地运行，保证信息内容的机密性、完整性、可用性、可控性和不可否认性。

第四条　本办法所指学校各单位包括各机关部、处、室，学院、系，直属单位以及有关科研机构。

第五条　信息安全等级保护制度是国家提高信息安全保障能力和水平，维护国家安全、社会稳定和公共利益，保障和促进信息化建设健康发展的一项基本制度。学校按照同步规划、同步建设、同步运行的原则，规划、设计、建设、运行、管理网络与信息安全设施，建立健全网络与信息安全防护体系，全面实施信息系统安全（含网站）等级保护制度。

第六条　未经批准，任何单位或个人不得将校园网延伸至校外或将校外网络引入至校园内，不得利用校园网危害国家安全、泄露国家秘密，不得侵犯国家、社会、集体利益和个人的合法权益，不得从事违法犯罪活动。未经批准，任何数据业务运营商或代理商不得擅自进入西南交通大学校园内进行工程施工，开展互联网业务。

第七条　本办法将根据国家相关法律法规、学校的方针政策变化做出相应调整。

第二章　组织机构

第八条　学校按照教育部网络与信息安全工作“分级管理、逐级负责”的指导原则，建立西南交通大学网络与信息安全管理组织体系，明确岗位职责。学校各单位按照“谁主管谁负责、谁运维谁负责、谁使用谁负责”的原则切实落实网络与信息安全义务和责任。

第九条　西南交通大学网络与信息安全组织机构和职责、网络与信息安全人员工作职责由《西南交通大学网络与信息安全组织机构和人员管理办法》另行规定。

第三章　网络通信基础设施环境安全

第十条　网络通信基础设施指网络安全运行所需的各种设施，主要包括校园网、信息机房、服务器及网络存储等，以及相关的运维管理系统。基础设施安全可靠运行是保障学校网络与信息安全的基础。

第十一条　校园网基础设施是构建校园网和校园网运行所需的相关设施，包括弱电管道、弱电间、综合布线、网络设备等，其安全管理由《西南交通大学校园网基础设施管理办法》另行规定。

第十二条　信息机房是集中存放信息处理硬件设施的空间，包括学校的网络通信机房、数据中心机房、公共机房等各种专用机房，其安全管理由《西南交通大学信息系统机房安全管理办法》另行规定。

第十三条　校园网既是用户使用互联网的基础条件，又是依托网络运行的信息系统的基础条件。校园网管理包括校园网运维管理、网络资源与服务管理、非涉密网络保密管理等。校园网安全管理由《西南交通大学校园网安全管理办法》另行规定。

第四章　信息系统和校园网站安全

第十四条　信息系统指处理业务信息的软件及其相关的和配套的设备与设施（含网络）。信息系统安全是指保障信息系统的可用性、完整性、机密性，其管理由《西南交通大学信息系统安全管理办法》另行规定。

第十五条　校园网站指网站域名对应IP地址为西南交通大学校园网IP范围的所有网站以及域名后缀为swjtu.edu.cn和swjtu.cn的网站，包括西南交通大学及其所属单位以学校名义使用校外域名的网站以及使用学校域名的校外 IP。学校任何单位和个人依托校园网建设网站提供网络信息发布服务，均须遵照《西南交通大学校园网站安全管理办法》执行。

第十六条　信息系统和校园网站的生命周期可分为建设、运行、终止三个阶段，必须符合《信息安全等级保护管理办法》（公通字〔2007〕43 号）及相关信息安全技术标准规范，学校和各单位需要根据实际情况制定各个阶段相应的安全管理办法以确保信息系统和网站的安全。

第十七条　任何单位和个人在建设和使用信息系统和校园网站时，应当遵守《中华人民共和国网络安全法》（中华人民共和国主席令第五十三号）等国家法律法规，并依法负有法律义务和责任。

第十八条　任何单位及个人不得利用信息系统和校园网站制作、复制、查阅和传播涉密信息和《中华人民共和国互联网信息服务管理办法》(国务院令第 292 号)所禁止的有害信息。

第十九条　任何单位及个人应尊重和保护知识产权和版权，不得进行任何形式的网上侵权活动。

第二十条　规范信息技术外包服务管理。学校及各单位须与信息技术外包服务提供商签订网络与信息安全保密协议，或在服务合同中明确网络与信息安全保密责任，并且在外包服务过程中不得将自己的数据提交给境外机构。

第二十一条　加强网络与信息安全应急管理。学校及各单位须制定网络与信息安全应急预案，明确应急处置流程和权限，组建应急处置技术支撑队伍，配备必要的备机、备件等应急物资，并定期开展安全应急演练，提高应对和处置网络与信息安全突发事件的能力。

第二十二条　为保障学校及各单位信息系统和网站的安全运行，信息化与网络管理处须研究制定网络信息安全技术防护方案，推动软件正版化和优先采用具有自主知识产权和自有核心技术的软硬件产品，通过提供标准的计算机机房、安全的虚拟服务器、统一的站群平台和信息化平台、高速的网络接入环境、可靠的信息安全保护设备等一系列措施，提供可信、可控、可查的信息系统和网站运行环境。

第五章　数据中心管理

第二十三条　数据中心主要包括支撑学校信息系统的物理环境、软硬件设备设施、云计算平台、学校中心数据库（其中包含基础数据库）、数据共享交换平台、统一身份认证平台及统一信息门户等信息化基础设施和平台。信息化与网络管理处负责数据中心的建设、运行、维护和管理。

第二十四条　信息化与网络管理处负责数据中心物理环境、软硬件设备设施和云计算平台的建设和安全管理；根据信息系统安全等级的不同，对数据中心进行分区、分域管理，采取必要的技术措施对不同等级分区进行防护、对不同安全域之间实施访问控制。

第二十五条　信息化与网络管理处负责学校中心数据库、数据共享交换平台的建设和安全管理，负责基础数据库与各单位业务数据库之间完成数据交换和共享。各单位负责建设、维护本单位业务应用系统所配套的业务数据库，并对本单位业务数据库及所申请的共享数据的安全负责。

第二十六条　原则上，学校各单位应依托学校数据中心开展信息系统建设。需使用校外数据中心的，须报信息化管理办公室审批。涉及学校基础数据、师生员工个人信息或敏感信息的信息系统，不得部署在校外数据中心。未经批准，严禁使用境外数据中心。

第二十七条　信息化与网络管理处对学校数据中心的使用实施准入管理，负责制定使用数据中心的技术规范和标准，符合技术规范标准并检测通过的系统方可上线运行。

第二十八条　数据中心的使用单位应遵循数据中心相关管理制度和技术标准，按需申请、有序使用，不得利用数据中心资源从事任何与申请项目无关或危害信息技术安全的活动，其管理由《西南交通大学数据中心资源使用管理办法》另行规定。

第六章　安全监督

第二十九条　任何单位及个人出现或发现网络与信息安全事故时，应按照《西南交通大学网络与信息安全事件应急预案》所规定的流程，第一时间报告信息化与网络管理处，根据安全事件的级别进行相应处置；同时，根据网络与信息安全事故类型，向学校保卫处报告网络违法犯罪行为，向学校宣传部报告有害信息发布行为，向学校保密办报告国家与学校秘密泄露行为。

第三十条　任何单位及个人应当接受并配合国家有关安全部门依法进行的监督检查。

第三十一条　学校各单位、各安全岗位人员应当遵照《西南交通大学网络与信息安全组织机构和人员管理办法》中的有关规定履行网络与信息安全监督职责。

第三十二条　信息化与网络管理处定期组织开展对学校及各单位主办的信息系统和网站进行恶意代码、安全漏洞等技术检测，并形成工作台账提交安全生产工作领导小组办公室，对存在高安全风险的信息系统和网站下达限期整改通知书，责令有关单位限期完成安全整改，并在整改完成后进行安全复查。

第三十三条　在紧急情况下，信息化与网络管理处可以采取特别技术措施以维护校园网的网络信息安全。

第七章　安全教育培训

第三十四条　学校及各单位须制定网络与信息安全教育培训规划，组织开展形式多样、针对性强的全员安全教育，不定期举办面向全员的普及性安全培训，提高全校师生员工的网络信息安全与防范意识。

第三十五条　为提升管理和技术人员的安全管理水平和安全防范能力，学校及各单位每年须定期举办网络信息安全管理人员和技术人员专业培训。

第八章　罚则

第三十六条　对各单位所主办的信息系统和网站在学校下达限期整改通知书后，整改不力的单位，学校将给予通报批评。

第三十七条　对所主办网站监管不力造成有害信息传播或秘密信息泄露的单位，学校将给予通报批评，情节严重的追究单位负责人的领导责任。

第三十八条　任何单位或个人利用网络从事危害国家安全、泄露国家秘密等活动，违反国家法律的，依法交由相关国家机关，依照有关法律法规予以处罚。

第三十九条　对于其他违反本管理办法的个人行为，学生由学生工作部按《西南交通大学学生违纪处分条例》的相关规定进行处理；教工由人事处按《西南交通大学教职工处分规定》的相关规定进行处理。

第四十条　对于其他违反本管理办法的单位行为，由学校网络安全和信息化领导小组按相关规定进行处理。

第九章　附则

第四十一条　涉及国家秘密的信息系统，执行国家保密工作的相关规定和标准，由学校保密办公室监督指导。

第四十二条　本办法经 2017 年 6 月 26 日第八次校长办公会讨论通过，自公布之日起实施，由西南交通大学信息化与网络管理处负责解释。

第四十三条　原有规定与本办法不一致的，以本办法为准。

西南交通大学网络与信息安全组织机构和人员管理办法

（2017年7月4日发布）

第一章　总则

第一条　为加强西南交通大学网络与信息安全管理，建立健全网络与信息安全责任体系，明确网络与信息安全工作职责，学校按照教育部网络与信息安全工作“分级管理、逐级负责”的指导原则，建立西南交通大学网络与信息安全管理组织体系，明确岗位职责。学校各单位按照“谁主管谁负责、谁运维谁负责、谁使用谁负责”的原则切实落实网络与信息安全义务和责任。

第二条　西南交通大学网络与信息安全组织机构和职责的设定依据为《教育部关于加强教育行业网络与信息安全工作的指导意见》（教技〔2014〕4号）、《西南交通大学关于调整“网络安全和信息化领导小组”和“信息化建设领导小组”的通知》（西交校人〔2017〕5号）等文件。

第三条　网络与信息安全人员包括校内从事网络与信息安全活动的各级责任人和安全员。学校任何组织和个人在网络与信息安全活动中都依据《中华人民共和国网络安全法》（中华人民共和国主席令第五十三号）负有相关法律责任。

第二章　组织机构及职责

第四条　西南交通大学网络安全和信息化领导小组是学校网络与信息安全工作的决策机构，负责学校网络与信息安全工作的政策制定、统筹部署与监督检查。学校主要负责人是学校网络与信息安全的第一责任人。领导小组的主要职责为：

（一）统筹、协调、决策学校网络与信息安全重大事项；

（二）研究制定学校网络与信息安全总体规划；

（三）制定学校网络与信息安全管理制度和标准，督促和检查各单位贯彻落实网络与信息安全的法律法规和管理制度；

（四）审议学校网络与信息安全重大建设项目的立项和实施；

（五）领导并监督学校网络与信息安全建设工作，协调责任分工，督导各单位完成网络与信息安全建设相关工作；

（六）研究处置重大网络与信息安全事件；

（七）定期召开会议，研究学校网络与信息安全工作。

第五条　西南交通大学网络安全和信息化领导小组办公室设在信息化与网络管理处，信息化与网络管理处作为学校网络与信息安全的日常管理部门和执行机构，负责组织、协调、指导、监督各单位开展网络与信息安全管理工作，同时作为学校网络与信息安全技术支撑单位，负责学校网络与信息安全防护体系的建设、运行维护、技术指导和服务支持。其主要职责为：

（一）组织落实学校网络安全和信息化领导小组的决议和部署，协助督导各单位开展网络与信息安全建设和管理工作；

（二）研究制定学校网络与信息安全标准规范、政策法规、规章制度；

（三）牵头制订学校网络与信息安全工作规划，组织、协调、推进学校网络与信息安全体系建设工作；

（四）统筹管理学校网络与信息安全建设经费；

（五）审核、监督、验收各单位网络与信息安全建设项目；

（六）为校园网提供安全技术防护，定期开展校园网的网络与信息安全检查，指导、协助各单位开展网络与信息安全建设和整改工作等；

（七）组织实施信息安全等级保护工作；

（八）响应与处置校内网络与信息安全事件，组织开展网络与信息安全事件调查；

（九）开展网络与信息安全宣传和培训工作，负责对学校各级网络与信息安全人员进行业务指导。

第六条　学校各单位对本单位网络安全与信息化工作负主体责任。各单位主要负责人是本单位网络与信息安全的第一责任人，各单位根据需要至少设立一名专（兼）职的网络与信息安全员。其主要职责为：

（一）具体负责本单位网络与信息安全管理工作，配合学校开展网络与信息安全建设、检查和整改工作；

（二）落实学校网络与信息安全管理制度，制定本单位相关管理制度和工作规范；

（三）负责本单位业务服务器、信息系统（含网站）的安全监管；

（四）做好本单位网络信息发布内容的审核和监控；

（五）配合学校处理网络与信息安全事件，积极协助有关部门开展安全调查取证工作等。

第三章　安全人员任职要求

第七条　网络与信息安全人员必须政治可靠、业务素质高、遵纪守法、恪尽职守、技术过硬。违反国家法律法规和行业规章以及受过处罚的人员，不得从事网络与信息安全管理与相关技术工作。

第八条　网络与信息安全人员应严格遵守国家有关法律法规和学校有关规章制度，必须对在履行职责中知悉的个人信息、隐私和学校秘密严格保密，不得泄露、出售或者非法向他人提供。关键岗位的计算机使用和管理人员应签订信息安全与保密协议，明确信息安全与保密要求和责任。

第九条　学校网络与信息安全人员由信息化与网络管理处备案管理，网络与信息安全人员的任职、调动、离岗等应履行相关手续和备案（附件7），应承诺其保密义务。

第四章　信息化与网络管理处安全人员岗位职责

第十条　信息化与网络管理处的网络与信息安全员负责学校整体网络与信息安全的运行维护和技术支持，指导并协助各单位开展网络与信息安全建设和整改工作等。应履行以下职责：

（一）负责学校网络与信息安全技术支持工作，监控全校网络与信息安全总体状况，定期开展校园网的网络与信息安全检查，指导、协助各单位开展网络与信息安全建设和整改工作等；

（二）负责学校信息系统（含网站）和数据库的安全正常运行，数据有备份、可恢复，严格管理用户访问权限，对系统操作的其他人员予以安全监督；

（三）负责学校网络的安全正常运行，实施网络安全策略和安全运行细则，严格控制网络用户访问权限，对操作网络管理功能的其他人员进行安全监督；

（四）负责维护和审查学校有关安全审计记录，及时发现存在问题，提出安全风险防范对策；

（五）响应与处置校内网络与信息安全事件，组织开展网络与信息安全事件调查；

（六）组织实施信息安全等级保护工作；

（七）组织开展全校网络与信息安全知识的培训和宣传工作；

（八）按照上级单位和学校要求落实学校网络与信息安全工作。

第五章　校内各单位安全人员岗位职责

第十一条　各单位网络与信息安全第一责任人全面负责本单位的网络与信息安全工作，承担本单位安全事故管理责任。应履行以下职责：

（一）负责建立健全本单位的网络与信息安全责任制度，明确岗位及人员的安全责任；

（二）制定本单位的网络与信息安全应急预案，处理网络与信息安全事件；

（三）指导和监督本单位信息系统（含网站）的建设、运行和维护；

（四）规范信息发布流程，确保单位网站和信息系统信息发布合规合法，防止有害信息传播和涉密信息泄露；

（五）开展本单位网络与信息安全知识的培训和宣传工作；

（六）按照学校要求落实本单位的各项网络与信息安全管理工作。

第十二条　网络与信息安全员负责本单位网络与信息安全的日常管理工作，应履行以下职责：

（一）负责本单位网络与信息安全技术支持工作，及时发现存在的问题，落实安全风险防范对策；

（二）负责本单位信息系统（含网站）的安全正常运行，数据有备份、可恢复，严格管理用户访问权限，对系统操作的其他人员予以安全监督；

（三）发现网络违法犯罪行为、有害信息以及国家秘密与学校工作秘密泄露的情况，应当保留有关原始记录，并立即向信息安全第一责任人和信息化与网络管理处报告，协助信息安全第一责任人做好调查取证、落实整改等安全事件处理工作；

（四）监控本单位网络与信息安全总体状况，配合学校开展网络与信息安全检查工作。

第十三条　网络与信息安全员在行使安全防控职责时，如确因工作需要，经批准，可了解相关信息系统（含网站）的重要信息。

第十四条　网络与信息安全员如发现本单位存在或发生网络与信息安全隐患，有责任向单位信息安全第一责任人和信息化与网络管理处报告。

第六章　附则

第十五条　本办法经 2017 年 6 月 26 日第八次校长办公会讨论通过，自公布之日起实施，由西南交通大学信息化与网络管理处负责解释。

西南交通大学远程与继续教育学院学习讨论区管理办法

（2018 年 12 月发布）

为促进学院课程讨论区的健康发展，促进学生与老师交流，严肃学生发帖纪律，保障课程讨论区良好的学习氛围，根据《高等学校计算机网络电子公告服务管理规定》（教社政〔2001〕10 号，2001 年 11 月 21 日）、《互联网信息服务管理办法》（中华人民共和国国务院令第 292 号）、《西南交通大学网络教育学生课程平时成绩考核办法》（西交校网院〔2012〕10 号）及其他相关规定，制定本办法。

第一章　总则

第一条　本办法适用于所有使用学习讨论区的用户。

第二条　学习讨论区采用实名制管理，仅对学院师生开放，旨在为师生提供一个基于课程导学、课程辅导、课程疑问解答的互动平台，为同学之间提供一个探讨学习、交流经验的虚拟社区。

第二章　权利与义务

第三条　学习讨论区用户权利及义务包括：

严禁违反宪法确定的基本原则。

严禁危害国家安全、泄露国家秘密、颠覆国家政权、破坏国家统一。

严禁损害国家荣誉和利益。

严禁煽动民族仇恨、民族歧视、破坏民族团结。

严禁破坏国家宗教政策，宣扬邪教和封建迷信。

严禁散布谣言、扰乱社会秩序、破坏社会稳定。

严禁散布淫秽、色情、赌博、暴力、恐怖或者教唆犯罪。

严禁侮辱或者诽谤他人，侵害他人合法权益。

严禁煽动非法集会、结社、游行、示威、聚众扰乱社会秩序。

严禁以非法民间组织名义活动。

严禁含有法律、行政法规禁止的其他内容。

严禁发布可能会妨害第三方权益的文件或者信息，例如（包括但不限于）：病毒代码、黑客程序、软件破解注册信息。

严禁抄袭及剽窃他人作品，禁止转载或引用涉及版权问题的文章。

禁止发布广告。

严禁发表与讨论区宗旨无关主题、与主题无关回复、上传与内容无关图片。

严禁一帖多发、刷版（帖）等恶意灌水行为。

严禁发布破坏讨论区公共秩序及侵害讨论区利益的其他内容。

讨论区发帖仅限与学习有关的实质性内容，包括课程范围内的提问、课程作业的疑问、课程知识点的探讨，否则视为无效帖。

讨论区发帖时需注意参考其他学员所提问题，不要重复提问，不得直接复制答疑老师回复的解答作为自己的回帖，否则将视为无效帖或做删除处理。 答疑老师的导学帖中难以理解的内容，可具体指出但不得复制导学帖文字；严禁在答疑老师发表的导学帖及其他学员的疑问帖中发表无内容及无意义的回复，否则将视为无效帖或做删除处理。

讨论区发帖内容如与课程学习内容无关，设置为事务帖，事务帖不计入考核成绩。

第三章　管理员与版主

第四条　学院教学部负责学习讨论区的管理与运行，对学习讨论区的有序运行起主导作用。

第五条　学院聘请课程辅导答疑老师作为学习讨论区的版主，负责各自所辅导课程的课程导学、课程辅导、课程疑问解答和信息安全管理工作。

第六条　管理员与版主的权利：

对于违反学习讨论区规定，带来不良影响的发帖，管理员与版主可直接删除，以保证讨论区的正常秩序。

第七条　管理员与版主的义务：

管理员与版主须对自己的言论负责。

管理员与版主须严格履行讨论区管理办法中所规定的管理员与版主职责。

版主负责版内信息监控，发现不良发帖应及时处理，如有涉及意识形态的发帖应及时汇报学院管理人员。版主应按照《西南交通大学网络教育学院辅导教师聘请及管理办法（试行）》（西交校网院〔2011〕4 号）认真履行辅导教师工作职责。

管理员每学期对版主进行管理和考核，并按规定支付薪酬。

第四章　处罚规则

第八条　利用讨论区资源从事非法商业活动的，管理员、版主有权进行阻止，对其关闭部分或全部权限。

第九条　违反言论规则的，管理员、版主有权直接删除其违规的言论，并视违法情节和危害结果，对其关闭部分或全部权限。

第十条　利用讨论区 Bug 进行任何活动的，将视情节和危害结果，对其关闭部分或全部权限。

第十一条　以下类型帖子视为无效帖（不计分）：直接转发辅导教师及他人的帖子；与课程无关的帖子；表情帖；无内涵与实际内容的帖子；重复发帖、灌水帖；同一门课程同一时间连续发送超过 3 帖。

第十二条　学习讨论区得分规则。核心课程：在课程讨论区有效发帖提问一次或回复其他人的问题 1 次，计 1 分；在课程讨论区浏览 20 次，计 1 分，不满 20 次的不计分，在课程讨论区恶意发帖、回帖和灌水帖将被删除，删除一帖倒扣 1 分；点击课件得分和发帖、回帖得分并存，不区分板块，两者累计得分上限为 5 分，下限为 0 分。 非核心课程：在课程讨论区有效的发帖提问一次或回复其他人的问题一次，计 4 分；在课程讨论区浏览 20 次，计 4 分，不满 20 次的不计分；在课程讨论区恶意发帖、回帖和灌水帖将被删除，删除一帖倒扣 4 分；点击课件得分和发帖、回帖得分并存，不区分板块，两者累计得分上限为 20 分，下限为 0 分。发帖、回帖有效性的判定由远程与继续教育学院教学部负责解释。

第十三条　讨论区系统记录可以作为用户违反法律的电子信息证据提交司法机关。

第五章　附则

第十四条　本办法由远程与继续教育学院负责解释，其他规定与本办法相悖之处，按照本办法执行。

第十五条　本办法从 2019 年 1 月 1 日起执行。

西南交通大学校园网基础设施管理办法

（2017 年 7 月 4 日发布）

第一章　总则

第一条　为保障校园网安全畅通，保障教学、科研、管理、生活的网络服务质量，推动学校信息化发展，根据《中华人民共和国电信条例》等国家法律法规，结合学校实际情况，特制定本办法。

第二条　本办法所称校园网基础设施是指学校校园建筑红线范围内，由学校投资建设的弱电管网（包括管道、通信线缆、光、电缆线等）、弱电间、机房等校园网基础设施以及由电信运营商投资建设的弱电管网、传输线路、通信机房等通信基础设施。

第三条　信息化与网络管理处对全校校园网基础设施实行统筹规划、统一建设和统一管理，根据国家有关规定与电信运营商协商，确定电信基础设施建设的内容及方式，确保电信运营商在校园内进行适度建设，避免电信基础设施与校园网基础设施产生资源冲突，避免重复建设或浪费。

第二章　校园网基础设施的共建共享

第四条　校园网基础设施实施集约化构建原则，具备共建、共享条件的，必须进行共建共享。

第五条　电信运营商因学校师生电信业务服务需要，要在校园范围内建设传输线路、通信机房等电信基础设施的，必须向信息化与网络管理处提交需求报告及设计方案，由信息化与网络管理处会同有关部门进行技术论证和审核，并由学校相关部门落实相关场所、签订租赁合同后方可进行施工建设。

第六条　已有资源具备共建、共享条件的，电信运营商应按照信息化与网络管理处的要求进行使用。校园电信基础设施建成后，由信息化与网络管理处组织验收，验收合格后方可投入使用。

第三章　弱电管网的建设和管理

第七条　校内外任何单位或个人不得擅自在校内建设弱电管网。如确实需要自行建设，需及时向信息化与网络管理处申报，经审批同意后方可按照相关规定进行建设。

第八条　任何单位或个人使用学校弱电管网须向信息化与网络管理处提出书面申请，经批准后方可按照相关规定使用指定的管网资源。

第九条　学校的弱电管网属于学校资产，校外单位如有需求应有偿使用。校外单位如需使用学校弱电管网等资源，须向信息化与网络管理处提出书面申请，并报资产与实验室管理处备案，经批准后签订使用协议。

第十条　弱电管网使用的审批流程：

校内需使用学校弱电管网（线）的单位或个人，需向信息化与网络管理处提出书面申请，提交设计方案、施工方案等材料，经审核批准后方可使用。

第十一条　弱电管网周边的施工管理：

（一）学校弱电管网的施工须遵循施工规范，接受信息化与网络管理处的指导和监督，不得影响学校已有的通信系统，不得破坏校园环境。

（二）经许可的单位或个人在线路施工时，须遵照审核的施工方案，科学施工和管理，不得擅自占用未经许可的弱电管网资源。

（三）工程竣工后，按信息化与网络管理处的要求，由牵头建设单位提交竣工材料（包括设计文件、管线路由管孔图、竣工验收报告、工程竣工文件、竣工图纸等及电子版），经信息化与网络管理处验收合格后方可使用。

第十二条　需要临时占用学校弱电管网部署线路、设备的单位或个人，除按规定进行审批和施工外，在工程结束时，应拆除临时设施并恢复原状，经相关部门验收合格后方可完工。

第十三条　未经许可擅自使用学校弱电管网的单位或个人，信息化与网络管理处有权责令其将铺设的线路及安装的相关设施拆除，并追究其造成的损失。

第十四条　对于学校中不符合技术规范（附件 8）的弱电管网（线），涉及部门需配合信息化与网络管理处进行整改，达到要求后才能投入使用。

第四章　弱电管网的使用

第十五条　对学校弱电管网资源禁止有以下行为：

（一）拆除、损坏、改变性质、用途。

（二）擅自在弱电管网安全保护范围内开挖沟渠、挖坑取土、打桩、顶进作业。

（三）擅自在弱电管网内安置无关线路。

（四）破坏或去除弱电管网标识和标志。

（五）未经许可利用学校弱电管网进行宣传、商业等活动。

（六）其他损害、侵占学校弱电管网及其附属设施的行为。

第十六条　信息化与网络管理处安排专人对弱电管网资源进行日常检查和维护，确保其使用状态良好。对于造成毁坏的任何单位或个人，追究其责任。

第十七条　凡有可能涉及弱电管网的校园建设（如修路、绿化、管道开挖、市政建设等）工程，施工前应向信息化与网络管理处进行书面申报并做好相应的防范措施，以免造成损坏。

第十八条　强电线路严禁使用弱电管网。

第五章　弱电间的管理

第十九条　弱电间是楼宇中各楼层弱电系统的布线集中汇聚的场所，安装有配线设备、网络设备，校园内弱电间仅由信息化与网络管理处管理和使用，任何单位或个人不得挪作他用。

第二十条　弱电间钥匙由专人保管，严禁随意转借，遗失应及时声明。

第二十一条　弱电间管理人员应定期检查设备运转是否正常，供电情况和线缆连接是否松脱等；离开时必须关灯锁门。

第二十二条　任何单位或个人未经授权不得进入弱电间，更不能擅自操作弱电间内任何设备。

第二十三条　弱电间禁止放置易燃、易爆、腐蚀、强磁性的物品，禁止堆放杂物。

第二十四条　弱电间管理须做到防静电、防火、防潮、防尘、防热。

第二十五条　禁止将弱电间内的电源引出挪作他用，确保设备用电安全。

第二十六条　非管理人员进入弱电间必须经信息化与网络管理处批准，弱电间管理人员必须全程陪同，并做好登记工作。

第六章　机房管理

第二十七条　机房的管理按照《西南交通大学信息系统机房安全管理办法》执行。

第二十八条　为便于维护管理，信息化与网络管理处保存完整的校园网基础设施使用档案，并及时更新。

第二十九条　凡涉及施工的工程资料，相关部门须到信息化与网络管理处建档备案。

第三十条　凡违反本办法规定的，学校将视其情节轻重予以相应处罚：

（一）赔偿损失：违反本规定，对校园网基础设施造成危害、损害、破坏的，涉事人应将设施恢复原状，并赔偿学校直接和间接经济损失。

（二）强行拆除违章设施：对违反本规定，在涉及校园网基础设施安全范围内设置的设施，学校将予以强行拆除，并追究相关人员的责任。

（三）责令限期改正：对违反本规定，尚未损害校园网基础设施的，责令限期整改。

第七章　附则

第三十一条　本办法经 2017 年 6 月 26 日第八次校长办公会讨论通过，自公布之日起实施，由西南交通大学信息化与网络管理处负责解释。

西南交通大学信息系统机房安全管理办法

（2017 年 7 月 4 日发布）

第一章　总则

第一条　为加强西南交通大学信息网络安全保障能力，规范信息系统机房和相关设施的安全管理，依据国家有关法律法规及上级主管单位有关规章制度，特制定本办法。

第二条　信息系统机房主要指支撑学校信息系统运行的标准化机房，配置了专用电源、精密空调、防雷、消防等设施，主要放置网络、计算、存储等电子信息设备。

第三条　校内所有新建、改造、迁移、拆除信息系统机房必须满足国家信息系统机房的相关规范和本管理办法，信息化与网络管理处负责校内信息系统机房的监督和技术指导。

第四条　信息系统机房管理按照“谁建设、谁管理、谁负责”的原则，明确安全责任，落实安全责任人，制定安全措施。

第二章　环境安全

第五条　信息系统机房基础设施应根据机房所属等级严格按照《电子信息系统机房设计规范》（GB 50174-2008）进行设计施工。

第六条　信息系统机房需根据机房等级采用相应的环境监控及管理机制，保持监控设施良好运行。

第七条　信息系统机房需对供电线路的负载能力、负载情况进行监控，及时调节，避免局部线路负载过高。

第八条　信息系统机房需根据机房等级保证充足的制冷量，并为重要区域备份制冷设备。

第九条　信息系统机房必须配备防雷、消防、不间断电源（UPS）、空调、视频监控等设备，并定期巡检，发现隐患及时消除。

第十条　信息系统机房需制定和完善应急预案，包含停电、消防预案，并有计划地进行演练。

第十一条　非工作期间，机房应关好门窗，关闭不用的设备设施，防火防盗。

第三章　设备安全

第十二条　明确信息系统机房设备进场、维护、使用、标识、报废、撤离等各个环节的具体流程及备案内容。

第十三条　定期清点信息系统机房设备及配件，并更新设备相关信息。

第十四条　定期对信息系统机房设备设施进行巡检，及时发现并处理隐患。

第十五条　严禁在信息系统机房内私接电源、私拉线路，严禁越权操作设备。

第十六条　信息系统机房内禁止使用与工作无关的电器。

第四章　信息安全

第十七条　信息系统机房通过校园网出口接入互联网，不得以任何形式私设其他出口。

第十八条　信息系统机房接入校园网需在信息化与网络管理处审批备案。

第十九条　当信息系统机房出现网络信息安全问题、网络安全隐患等特殊情况时，信息化与网络管理处有权对机房内设备实行紧急断网隔离处置。

第二十条　设备管理人员、维护人员需通过安全审计系统操作设备，并在工作结束后，及时清理现场，防止信息泄露。

第五章　人员安全

第二十一条　信息系统机房管理人员须具备相应的业务能力，并实现岗位备份。

第二十二条　信息系统机房管理人员须按时值岗，不得擅离职守。

第二十三条　严禁未经授权许可的人员进入机房，所有进出机房人员必须进行登记。非管理人员（如参观人员，维修人员等）进入机房，机房管理人员必须全程陪同。

第二十四条　信息系统机房设备操作人员均需做实名制认证，设备操作需要做好日志备案。

第二十五条　严禁携带与工作无关的物品，如饮料、食品等进入机房。

第六章　附则

第二十六条　本办法经 2017 年 6 月 26 日第八次校长办公会讨论通过，自公布之日起实施，由西南交通大学信息化与网络管理处负责解释。

西南交通大学校园网安全管理办法

（2017 年 7 月 4 日发布）

第一条　为加强西南交通大学校园网的管理，推进学校数字化校园建设，确保校园网络正常、安全运行，根据《中华人民共和国网络安全法》《中华人民共和国计算信息系统安全保护条例》等法律法规，结合学校实际，制定本管理办法。

第二条　本管理办法所称的校园网安全管理，是指由校园网络运维管理、网络资源与服务管理、非涉密网络保密管理等构成的安全管理。

第三条　本办法适用于接入西南交通大学校园网（包括两地三校区）的计算机信息网和使用校园网的机构、团体和个人。

第四条　信息化与网络管理处负责校园网络规划建设和安全管理工作，保障计算机网络设备、配套设施、机房环境、网络系统和信息系统等的安全。

第五条　校园网络出口由信息化与网络管理处统一建设和进行安全管理，任何单位或个人不得私自另建互联网出口。

第六条　西南交通大学校园网实行实名上网制度，在校师生凭有效身份证件办理入网账号。校外人员由于工作或学习需要有临时上网需求的，需由校内相关单位出具证明，并凭有效身份证件办理临时上网账号。校园网上网账户及密码安全由账户使用人负责，不得将本人使用的账户转让、租借给他人使用。

第七条　接入校园网的各单位和个人使用者必须自觉遵守国家有关法律和法规，不得使用网络从事危害公共安全、损害公众利益、侵害他人正当权益、窃取或泄露他人秘密以及散布、传播不良信息的活动。所有用户均对其使用网络的行为所产生的后果承担法律责任。

第八条　接入校园网的计算机、服务器、交换机等网络设备应当符合国家有关技术标准和使用规定。各种网络接入设备要切实做好防病毒技术措施，主机操作系统及时更新系统补丁。

第九条　禁止私拉乱接网络布线及私自安装、更换和拆除网络设备。如有特殊需要，须经过信息化与网络管理处进行技术评估和审批后方可实施。

第十条　学校网络出口带宽和基础网络为学校教学公共资源，为保障学校网络的正常运行，维护上网用户的正当权益，信息化与网络管理处将对上网行为进行实时监控，对不当使用网络的用户，信息化与网络管理处有权停止其使用网络。

第十一条　任何个人和单位不得在校内私自建立局域网。如果确有需要，必须落实安全保护技术措施，建设方案和管理方案报信息化与网络管理处审批通过后方可建设。

第十二条　各单位应规范无线路由器的管理，原则上不提供公共账号和密码的方式或无密码方式让公众接入网络。一旦出现通过无线路由器上网后在网络中发布不当言论造成不良影响，无线网络的架设者将承担全部责任。

第十三条　各部门安全责任人和安全员应在网络信息安全事件发生时，根据信息安全事件上报流程上报网络信息安全事件，及时解决突发事件和问题。

第十四条　本管理办法经 2017 年 6 月 26 日第八次校长办公会讨论通过，自公布之日起实施，由西南交通大学信息化与网络管理处负责解释。

西南交通大学信息系统安全管理办法

（2017 年 7 月 4 日发布）

第一章　总则

第一条　为进一步加强西南交通大学信息系统管理，确保各类信息应用系统稳定、安全、高效运行，根据国家、教育部及地方教育主管部门发布的政策文件和技术标准，结合西南交通大学信息系统运维管理的实际情况，特制定本办法。

第二条　本办法所指的信息系统与《中华人民共和国计算机信息系统安全保护条例》中的信息系统定义一致：由计算机及其相关的和配套的设备、设施（含网络）构成的，按照一定的应用目标和规则对信息进行采集、加工、存储、传输、检索等处理的人机系统，包括范围是：信息化公共基础服务、跨部门信息系统、业务部门管理信息系统、教学资源系统等。

第三条　各类信息系统运行期间须依据学校安排做好信息系统安全等级保护工作，包括安全等级变更备案与安全测评，不符合要求的须在指定期间内完成整改建设工作，使之持续具备与其安全等级相适应的信息安全防范能力。

第四条　学校信息系统管理的原则是"谁主管谁负责、谁运维谁负责、谁使用谁负责"，目标是建立健全信息系统管理组织体系和规范，促进学校各类信息系统安全运行，保障校园网安全和数据安全。

第二章　管理职责

第五条　信息化与网络管理处作为学校信息化建设归口管理部门，负责学校信息系统运维体系的总体规划、建设、监督和管理。

第六条　各单位负责对本单位的信息系统进行安全管理。各单位主要负责人是本单位信息系统安全的第一责任人，有信息系统的单位需指定专（兼）职人员作为信息系统管理员，负责本单位信息系统安全管理工作，并报信息化与网络管理处登记备案。

第七条　各单位针对信息系统管理应当建立并落实以下安全保护制度，规范信息系统使用者和维护者的操作行为。

（一）安全责任制度和安全培训制度；

（二）核实、登记并及时更新用户注册信息制度；

（三）信息发布审核、登记、保存、清除和备份制度；

（四）网络信息安全处置制度；

（五）违法案件报告和协助查处制度；
（六）国家和四川省规定的其他安全保护制度。

第三章　系统备案和安全等级保护

第八条　学校各单位新建信息系统时，须填写“西南交通大学网络信息服务备案申请表”（附件 9），签署“西南交通大学校园网络信息安全责任承诺书”（附件 10），报党委宣传部和信息化与网络管理处审批备案，并确定安全保护等级。

第九条　为保证对学校信息系统信息的监管，学校对各单位主办的信息系统执行年审制度。各单位每年度须填写“西南交通大学网络信息服务年审备案表”（附件 11），交党委宣传部和信息化与网络管理处审查备案，未备案或年审未通过的信息系统将暂停运行服务。

第十条　信息化与网络管理处负责统筹学校信息系统安全等级保护工作，组织学校各单位开展信息系统定级、系统备案、等级测评、建设整改，具体负责信息系统台账管理、等级评审、系统备案、监督检查工作。同时，信息化与网络管理处也是信息系统安全等级保护工作的技术支撑保障部门，负责信息技术安全防护体系建设和等级测评组织工作，参与监督检查工作，并指导、协助学校各单位进行系统定级、建设整改。

第十一条　按照“自主定级、自主保护”的原则，信息系统建设和使用单位是信息系统安全等级保护的责任主体，应当按照国家有关法律法规、标准规范以及《教育行业信息系统安全等级保护定级工作指南》（教技厅函〔2014〕74 号）要求，落实信息系统安全等级保护制度，建设符合该安全保护等级要求的信息安全设施。具体负责系统定级、建设整改、安全自查，协助系统备案、等级测评并接受有关部门监督检查。安全保护等级为二级以上的信息系统，须完成在公安部门的安全等级备案工作。

第四章　运维安全

第十二条　物理安全：

（一）信息系统主要运行设施应集中存放于指定的信息机房，严格按《西南交通大学信息系统机房安全管理办法》要求加强机房管理，保障信息系统运行环境物理安全。

（二）编制并保存与信息系统相关的设施清单，根据设施特点制定相应的日常巡查管理办法，通过巡查及时发现相关设施安全隐患并及时排除，保障信息系统相关设施安全运行。

（三）对信息系统相关存储介质进行控制和保护，对介质存放环境、使用、维护和销毁等制定具体安全管理要求，并对介质的归档和查询等进行登记记录。

第十三条　网络安全：

（一）保障系统运行的网络结构安全合理。保证关键网络设备的业务处理能力满足系统运行需要，保证接入网络和核心网络的带宽满足系统运行需要。

（二）确保系统具有合理的访问控制措施。在网络边界部署访问控制设备，启用访问控制功能。通过访问控制列表对系统资源实现允许或拒绝用户访问。

（三）保证系统所用网络设备得到有效防护。对登录网络设备的用户进行身份鉴别，登录密码符合安全要求的长度和复杂程度。当需要对网络设备进行远程管理时，应采取必要措施防止信息在网络传输过程中被截取。

第十四条　系统安全：

（一）信息系统相关的网络设备、服务器设备、网络操作系统、数据库管理系统在安装、调试完毕后，必须有准确无误的系统安装、配置文档，该文档由专人统一妥善保管。

（二）管理员在修改和调整以上设备和系统的配置参数后，要及时、准确地做好操作记录，并妥善保管。

（三）管理员应定期修改和更换以上设备和系统的系统口令和管理口令，并做好记录，妥善保管。

（四）管理员要经常检查设备和系统的漏洞，及时升级系统和安装补丁程序，消除系统和设备的潜在安全隐患。

第十五条　应用安全

（一）信息系统的设计、开发要确保系统的用户访问权限、账号和口令具有可管理性。管理员要确保用户权限分配合理，账号口令设置严密，并定期对账号、口令进行更改，以增加应用系统的安全性。

（二）管理员要定期对应用系统的管理员账号、用户账号进行检查，确保账号设置的有效性和唯一性，确保访问权限的资源分配合理、正确。

第十六条　数据安全：

（一）信息系统数据的所有者是数据安全管理的责任主体，应当落实管理和技术措施，规范数据的收集、存储、传输和使用，确保数据安全。

（二）信息系统数据收集应遵循“最少够用”原则，不得收集与信息系统业务服务无关的个人信息。按照“谁收集，谁负责”的原则，收集个人信息的单位是个人信息保护的责任主体，应当对其收集的个人信息严格保密，并建立健全相关保护制度。

（三）应根据数据的重要性及其对系统运行的影响，制定数据的备份策略和恢复策略。备份策略指明备份数据的放置场所、文件命名规则、介质替换频率和数据传输方法。

（四）应建立控制数据备份和恢复过程的程序，对备份过程进行记录，所有文件和记录应妥善保存。

第十七条　技术安全：

（一）采用密码技术确保信息系统重要数据和信息在传输过程中的完整性、在系统中的可用性以及符合特定要求的保密性。

（二）信息系统应提供自动保护功能，当故障发生时自动保护当前所有状态，保证系统能够进行恢复。

（三）根据信息系统的备份技术要求，制定相应的应急预案与灾难恢复计划，并对其进行测试以确保各个恢复规程的正确性和计划整体的有效性，测试内容包括运行系统恢复、人员协调、备用系统性能测试、通信连接等，根据测试结果，对不适用的规定进行修改或更新。

（四）信息系统应该按照相关规定留存相关的网络日志不少于六个月。

第十八条　资料保密：

（一）各部门要落实专人对管理信息系统的技术文档、资料、程序代码等进行集中、妥善保管，资料的内部借阅和使用要履行部门主管审批手续，并做好借阅和使用记录。

（二）技术文档、资料的对外借阅必须报主管领导的审批。

第十九条　防病毒安全：

（一）信息系统要具备网络防病毒能力，保证网络杀毒软件和病毒特征库的及时更新。

（二）信息系统管理员在安装操作系统时应遵循最小安装的原则，按需安装组件和应用程序，并保持系统补丁及时得到更新。

（三）信息系统管理员要及时检查和跟踪网络杀毒软件的运行效果。

第二十条　终端安全：

（一）信息系统终端设备，如：办公计算机、移动设备等，应专人专用，不得转借或共享密码，使用人不使用计算机时应锁定计算机。

（二）对于涉密计算机，要保持断开其网络连接，并且不允许连接移动存储设备。有外来人员接触到涉密终端时，要进行监督并做好操作记录。

第五章　安全事件应急处理

第二十一条　信息系统发生任何安全事件，信息系统管理部门应根据《西南交通大学网络与信息安全事件应急预案》进行安全事件分级并立即响应应急流程。

第六章　责任追究

第二十二条　凡违反本规定，由信息化与网络管理处做出警告、限期整改或者停机整顿处理。构成违法行为的，依照《中华人民共和国网络安全法》的有关规定追究法律责任。

第七章　附则

第二十三条　本办法经 2017 年 6 月 26 日第八次校长办公讨论通过，自公布之日起实施，由西南交通大学信息化与网络管理处负责解释。

西南交通大学校园网站安全管理办法

（2017 年 7 月 4 日发布）

第一章　总则

第一条　为规范校园网站的管理，加强校园网站信息发布和信息安全，保证校园网站安全运行和可持续发展，根据国家、教育部和公安部有关文件精神，结合学校工作实际，制定本办法。

第二条　校园网站指网站域名对应 IP 地址为西南交通大学校园网 IP 范围的所有网站以及域名后缀为 swjtu.edu.cn 和 swjtu.cn 的网站，包括西南交通大学及其所属单位以学校名义使用校外域名的网站以及使用学校域名的校外 IP。

第三条　校园网站管理的原则是“谁主管谁负责、谁运维谁负责、谁使用谁负责”，目标是建立健全校园网站管理组织体系和规范，促进校园网站日常管理和信息发布工作有序开展，保障校园网网站安全。

第四条　信息化与网络管理处统一建设学校站群系统并负责纳入该系统的网站的技术安全。未纳入学校网站群系统的网站，其技术安全由网站开办单位负责。校内各单位新建网站应优先选择学校站群系统，旧有网站逐步迁移至站群系统，站群系统不能满足需求时可与信息化与网络管理处协商解决。

第二章　管理职责

第五条　依据校园网站的性质和内容，分别由学校相应职能部门归口管理，负责网站的审核、发布、检查和监督等管理工作：

（一）信息化与网络管理处是学校网站建设的统一主管单位，负责校内网站群系统的规划、建设、安全监控和安全事件处置等管理，负责学校中、英文主页的技术支撑；

（二）学校党委宣传部负责学校中文主页和学校新闻网栏目、新闻、通知公告等内容的组织、审核、发布及管理，接受处理校内各学院、部门和直属单位新建网站的内容审批、备案及有害信息举报；

（三）国际合作与交流处负责学校英文网站内容的组织、审核、发布及校园网站外文信息发布的管理。

（四）学校各单位是本单位网站的主办和主管单位，负责单位网站中信息内容的组织、审核、发布和管理，未使用学校网站群系统的须全面负责本单位网站的安全管理和运行维护。

第六条　校内各单位要明确职责和分工，强化管理和安全责任。各单位主要负责人是网站安全管理的第一责任人，指定专人担任本单位网站安全员（或称网站管理员），具体负责网站信息安全、数据维护、内容更新、后台管理等工作。校内各单位有责任对单位开办网站进行安全监测，发现网站运行异常及时处置，发生安全事件及时上报处理。

第三章　校园网站的建设审批与年审

第七条　校内各单位申请新建校园网站，须填写“西南交通大学网络信息服务备案申请表”（附件 9），签署“西南交通大学校园网络信息安全责任承诺书”（附件 10），报党委宣传部和信息化与网络管理处审批备案。英文网站需另报国际处审批。

第八条　为保证对校园网站的监管，学校对各单位主办的网站执行年审制度。各单位每年度须填写“西南交通大学网络信息服务年审备案表”（附件 11），交党委宣传部和信息化与网络管理处审查备案，未备案或年审未通过的网站将暂停运行服务。

第九条　纳入学校网站群系统的网站，由信息化与网络管理处统一向公安机关完成安全等级保护备案工作。

第十条　非使用学校站群系统的网站根据《西南交通大学信息系统安全管理办法》的相关规定，自主完成安全等级保护备案工作，并且须通过符合等级保护制度要求的安全检查方可正式上线。

第十一条　使用校外 IP 地址的网站由主办单位负责向国家信息产业部办理备案手续，并向公安机关完成安全等级保护备案工作。否则，不允许上线运行。

第十二条　校园网站的页面设计需符合西南交通大学视觉形象识别系统规定。

第四章　校园网站的信息发布管理

第十三条　学校各单位须加强本单位网站信息发布和信息安全的管理，及时更新网站信息内容，防止成为僵尸网站。

第十四条　任何单位和个人不得在校园网站上发布涉密信息和《中华人民共和国互联网信息服务管理办法》（国务院令第 292 号）所禁止的有害信息。

第十五条　校园网站仅限发布公益性、共享性的网络信息，学校企业等如依托校园网站进行经营性互联网信息服务，须经学校产业主管单位同意后，按《互联网信息服务管理办法》到电信主管部门办理手续，并将相关批件报信息化与网络管理处备案。

第十六条　原则上，学校各单位不得提供电子公告服务。确有需要，须由主管单位报党委宣传部批准备案后方能提供电子公告服务，并严格执行互动版块实名注册制，实行先审后贴管理方式。提供电子公告服务的互联网网站开办单位承担电子公告服务内容管理的主体责任，指定专人负责信息审查和监管工作，并按国家有关规定落实专项安全管理和技术措施，必须进行日志备份，记录用户名、信息发布时间等详细信息，至少保存 6 个月，在检查时予以提供。

第十七条　对于使用频度不大、阶段性使用的网站，网站开办单位可采取非工作时间或寒暑假、节假日关闭的方式运行。对于无人管理、无力维护、长期不更新的网站，网站开办单位应关闭网站以降低安全风险。

第五章　校园网站的安全管理

第十八条　学校各单位须加强本单位校园网站的安全管理。对于独立运行的校园二级网站，网站管理员应该做好系统维护和安全扫描，关键的系统补丁必须及时安装，并按照等级保护要求做好网站的安全防护工作。

第十九条　根据《西南交通大学网络信息安全事件应急预案》，各单位发现本单位校园网站出现涉密信息、有害信息等信息安全事件后，应按照安全事件应急响应流程，第一时间报信息化与网络管理处备案处理，网站安全员（管理员）须及时对有害信息进行记录、取证后，进行删除和操作，必要时进行备份。

第二十条　信息化与网络管理处负责定期对学校及各单位主办的信息系统和网站进行恶意代码、安全漏洞等技术检测，对存在高安全风险的网站下达限期整改通知书，责令有关单位限期完成安全整改，并在整改完成后进行安全复查。对于存在严重安全问题的校园网站，信息化与网络管理处有权停止该网站的网络服务。

第六章　责任追究

第二十一条　对于玩忽职守或有意危害造成校园网站安全事件的，学校将根据其损失情况和不良影响的程度，对网站主管（办）单位负责人和当事者进行追责，违反法律的移送司法部门处理，违反学校规定的按学校相关规定给予相应的处分。

第二十二条　网站出现严重安全问题或造成安全事故的，由信息化与网络管理处做出警告、限期整改或者停机整顿处理。构成违法行为的，依照《中华人民共和国网络安全法》的有关规定追究法律责任。

第七章　附则

第二十三条　本办法 2017 年 6 月 26 日第八次校长办公会讨论通过，自公布之日起实施，由西南交通大学信息化与网络管理处负责解释。

西南交通大学数据中心资源使用管理办法

（2017 年 7 月 4 日发布）

第一章　总则

第一条　为充分发挥学校数据中心资源在教学、科研及管理和服务方面的保障支撑作用，根据《互联网信息服务管理办法》(国务院令第 292 号)、《互联网网络安全信息通报实施办法》(工信部保〔2009〕156 号)、《西南交通大学信息化建设管理办法》、《西南交通大学网络与信息安全管理办法》等有关法律法规、政策和技术标准，结合本校实际，制定本办法。

第二条　西南交通大学数据中心资源（以下简称“资源”）是指以服务器、存储阵列、网络交换机、负载均衡系统等硬件设备为基础，通过虚拟化技术进行优化整合，面向围绕信息化校园建设涉及的应用系统提供可动态配置的服务器、计算性能、内存容量、存储空间、网络配置、负载均衡服务和操作系统等。

第二章　机构与职责

第三条　信息化与网络管理处负责资源的规划、建设、运行维护和管理，负责各单位对数据中心各类资源的申请审批工作，同时对资源的使用进行统筹调度、安全监管。

第四条　各单位应指定具有一定计算机能力且沟通协调能力较强的专业人员（或安全员），负责本单位资源的申请、维护和管理等相关工作。该人员的申请、变更必须在信息化与网络管理处备案（附件 12），并签订“西南交通大学云服务器使用承诺书”（附件 13）及承诺相应的保密义务。

第三章　资源的申请

第五条　校内各单位根据需要向信息化与网络管理处提出资源使用申请(附件 14)，并提供信息系统部署方案、资源需求等申请材料。

第六条　信息化与网络管理处负责核实申请材料的完整性、资源用途和需求的合理性，在 3 个工作日内作出受理或不予受理决定。不予受理的，提出不予受理意见，各单位应当根据不予受理意见重新提交申请；受理的，在 2 个工作日内完成审批并分配资源。

第四章　资源的使用

第七条　校内各单位部署在资源上的应用系统必须经过信息化与网络管理处的安全检测，符合《西南交通大学网络与信息安全管理办法》的相关规定。

第八条　各单位基于分配的资源进行应用系统的部署、维护和管理。

第九条　各单位要求调整资源配置的，须提交资源变更申请（附件 15），信息化与网络管理处在 3 个工作日内作出同意变更或不同意变更的决定，同意变更的在 2 个工作日内完成变更操作。涉及重大变更的，须重新提交本办法第六条中的有关材料。重大变更是指申请变更的资源的用途发生了变化。

第十条　各单位在使用资源期满后需要继续使用的，要及时提交资源使用续期申请（附件 15）。

第十一条　各单位在使用资源过程中需要开放特定服务端口的，须提交数据中心服务器端口开放申请表（附件 16），信息化与网络管理处在 2 个工作日内作出同意申请或不同意申请的决定，同意申请的在 2 个工作日内完成操作。

第十二条　各单位在使用资源过程中需要对校外用户提供 WEB 访问服务的，须提交开放互联网访问 WEB 服务申请表（附件 17），信息化与网络管理处在 2 个工作日内作出同意申请或不同意申请的决定，同意申请的在 1 个工作日内完成操作。

第十三条　信息化与网络管理处提供用于应用系统数据备份的软件和存储空间，各单位应做好应用系统数据备份工作。

第十四条　信息化与网络管理处对资源的安全负责，定期开展资源和应用系统安全检查工作，对发现的安全风险按照《西南交通大学网络与信息安全管理办法》有关规定督促相关单位及时整改。

第十五条　资源使用过程中严禁以下行为（包含但不限于）：

（一）私自改变或调整 IP 地址的行为；

（二）私自改变或调整系统名称的行为；

（三）私自改变或调整系统功能用途的行为；

（四）私自改变或调整维护端口的行为；

（五）私自禁止 SNMP（简单网络管理协议）服务的行为；

（六）私自禁止 icmp 的行为；

（七）私自停止连接云资源调度平台（vm-tools）服务的行为。

第十七条　资源使用过程中发生任何安全事件，各二级单位应及时通知信息化与网络管理处。

第十八条　运行在资源中的应用系统发生任何安全事件，各二级单位应及时按照《西南交通大学网络与信息安全事件应急预案》中所规定的流程处理。

第五章　资源的回收

第十九条　各单位不再使用资源时，须做好应用系统卸载和数据迁移备份工作，并提交终止资源使用的申请，信息化与网络管理处在 5 个工作日内完成审批和资源回收操作，终止服务。

第六章　附则

第二十条　本办法经 2017 年 6 月 26 日第八次校长办公会讨论通过，自公布之日起实施，由西南交通大学信息化与网络管理处负责解释。

产业安全

西南交通大学校办企业安全生产工作管理办法

（2016 年 12 月 5 日发布）

为进一步加强我校校办企业安全生产工作的监督、管理，明确校办企业在安全生产中的职责，防止和减少生产安全事故，根据《中华人民共和国安全生产法》《西南交通大学安全生产工作管理规定》等法律、规定，制定本办法。

第一条　我校校办企业安全生产管理工作的主要任务是：宣传贯彻国家和学校有关安全生产工作的方针政策、法律法规和管理规定；建立健全校办企业安全生产责任制和安全生产规章制度；制定校办企业安全生产事故应急预案并监督执行；开展校办企业安全生产培训、预防安全生产事故的发生、安全生产隐患排查治理。

第二条　校办企业的安全生产工作是各企业工作业绩考核的重要内容，并实行“一票否决”制和生产安全事故追究制度。出现安全生产责任事故，则依照本办法和有关法律法规，追究生产安全事故责任人员的责任。

第三条　校办企业安全生产管理体系

1. 成立“西南交通大学校办企业安全生产工作领导小组”，组成如下：

组长：产业处处长、成都西南交通大学产业（集团）有限公司总经理。

副组长：产业处副处长、成都西南交通大学产业（集团）有限公司分管安全生产工作的副总经理、成都西南交大科技园管理有限责任公司总经理。

成员：产业处综合管理科、产业处企业管理科、成都西南交通大学产业（集团）有限公司行政中心、成都西南交通大学产业（集团）有限公司人力资源中心、成都西南交通大学产业（集团）有限公司投资发展中心、成都西南交大科技园管理有限责任公司总经理办公室等部门主要负责人。

2. 校办企业安全生产工作领导小组对校办企业安全生产工作实施统一领导、组织协调、监督检查，落实学校有关安全生产相关工作的要求，研究决定涉及校办企业安全生产相关的重大问题，研究提出对安全事故责任人、相关人员的责任追究意见，报学校安全生产工作领导小组审定。

3. 校办企业安全生产工作领导小组下设办公室，办公室设在产业处，负责校办企业安全生产领导小组的日常工作，实施、协调和落实安全生产领导小组决定的事项。具体职责是：建立健全校办企业安全生产管理工作体系和相关工作制度，加强校办企业安全生产工作部署；组织校办企业的安全生产大检查；召开校办企业安全生产工作会议；组织开展校办企业的安全教育及应急演练工作；组织落实校办企业安全生产工作中的各项事宜，加强对校办企业安全生产工作的督察督办；撰写校办企业的安全生产工作报告并报学校安全生产工作领导小组审定。

第四条　安全生产责任：

产业处是学校校办企业安全生产工作的归口监督管理部门。

各校办企业要完善安全生产的有关制度，建立健全安全生产防范措施、及时消除事故隐患；配合产业处及有关部门做好安全生产事故的调查处理工作。

第五条　安全生产措施及保障：

1. 各校办企业要建立和完善安全生产责任制，定期召开安全生产工作会议，分析、布置、督促和检查安全生产工作，排除隐患。

2. 产业处定期组织有关人员对校办企业进行安全检查，对查出的事故隐患要责令专人落实，限期整改；发现重大、特大事故隐患的，要责令立即排除，不能立即整改的要加强防范、严格管理，并及时报学校安全生产工作领导小组。

3. 各校办企业要制定相应的安全生产管理制度和岗位安全操作规程，张挂在醒目的地方并严格执行。

4. 各企业要有计划地对劳动者进行与其职业相关的安全教育培训，特殊工种操作人员必须参加有安全生产监督管理部门认可的安全培训，并经考核合格后持证上岗。

5. 新建、改建、扩建工程项目，要按国家有关要求进行安全预评价，并应具有相应的劳动安全卫生设施。劳动卫生安全设施必须与主体工程同时设计、同时施工、同时投入生产和使用。初步设计审查和竣工验收，应该有技安、消防等部门参加。

6. 各企业应提供和配备符合国家标准或行业标准的劳动防护用品，教育和督促相关人员按规定正确使用，禁止移作他用。对高温、辐射、粉尘、噪音等有害人体健康的场所和环境要加强监督治理和定期检查。

第六条　各校办企业要形成安全生产自查、检查、预判、分析、评估长效机制，定期或不定期排查整治安全隐患、堵塞管理漏洞、强化源头治理。要建立检查与隐患整治台账，将每次检查与隐患整改情况形成书面报告存档。各校办企业每月应开展一次专项检查，并将检查情况于每月 25 日以前书面向校办企业安全生产工作领导小组报告。

第七条　各校办企业要对职工进行岗位安全教育，从事特殊工种的作业人员还应按照国家有关规定进行专业培训考核与复审教育，取得合格操作证方能上岗作业。各企业要配置一名专（兼）职安全员，并将名单报校办企业安全生产工作领导小组备案。

第八条　各校办企业要根据自身情况制定安全生产事故应急预案，并报校办企业安全生产工作领导小组审定。

第九条　若发生安全生产事故，当事人或事故现场有关人员应及时采取自救、互救措施，以减少人员伤亡和财产损失，并保护好事故现场，同时向企业领导、产业处、学校安全生产工作领导小组办公室报告。

第十条　企业的安全生产情况将作为学校对校办企业的考核指标之一。若发生安全生产事故，追究企业主要领导的领导责任，并视情节轻重、社会影响、责任大小给予相应的处理，构成犯罪的，将移交司法部门依法处理。

第十一条　本办法由校办企业安全生产工作领导小组负责解释。

第十二条　本办法自公布之日起执行。

成都西南交通大学产业（集团）有限公司 安全生产管理办法

（2016 年 9 月 16 日发布）

第一章 总则

第一条 为加强公司安全生产工作的管理，不断改善劳动条件，保护劳动者在生产过程中的安全和健康，促进公司事业的发展，根据有关劳动保护的法令、法规等有关规定，结合公司的实际情况，制定本办法。

第二条 公司的安全生产工作必须贯彻“安全第一，预防为主，综合治理”的方针，贯彻执行总经理负责制和各级各部门领导在所属职责范围内，是安全主要责任人的原则。

第二章 安全生产组织架构

第三条 安全生产领导小组是安全生产的组织领导机构。公司总经理为安全生产第一责任人，任安全生产小组组长，负责本公司的安全事务的全面工作；公司副总经理任副组长，负责安全事务的日常管理工作；各部门负责人任安全生产领导小组成员，负责落实执行本部门安全生产事项。

安全生产领导小组下设若干安全生产检查小组，检查小组组长由各部门负责人担任。

第四条 安全生产领导小组组长及副组长职责：

1. 贯彻执行国家有关安全生产的法律法规和规章制度，对本公司的安全生产、劳动保护工作负全面领导责任。

2. 建立健全安全生产管理机构和配备安全生产管理人员。

3. 把安全管理纳入日常工作计划。

4. 积极改善劳动条件，消除事故隐患，使经营管理工作及日常工作环境符合安全技术标准和行业要求。

5. 负责对本公司发生的重伤、死亡事故的调查、分析和处理，认真落实整改措施和做好善后处理工作。

6. 组织相关人员制定安全生产管理制度及实施细则。

第五条 安全生产领导小组成员的职责：

1. 制定本部门的安全生产管理实施细则并负责组织落实。

2. 落实本部门兼职安全员人选。

3. 组织本部门开展安全生产宣传教育活动。

4. 负责本部门的安全责任制、安全教育、安全检查、安全奖惩等制度以及各工种的安全操作规程，并督促实施。

5. 协助和参与公司职工伤亡事故的调查、分析和处理工作。

6. 定期向安全生产组长或副组长反映和汇报本部门的安全生产情况。

第三章　安全生产制度建设

第六条　公司全体员工必须接受相关的安全培训教育。

第七条　公司须不定期召开安全会议，对重大安全生产问题制订对策，并组织实施。

第八条　公司须建立安全生产台账制度，及时记录安全隐患，落实整改措施。

第九条　公司须建立和健全安全生产检查制度，对集团公司及投资企业定期进行安全检查。

第十条　每年总结一次公司的安全生产及安全工作。

第四章　责任落实

第十一条　公司风险管控中心负责制定、修订和健全公司安全生产管理制度；负责建立公司安全生产台账；负责不定期召开安全会议，了解公司投资、经营等过程中可能存在的风险隐患，汇总和审查安全生产措施计划，并督促有关部门切实按期执行；负责每年组织不少于一次的安全生产大检查，并配合学校做好安全生产的专项检查。

第十二条　公司投资发展中心负责对集团公司投资企业安全生产、投资风险、经营风险等事项进行监管、上报、收集和指导。投资企业的法定代表人为安全生产第一责任人。

第十三条　公司行政服务中心负责消防安全、交通安全、自然灾害防治等涉及公司日常安全生产事项。

第十四条　公司计划财务中心负责资金安全，做到现金和银行存款日清月结，定期对库存现金进行盘点。

第十五条　公司人力资源中心负责总结和推广安全生产的先进经验，掌握员工思想动态，做好人员维稳工作。

第十六条　各部门须建立安全生产台账，每月上报到公司风险管控中心。

第五章　检查整改

第十七条　公司应定期组织对部门的安全工作进行检查。

第十八条　公司应不定期对投资企业的安全工作进行检查。

第十九条　安全生产事故的处理应做到立即上报，积极处理。事后应开展调查，分析事故原因，接受工会组织的监督，总结教训，制定整改防范措施。

第二十条　安全生产事故中人员处置应由人力资源中心结合《中华人民共和国劳动法》等相关法律法规及时处理，并在事后以事故通报和事故分析会等形式教育职工。

第二十一条　公司的安全生产工作应每年总结一次，在总结的基础上，对安全生产有特殊贡献的，给予特别奖励。发生重大事故，要按有关规定报告，并追究责任者的责任，对触及刑律的，追究其法律责任。

第六章　附则

第二十二条　公司须将安全生产费用列入年度财务预算。投资企业参照执行。

第二十三条　公司各投资企业应根据行业安全生产规范要求，制定本企业安全生产管理条例上报集团公司，并接受检查。

第二十四条　本办法由公司风险管控中心解释。

第二十五条　本办法自发文之日起执行。

成都西南交通大学产业（集团）有限公司安全稳定工作管理规定

（2017 年 7 月发布）

第一章　总则

第一条　为维护成都西南交通大学产业（集团）有限公司（以下简称集团公司）正常的工作秩序，预防违法犯罪和治安灾害事故，保护国家财产和员工人身财产的安全，确保公司安全稳定。根据《中华人民共和国安全生产法》、国务院国资委制定的《中央企业全面风险管理指引》、学校《安全稳定工作要点》和国家有关政策的规定和要求，层层落实安全生产责任制，树立守土有责思想，严格落实安全失职追责问责制度，依照“预防在先、发现在早、处置在小”的工作原则和“教育到位、掌控有力、组织完备、工作得法”的工作思路，结合“谁主管、谁负责”“谁在岗、谁负责”的“一岗五责”原则，结合集团公司实际，制定本管理规定。

第二条　集团公司投资的控股企业结合本规定，制定本公司安全稳定工作的具体措施。

第三条　成立集团公司安全稳定工作小组，书记、总经理是集团公司安全稳定工作的第一责任人，为组长；副总经理负责本管理规定的贯彻执行，为副组长；各业务部门主任负责对投资企业的安全稳定工作进行督促、检查和指导，为工作组成员。

第四条　公司员工对本管理规定有执行的义务和监督的权利。

第二章　安全稳定工作目标

第五条　建立健全预防维稳体系建设，坚决杜绝影响集团公司形象、声誉的安全稳定事件发生，坚决防止重大群体性、政治性事件发生，确保集团公司大局稳定。

第三章　安全稳定工作任务

第六条　开展国家安全教育，法治教育，国防教育，保密教育，防火、防盗、防破坏、防治安、防恐袭、防灾害事故等安全教育，提高员工安全防范意识。

第七条　加强重点要害部位的安全保卫工作，强化重点要害部位的技术防范措施；制定并落实重点要害部位的各项制度和安全防范措施。

第八条　制定并落实防盗、防火、防破坏、防恐袭、防治安灾害事故的各项具体措施。

第九条　了解和掌握员工的思想状况，制定和完善各类安全稳定工作制度和预案，及时处置各类突发事件，确保公司安全稳定。

第十条　协助公安机关，侦破各类案件和事故。

第四章　安全稳定工作制度

第十一条　各业务部门需建立健全相关内控制度：建立内控岗位授权制度；建立内控报告制度；建立内控批准制度；建立内控责任制度；建立内控审计检查制度；建立内控考核评价制度；建立重大风险预警制度；建立健全以总法律顾问制度为核心的企业法律顾问制度；建立重要岗位权力制衡制度，明确规定不相容职责的分离。

第十二条　风控中心在《成都西南交通大学产业（集团）有限公司安全生产管理办法》《成都西南交通大学产业（集团）有限公司对突发事件及防恐防暴工作应急预案》的基础上，根据学校安全稳定工作的有关规定和要求，结合集团公司实际和发展需求，需建立《安稳工作分级分层管理制度》、《消防安全管理办法》、《企业法律顾问制度》、《法律纠纷案件管理办法》、《信访管理办法》、《安稳工作台账》、《风险排查台账》等制度和办法，并根据经营管理需要适时建立和完善更全面的安全稳定工作制度。

第五章　安全稳定工作职责

第十三条　安全稳定工作小组组织拟定和实施安全稳定工作计划；研究处置突发性事件和重大治安灾害事故的隐患；严格执行安全稳定工作的奖惩制度，检查、考核各业务部门的安全稳定工作实施情况。

第十四条　风控中心检查业务部门对各项内控制度的建立情况；制定《集团公司风险事件分级分层管理工作流程》和《集团公司风险排查、解决工作台账》，各业务部门根据部门分管的工作内容，认真填报。

第十五条　各业务部门根据分管工作内容，加强对部门员工和投资企业的国家安全教育、民族团结教育、宗教政策教育、安全防范宣传教育，法制宣传教育，人员稳定宣传教育，并督促投资企业填报相关台账，及时收集企业安稳的相关信息，报告风控中心。

第十六条　行政服务中心负责做好节假日的安全保卫和防范工作，落实值班制度。

第六章　安全稳定工作措施

第十七条　集团公司计划财务中心为要害部门，各办公室、过道为重点部位。计划财务中心必须制定和落实严密的安全保卫制度和防范措施，定期或不定期进行安全检查，及时消除各种不安全因素，发现隐患，提出意见，及时整改。重点部位需做好监控防范，不留死角。

第十八条　风控中心组织各部门和投资企业，定期开展安全稳定培训工作。

第十九条　安全稳定工作纳入集团公司评先评优考核范围。凡因工作过失发生案件和治安灾害事故的部门和个人，取消评先评优资格。

第二十条　安全稳定工作小组成员须签订“集团公司安全稳定工作责任书”，强化各级领导维护安全稳定第一责任人职责。

第七章　对控股企业的安全稳定管理

第二十一条　企业的安全稳定制度和各类预案须建立、健全并上墙，并加强对员工的安全宣传教育。

第二十二条　企业须建立安全稳定值班值守制度，做好下班时间和节假日的安全保卫和防范工作。

第二十三条　企业须成立安全稳定工作小组，企业总经理为第一责任人。

第二十四条　企业每月按时向集团公司报送安稳台账，并不定期组织员工进行安稳培训和演练。

第二十五条　企业负责人须与集团公司签订《投资企业安全稳定工作责任书》，如当年度发生重大安全稳定事件，取消评先评优资格，并追究相应的管理责任，情况严重的，追究刑事责任。

第二十六条　做好重点部位、重点人群的安稳防范工作，确保群体性、政治性事件零发生。

第二十七条　企业须制定安全稳定责任追究制度，明确各部门、相关工作人员的责任及失责追究办法。

第八章　奖励与追责

第二十八条　贯彻本管理规定成绩显著的部门和个人，有下列情形之一的，集团公司给予表彰和奖励。

1. 认真落实各项安全防范措施，在预防案件发生和预防治安灾害事故发生等方面成绩显著的。

2. 积极协助公安机关对案件和事故的侦破，敢于同违法犯罪分子做斗争，在治安灾害事故、突发事件中，奋力抢救国家财产和员工人身财产，成绩显著的。

3. 检举揭发违法犯罪行为的。

4. 认真做好本部门安全稳定工作，调解处理治安纠纷，防止矛盾激化，对本部门有轻微违法行为人员的帮教工作，成绩显著的。

第二十九条　若违反安全稳定管理规定，有下列情形之一者，对部门安全稳定责任人和直接责任人处以五百元以下罚款，责令赔偿部分或全部经济损失，或给予相应的行政处分。

1. 对安全稳定工作不负责任，违反安全稳定制度，玩忽职守，致使发生重大案件或重大治安灾害事故的。

2. 对重大治安案件和治安灾害事故隐患，提出整改意见后，拒不整改，造成一定后果的。

3. 部门内部安全稳定制度松弛，治安秩序混乱，违纪违法问题突出的。

4. 不认真履行“安全稳定工作责任书”规定职责的。

第三十条　构成违反治安管理和消防管理行为的，依照《中华人民共和国治安管理处罚条例》和《中华人民共和国消防法》处罚；构成犯罪的，依法追究刑事责任。

第九章　附则

第三十一条　本管理规定由风险控制中心制定并负责解释，于成文之日起执行。

成都西南交通大学产业（集团）有限公司
消防安全管理制度（试行）

（2017 年 11 月发布）

为确保成都西南交通大学产业（集团）有限公司（以下简称“集团公司”）各项工作顺利开展，避免火灾事故的发生，根据《中华人民共和国消防法》、中华人民共和国公安部第 61 号令《机关、团体、企业、事业单位消防安全管理规定》，结合集团公司实际，特制定本制度。

第一章　消防安全职责

第一条　集团公司总经理为集团公司防火责任人，对全公司消防安全工作全面负责，并设立消防领导小组：总经理为组长，副总经理为副组长，各业务部门主任为小组成员。

第二条　集团公司风险控制中心为消防安全工作的管理部门，其他职能部门为消防安全工作的责任部门。

第三条　全体员工须熟悉消防安全基本常识，认真做好职责范围内的消防安全防范工作，有义务进行灭火救援工作。

第二章　火源、电源管理

第四条　管理要求

1. 办公区域一律禁止明火。

2. 办公室内禁止吸烟。

3. 电器设备周围要保持整洁干净，不准堆放杂物。

4. 非工作需要，严禁使用电炉等大功率电器。

5. 对电器设施设备、线路每年至少要全面彻底检查一次，发现老化、破损、绝缘不良等不安全因素，要及时维修，严禁超负荷运行使用。

6. 各办公室的一切电器设施设备，人员离开时必须切断电源。

第三章　消防器材管理

第五条　管理内容

1. 楼道内，应按照公安消防机构的规定，配齐消防设施和器材。
2. 任何人都不得损坏、挪用和擅自拆除消防器材。
3. 对消防器材应做到经常维护，熟悉性能，并指定专人负责保管和保养。

第四章　消防安全宣传教育培训

第六条　各部门负责人要经常性地对所属员工进行消防安全宣传教育，增强消防安全防范意识和提高防范能力。

第七条　集团公司风险控制中心对投资企业和公司员工开展消防安全知识宣传教育活动，每年不少于一次。

第八条　消防安全责任人、消防工作人员和其他按规定应当接受消防安全培训的人员，必须接受消防安全知识培训。

第九条　消防安全宣传培训内容为：国家消防安全有关的法律法规，集团公司消防安全相关的制度；各级各类消防安全管理人员和工作人员的职责；消防设施、器材的维护和使用；消防安全“三懂三会”和消防安全“四个能力”；结合灭火和应急疏散预案，组织进行演练，并不断完善预案；先进经验、典型火灾案例等。

第五章　投资企业消防工作

第十条　工作要求：

1. 制度上墙。
2. 设施、设备到位。
3. 定期自查，排除隐患。
4. 建立台账。
5. 做好培训和演练。

第六章　消防安全检查与整改

第十一条　集团公司风险控制中心对公司内部防火安全检查，每季度不少于一次；集团公司风险控制中心组织集团公司安全检查小组对投资企业的防火安全检查，每季度不少于一次，并做好检查记录。

第十二条　消防安全检查采取部门自查和管理部门检查、抽查相结合的形式，检查内容主要为组织落实、制度执行、火险隐患、消防设施、器材等情况。

第十三条　在日常消防安全检查中，发现不安全因素和隐患，集团公司风险控制中心可直接下达整改通知书。任何部门或企业都必须按整改通知书的要求按期完成整改，不得借故拖延，并将整改结果书面报告集团公司风控中心。

第七章　消防安全奖惩制度

第十四条　凡在消防工作中做出突出成绩或避免重大事故发生者，集团公司给予表彰和奖励。

第十五条　凡违反消防安全管理规定及造成后果者，按照相关法律法规和公司相关规定进行处罚，直至依法追究刑事责任。

第八章　附则

第十六条　本制度由集团公司风险控制中心负责解释，于出文之日起执行。

成都西南交通大学产业（集团）有限公司
风险事项分级分层管理工作流程

（2017 年 8 月发布）

为使成都西南交通大学产业（集团）有限公司（以下简称集团公司）全面风险管理的措施落实到位，充分发挥集团公司各业务部门和下属企业的风险管理作用，制定集团公司风险管理分级分层工作流程。

第一条　集团公司各业务部门和全资及控股企业（以下简称“下属企业”）应根据实际工作情况，研究制定本部门和本企业重大决策、重大风险、重大事件和重大业务流程的内控制度，并将制度报集团公司风控中心。

第二条　风控中心制定《投资企业安全生产及风险排查工作台账》（以下简称《工作台账》），下发至各下属企业。

第三条　下属企业生产经营过程中，对敏感岗位、时间节点可能发生的风险事项形成预判，并及时上报集团公司。同时，记录在《工作台账》中，每月 25 日前报集团公司风控中心。

第四条　风控中心根据收到的下属企业《工作台账》内容，分析风险事项性质，将风险事项分别告知各业务部门，如涉及人员问题交由人力资源中心处置，涉及财务问题交由财务中心处置等。

第五条　各业务部门根据日常工作范围和接到的下属企业风险事项情况，及时处理。并将采取的措施和处理结果填报到本部门《集团公司风险排查、解决工作台账》中，每月 20 日前须报风控中心备案。

第六条　风控中心根据业务部门报来的处理结果，对未完成处理的事项进行跟踪、督导、检查，防止风险事项发生和恶化。

第七条　各业务部门和下属企业未对风险事项及时预判和处置，导致风险事件恶化的，根据情节对直接负责人员和其他直接责任人给予处分。

第八条　风控中心对下属企业上报的风险事项内容和业务部门报告的风险事项处理结果进行梳理，并及时上报总经理办公会和相关上级部门，动态管理风险事项。

第九条　本流程由风控中心制定并负责解释，于成文之日起执行。

其他安全

西南交通大学消防管理规定

（2017年7月12日发布）

第一章　总则

第一条　为加强和规范学校消防安全管理，预防和减少火灾危害，保障学校财产和师生员工生命财产安全，依据《中华人民共和国消防法》、《机关、团体、企业、事业单位消防安全管理规定》（中华人民共和国公安部第61号令）、《高等学校消防安全管理规定》（中华人民共和国教育部、中华人民共和国公安部第28号令）、《教育部办公厅关于印发〈普通高等学校消防安全工作指南〉的通知》（教发厅函〔2017〕5号）等法律法规，制定本规定。

第二条　本规定适用于校内各二级单位。凡在本校工作、学习、居住的师生员工（含留学生、外教）、家属及外来人员，都必须遵守本规定，自觉维护校园消防安全。驻校内其他单位的消防安全管理，按照本规定及有关的法律法规执行。

第三条　学校在消防安全工作中，应当遵守国家消防法规，严格贯彻“预防为主、防消结合”的方针，按照“谁主管、谁负责”和“谁使用、谁负责”的原则，实行逐级落实消防安全责任制和岗位消防安全责任制，切实履行消防安全职责，保障校园消防安全。

第二章　消防安全责任

第四条　学校消防安全管理工作实行“校级、二级单位、消防安全员”的三级防火责任制和岗位防火安全责任制。学校每年年初由校长和校内各二级单位主要负责人签订消防安全责任书，层层分解责任，把消防安全落到实处。

校长是学校消防安全第一责任人，对全校的消防安全工作全面负责；分管学校消防安全的校领导是学校消防安全管理人，组织开展全校的消防安全管理工作；各二级责任单位及其下属部门的主要负责人是本单位消防安全责任人，各二级单位应确定本单位的消防安全管理人。

第五条　校长全面负责学校消防安全工作，履行下列消防安全职责：

（一）贯彻落实国家消防法律法规和规章，批准实施学校消防安全责任制、学校消防安全管理制度；

（二）批准消防安全年度工作计划、年度经费预算，定期召开学校消防安全工作会议；

（三）提供消防安全经费保障和组织保障；

（四）督促开展消防安全检查和重大火灾隐患整改，及时处理涉及消防安全的重大问题；

（五）与学校二级单位负责人签订消防安全责任书；

（六）国家法律法规规定的其他消防安全职责。

第六条　分管学校消防安全的校领导是学校消防安全管理人，协助学校法定代表人负责消防安全工作，履行下列消防安全职责：

（一）组织制定学校消防安全管理制度，组织、实施和协调校内各二级单位的消防安全工作；

（二）组织制定消防安全年度工作计划；

（三）审核消防安全工作年度经费预算；

（四）组织实施消防安全检查和火灾隐患整改；

（五）协助学校消防安全第一责任人做好其他消防安全工作。

第七条　其他校领导在分管工作范围内对消防工作负有领导、监督、检查、教育和管理职责：

（一）掌握分管部门的消防安全工作，主动配合分管校领导工作，落实分管内的消防安全管理制度和责任制；

（二）督促分管部门定期开展灭火的学习、教育、逃生常识；

（三）督促分管部门定期进行消防安全检查，解决整改火灾隐患工作中遇到的困难，彻底整改火灾隐患；

（四）参加分管部门火灾事故的调查、处理。

第八条　为加强组织领导，成立西南交通大学防火安全委员会，组成如下：

主任：校长。

副主任：分管安全保卫工作的校领导。

成员：党委办公室、校长办公室、教务处、研究生院、计划财务处、资产与实验室管理处、学生工作部、保卫处、后勤保障处（后勤集团）、校园规划与建设处、峨眉校区。

学校防火安全委员会对防火安全工作实施统一领导、组织协调、监督检查，落实上级主管部门有关消防安全相关工作的要求，研究决定涉及学校消防安全相关的重大问题，协调处理需要学校层面解决的消防安全隐患。

履行下列消防安全职责：

（一）审定学校消防安全年度工作计划、年度经费预算，审定学校消防安全责任制、灭火和应急疏散预案等消防安全管理制度；

（二）监督检查校内各单位消防安全责任制的落实情况；

（三）监督检查消防设施、设备、器材的使用与管理、以及消防基础设施的运转，定期组织检验、检测和维修；

（四）确定学校消防安全重点单位（部位）并监督指导其做好消防安全工作；

（五）监督检查有关单位做好易燃易爆等危险品的储存、使用和管理工作，审批校内各单位动用明火作业；

（六）建立健全学校消防工作档案及消防安全隐患台账；

（七）协助公安机关消防机构调查处理火灾事故；

（八）协助校安全生产领导小组做好火灾事故处理及追责工作。

第九条　学校防火安全委员会办公室设在保卫处，代表学校行使对消防安全工作的监督检查和日常管理职权，负有监督、检查、指导和督促整改的责任。履行如下工作职责：

（一）拟订学校消防安全年度工作计划、年度经费预算，拟订学校消防安全责任制、灭火和应急疏散预案等消防安全管理制度，待学校批准后组织实施。

（二）监督检查校内各单位消防安全责任制的落实情况，监督检查消防设施、设备、器材的使用与管理，以及消防基础设施的运转，定期组织检验、检测和维修。实行不定期巡查制度，发现隐患立即责成相关部门限期整改。

（三）开展消防安全教育培训，组织消防演练，普及消防知识，提高师生员工的消防安全意识、扑救初起火灾和自救逃生技能；

（四）定期对志愿消防队等消防组织进行消防知识和灭火技能培训；推进消防安全技术防范工作，做好技术防范人员上岗培训工作。

（五）每年“5・12”、9 月初新生军训期间、“11・9”重点开展消防安全教育培训，组织消防演练，普及消防知识，提高师生员工的消防安全意识、扑救初起火灾和自救逃生技能；

（六）受理驻校内其他单位和学校各单位在校内新建、扩建、改建及装饰装修工程和公众聚集场所投入使用、营业前的消防行政许可或者备案手续的校内备案审查工作，督促其向公安消防机构进行申报，协助公安消防机构进行建设工程消防设计审核、消防验收或者备案，以及公众聚集场所投入使用、营业前消防安全检查工作；

（七）认真完成学校防火安全委员会以及领导交办的其他消防工作任务。

第十条　学校各二级单位的行政主要负责人和其他驻校单位负责人为本单位消防安全责任人，对本单位的消防安全工作全面负责，负责本单位管辖的办公室、实验室、教研室、工厂、公司、临时工宿舍、出租房屋、出租门面以及施工现场、活动场所的消防安全管理。

两个以上单位共同使用的建筑物，使用单位负责本单位的消防安全，共用部分应明确各自的管理责任，或者委托物业管理部门统一管理。

履行以下消防安全职责：

（一）贯彻落实学校的消防安全管理规定，结合本单位实际制定并落实本单位的消防安全制度和消防安全操作规程；

（二）建立本单位的消防安全责任考核、奖惩制度；

（三）开展经常性的消防安全教育、培训及演练；

（四）按规定定期进行防火检查，做好检查记录，及时消除火灾隐患；

（五）由专人负责确保消防设施使用完好有效；

（六）按规定保证疏散通道、安全出口畅通；

（七）与学校签订防火安全责任书；

（八）新建、扩建、改建及装饰装修工程报公安消防机构审核、验收，并将审核、验收结果报学校消防机构备案；

（九）按照规定的程序与措施协助处置火灾事故；

（十）学校规定的其他消防安全职责。

第十一条　各单位确定一名行政副职领导为消防安全管理人。消防安全管理人对本单位的消防安全工作负主要责任，并对本单位的消防安全责任人负责，具体职责为：

（一）主持本单位消防安全管理的具体工作，协助责任人认真履行职责，抓好消防法规和各项管理制度的落实；

（二）建立健全逐级责任制和岗位职责，专人定期检查落实情况，做好检查记录，及时落实火灾隐患整改措施；

（三）拟订、落实本单位消防工作计划，做好工作总结；

（四）具体安排对师生员工进行防火常识和防消技能的教育、培训和灭火演练；

（五）及时向责任人汇报工作，完成责任人交办的其他消防安全管理工作。

第十二条　各单位根据实际情况和消防安全重点岗位需求，设置若干消防安全员。安全员在本单位消防安全管理人的直接领导下，履行对消防安全管理工作的实施、巡查、制定本部位切实可行的防火安全制度。在确定和变更消防安全员时应及时报保卫处报备。

具体职责为：

（一）做好消防日、周、月巡查、检查工作，并做好记录，在节假日、重大活动前重点检查，发现隐患及时提出改进措施和采取安全防范保障措施，及时消除隐患；

（二）掌握负责区域消防器材，消防设施设备分布、配备情况。负责消防器材的维护保养工作，做到底数清，配备合理，数量足，有事能用；

根据本部位的防火实际需要，随时申请需要增减的灭火器材；

（三）开展负责区域内消防用水、用电、用气情况巡查工作，确保其完好有效，确保疏散通道和安全出口畅通；

（四）协助单位消防安全责任人开展安全生产、消防安全及管理的培训、宣传、教育、演练工作，会进行人员疏散，会拨打火警“119”，懂得火灾中逃生的基本方法，提高单位师生的应急疏散能力和扑灭初起火灾能力；

（五）严格执行对“易燃、易爆”等物品的保管、领用、使用的管理规定，发现问题要及时处理并报告；

（六）如发生火灾等安全事故，消防安全员要立即组织人员应对处理，并及时向上级部门、校安全办和本部门领导汇报；

（七）完成单位消防安全责任人交办的其他消防安全管理工作。

第三章　消防重点部位及安全管理

第十三条　确定以下部位（单位）为校级消防安全重点部位（单位）：

（一）学生宿舍、食堂（餐厅）、大型活动人员聚集场所、教学楼、校医院、体育场（馆）、学生会堂、BOT 商铺、宾馆（招待所）、超市（市场）、幼儿园、子弟小学、附属中学等场所；

（二）实验室、计算机房和承担国家重点科研项目或配备有先进精密仪器设备的部位、校监控中心（消防控制中心）；

（三）图书馆、档案馆；

（四）供水、供电、供气等系统；

（五）易燃易爆等危险化学物品的充装、储存、使用场所；

（六）学校信息网络中心、广播台、电视台，驻校内邮政、通信、金融等单位；

（七）学校保密要害部门及部位；

（八）高层建筑及地下室、半地下室、地下车库；

（九）建设工程的施工现场以及有人员居住的临时性建筑；

（十）其他发生火灾可能性较大以及一旦发生火灾可能造成重大人身伤亡或者财产损失的部位（单位）。

第十四条　学生宿舍的消防安全管理由后勤保障处、学生工作部、研究生院和各学院按照各自工作分工，共同负责。

后勤保障处工作职责：

（一）加强学生宿舍用火、用电安全宣传教育，通过多种形式经常性地向学生反复宣讲，力求达到习惯养成；

（二）有针对性的每月进行至少一次的学生宿舍用火用电的安全抽查，纠正和制止学生违章行为，整治消防隐患，履行消防安全宣传教育和普及消防安全知识的职责，保障学生宿舍内的消防安全符合规定；

（三）作为组长单位，由保卫处、学生工作部、资产与实验室管理处等相关部门作为成员单位组成联合检查组进行定期或不定期的专项检查；每学期对全部学生宿舍进行一次全方位检查，不留死角，形成检查台账备查；

（四）负责学生宿舍消防设施设备、消防器材和应急疏散指示标志的日常维护与管理，保障学生宿舍消防疏散通道和安全出口畅通；

（五）学生宿舍一旦发生火情，应立即向“119”报警，同时向保卫处值班室报告并积极组织人员开展灭火与救援。事后，应配合协助公安消防管理部门调查火情原因，核定火情损失，查明火情事故责任；

（六）联合学生工作部和各学院，建立由学生参加的志愿消防队，定期开展消防培训和演练；

（七）加强夜间防火巡查工作，发现火情立即组织扑救，同时利用楼内广播系统组织学生疏散；

（八）负责对已移交的水、电管网及时进行维修维护，确保消防水、电管网的正常运行。

学生工作部工作职责：

（一）统筹协调各学院（中心、所、书院）学生宿舍用火、用电安全宣传教育，通过多种形式多种媒体经常性地向学生反复宣讲，力求达到习惯养成；强化日常行为管理，教育学生严格遵守宿舍消防安全管理规定；

（二）配合后勤保障处有针对性的每月进行至少一次的学生宿舍用火用电的安全抽查，组织各学院（中心、所、书院）每月对全部学生宿舍进行一次全方位检查，不留死角，形成检查台账备查；

（三）每学年组织一次学生防火疏散演练工作，不断提高学生的防火意识和自防、自救以及扑救初起火灾的能力，形成工作台账备查；

（四）对在学生宿舍消防安全工作中成绩突出的宿舍和学生，在文明宿舍评比和园区先进个人表彰中给予鼓励；对违反宿舍消防安全管理规定及造成火灾事故的学生，按照学校有关规定予以处分；

（五）积极配合后勤保障处建立由学生参加的志愿消防队，每季度定期开展消防培训和演练，形成培训和演练台账备查。

研究生院工作职责：

（一）研究制定研究生教育培养工作相关的安全规章制度，并组织实施；

（二）把研究生遵守消防安全法规作为评优评奖重要内容之一；

（三）在制定和审查实验教学、工程训练、实习实训等实践教学大纲时，应将安全教育列入计划，并督促执行；

（四）在研究生导师培训、教学检查、工作考核、教学管理等过程中要体现安全方面的要求；

（五）将研究生培养过程中涉及师生安全的事项作为教学评估与监督的一项重要指标。

各学院工作职责：

（一）加强学生宿舍用火、用电安全宣传教育；强化日常行为管理，教育学生严格遵守宿舍消防安全管理规定；

（二）每个月对学院学生宿舍进行一次全方位检查，形成检查台账备查，同时本学院随时进行学生宿舍的用火用电安全检查工作；

（三）每学年组织学生开展消防安全宣传、培训和防火疏散演练工作，不断提高学生的防火意识和自防、自救以及扑救初起火灾的能力，形成工作台账备查；

（四）对在学生宿舍消防安全工作中成绩突出的学生，给予表彰、奖励；对违反宿舍消防安全管理规定及造成火灾事故的学生，按照学校有关规定予以处分；

（五）积极配合后勤保障处建立由学生参加的志愿消防队，每季度定期开展消防培训和演练，形成培训和演练台账备查。

第十五条　食堂消防管理工作职责：

（一）加强经常性的防火知识教育，每学期进行安全用电常识教育，严格遵守机械设备操作规程和安全用电规定，每季度对电源线路、机器设备进行检查，发现问题及时维修和处理；

（二）厨房内易燃气体管道、电源接头、仪表阀门要每学期检查，发现易燃气体泄漏时，要先关闭阀门，及时通风，严禁明火和启动电源的开关；

（三）易燃气体库房内不得存放餐具等其他物品，油库操作间等易燃、易爆场所及附近，严禁堆积易燃品，严禁烟火；

（四）工作结束后，操作人员要及时关闭厨房的所有阀门，切断气源、灯火源和电源后方能离开；

（五）厨房内抽油烟罩应每日擦洗，烟道每半年清洗，绞肉机、菜馅机等电机设备不得过载运行，并防止电气设备、线路受潮。

第十六条　教学楼的各驻楼学院负责管理本单位区域，公共部分由相关学院共商管理，协调消防安全检查和火灾隐患整改。

实行物业管理的教学楼，物业管理部门严格按《物业管理合同》，负责物管教学楼内的消防设施的管理和维护等消防安全管理。

第十七条　资产与实验室管理处负责对全校公有房屋及实验室的日常消防安全进行监督检查，汇总实验室年度消防预算并由保卫处归口上报。

涉及 BOT 项目按照《西南交通大学 BOT 项目资产管理办法》执行，作为牵头管理单位，督促 BOT 管理方建立健全 BOT 项目的相关消防管理制度，督促 BOT 管理方对商铺开展消防宣传、教育、检查等，对拒不服从管理的商铺由保卫处提出断水、断电的建议，资产与实验室管理处负责实施。

第十八条　地下室、半地下室和用于生产、经营、储存易燃易爆、有毒有害等危险物品场所的建筑不得用作学生宿舍。生产、经营、储存其他物品的场所与学生宿舍等居住场所设置在同一建筑物内的，应当符合国家工程建设消防技术标准。学生宿舍、教室和礼堂等人员密集场所，禁止违规使用大功率电器，在门窗、阳台等部位不得设置影响逃生和灭火救援的障碍物。

第十九条　利用地下空间开设公共活动场所，应当符合国家有关规定，并报学校消防机构备案。

第二十条　设有火灾自动报警和自动灭火系统的建筑，应当按规定设置消防控制室。学校各消防控制室不得挪作他用。消防控制室应设专人 24 小时值班，值班人员应当经省辖市公安消防机构考核合格，持证上岗，并能按照火灾事故处理预案熟练操作建筑内消防设施。学校由保卫处负责对值班人员进行统一培训，做好日常的维护、保养及监控中心消控值班登记记录。

第二十一条　各二级单位购买、储存、使用和销毁易燃易爆等危险品，应当按照国家有关规定严格管理、规范操作，并制定应急处置预案和防范措施。各二级单位对管理和操作易燃易爆等危险品的人员，上岗前必须进行培训，持证上岗。各二级单位对易燃易爆和化学危险物品的制作、使用、储存、运输或者销毁必须实行严格的管理，并遵守下列制度：

（一）保管人员、存放地点、物品名称和数量等必须报学校资产与实验室管理处和保卫处备案；

（二）在实验室、工作场所使用易燃易爆物品时，必须按照操作规程进行。可能发生燃烧、爆炸、气体泄露对人体和财产产生危害的生产或实验，必须设置安全防护设施和防护用具。

（三）库存的易燃易爆和化学危险物品，要经常盘点、检查，做到账物相符；

（四）遇热、遇潮、受阳光照射容易引起燃烧、爆炸和产生有毒气体的化学危险品，运输时要采取安全措施，存放地点应有防热、防潮、通风等有效防范措施。

（五）生产、实验和储存易燃易爆、化学危险物品场所，应安装防爆灯，设置“禁止烟火”和“禁止吸烟”标志，并配备足够的灭火器材。

（六）危险物品的空容器、废料、废气、废水、废渣，不得私自丢弃或自行处置废弃，应进行分类收集，妥善储存，容器外加贴标签，注明废弃物内容和品名，送交有相应资质的单位进行回收处理，并保存好交接单据。

第四章　相关部门消防安全管理

第二十二条　校园规划与建设处负责本单位管辖的在校承建工程的建筑公司和各施工队伍的消防安全管理；负责全校新建项目内的消防设施建设、验收以及室外消防设施的整体规划。施工单位负责施工现场的消防安全管理，并接受主管单位的监督检查。

协调建设单位对使用单位进行消防设施的操作技术培训和消防设施质保期内的维修工作。新建楼宇的消防设施必须及时进行验收和移交工作；

新建、改建、维修工程，工程竣工后的有关图纸、资料、文件等应当报档案馆、保卫处备案。

对因历史遗留问题造成的若干楼宇未进行消防设施验收移交就投入使用多年的情况，迅速摸清现状，及时立查、立改、处置、验收、移交，使之纳入正常管理，彻底消除消防安全隐患。

第二十三条　校内承接的新建、改建、扩建以及装饰装修工程，设计单位应按照国家工程建筑消防技术标准进行设计，建设单位应将工程的消防设计图纸及有关资料报公安消防机构审核。未经审核或经审核不合格的，建设单位和施工单位不得施工；经公安消防机构核准的建筑工程竣工后，建设单位应向公安消防机构申请消防验收，未经验收或经验收不合格的，不得投入使用。经公安消防机构审核、验收合格的工程项目，应将审核、验收合格的手续报学校消防机构备案。

第二十四条　各二级单位应当对动用明火实行严格的消防安全管理。禁止在具有火灾、爆炸危险的场所吸烟、使用明火；因特殊原因确需进行电、气焊等明火作业的，动火单位和人员应当向公安消防机构申办审批手续并向保卫处备案，落实现场监管人，采取相应的消防安全措施。作业人员应当遵守消防安全规定。

第二十五条　校内焚烧废物，需事前向校安全生产办公室提出申请，经同意后在保卫处指定地点进行。特殊焚烧，须有专人在现场负责，配置足够的消防器材以备应急使用。焚烧完毕应浇灭余火，将灰烬倒在安全地点。

第二十六条　在学校内举办的（联合举办、校外单位）文艺、体育、集会、招生和就业咨询等大型活动和展览，按照《西南交通大学大型活动管理规定》进行申报批准后方可举办。依法应当报请当地公安机关审批的，则自行申报并经审核同意后方可举办。活动的消防安全责任由主办单位全部承担，同时主办单位应当确定专人负责消防安全工作，明确并落实消防安全职责和措施，保证消防设施和消防器材配置齐全、完好有效，保证疏散通道、安全出口、疏散指示标志、应急照明和消防车通道符合消防技术标准和管理规定，制定灭火和应急疏散预案并组织演练。

第五章　消防设施及器材管理

第二十七条　本规定所指的消防设施包括公共消防设施与建筑消防设施。灭火器材指用于灭火、防火以及火灾事故的器材。

公共消防设施包括：

（一）校园地下消防供水管网、消防水泵及电控设备；

（二）校园地上、地下消火栓、消防水池；

（三）消防车通道、消防安全疏散通道、防火间距、消防安全标志、户外消防安全宣传设施；

（四）其他防火、灭火、抢险救援装备及设施。

建筑消防设施包括：

（一）火灾自动报警系统；

（二）火灾自动灭火系统；

（三）防排烟通风系统；

（四）广播通信系统；

（五）室内消火栓系统；

（六）应急照明与疏散指示系统；

（七）防火门和活动式防火分隔设施。

灭火器材包括：

（一）各种手提式、推车式、悬挂式灭火器、灭火器箱等；

（二）消火栓箱、水带、水枪等；

（三）破拆类工具、救援类工具、逃生类工具等。

第二十八条　保卫处是全校消防设施的管理部门，负责消防设施的监督、检查和相关操作人员的培训指导工作；负责室外公共区域消火栓的管理维护；负责购置、配备、维修、更换常规灭火器材；负责消防监控、报警系统及其配套设施的日常管理及维护；协助其他职能部门做好消防设施改造工程验收工作。

第二十九条　保卫处应按照国家《建筑灭火器配置设计规范》合理配置灭火器材，每具灭火器材及灭火器箱应统一编号，实行数据化 APP 管理。学校配置、维修的灭火器材应由保卫处与使用单位进行书面手续移交。因办公、科研、实验场所发生改变，搬迁时原配置的灭火器材不得带入新的场所，新场所所需灭火器材应另行申请配置。灭火器材的配置原则：

（一）教学、科研、行政办公、校医院、离退休处及学生公寓楼宇的灭火器材由保卫处负责配置并维修；

（二）经营性企业、自收自支单位、驻校内非体制内单位的灭火器材的配置自行负责。

第三十条　火灾报警探测器投入运行两年后，应每隔三年全部清洗一遍，并作相应阀值及其他必要的功能试验合格后方可继续使用；室外消火栓应定期检查，每具消火栓应编号建立档案，每半年开启一次防止锈蚀，栓体每两年进行刷漆维护。

第三十一条　按照“谁使用、谁管理”的原则，各使用单位应确定专人对本单位的消防灭火器材进行管理，责任落实到人头，至少每周对所管理的灭火器材进行一次检查。同时，各二级单位要负责对本单位范围内的消防设施进行检查和保管，防止损坏、丢失，一旦发现丢失、损坏或非正常工作，要及时报告保卫处；不能说明丢失原因或因管理不善丢失的，则由使用单位赔偿。

第三十二条　各二级单位对建筑物进行改建、扩建、装饰装修施工时，双方在签订施工合同中，施工方应缴纳合同履约保证金。施工方应保证建筑物内消防设施的完整，若改变原建筑结构的须经公安消防机构审批后方可施工。

第三十三条　各二级单位在与各物业公司签订服务合同时，须按国家法律法规要求，明确建筑物内消防设施的日常运行及维护、维修责任。对已纳入物业管理的，按合约开展消防设施的配备、维修、维护工作。

第六章　消防安全检查及整改

第三十四条　保卫处每季度组织一次全校性的消防安全检查。检查的主要内容包括：

（一）消防安全宣传教育及培训情况；

（二）消防安全制度及责任制落实情况；

（三）消防安全工作档案建立健全情况；

（四）单位防火检查及每日防火巡查落实及记录情况；

（五）火灾隐患和隐患整改及防范措施落实情况；

（六）消防设施、器材配置及完好有效情况；

（七）灭火和应急疏散预案的制定和组织消防演练情况；

（八）消防（控制室）值班情况和设施、设备运行、记录情况；

（九）其他需要检查的内容。

第三十五条　保卫处在进行消防安全检查时应当填写检查记录，检查人员、被检查单位负责人或者相关人员应当在检查记录上签名，对检查中发现的制度不完善、执行不彻底的单位以及火灾隐患应当及时填发“消防安全整改通知书”。

第三十六条　校内各二级单位每月至少对本单位消防安全情况进行一次防火检查并将结果提交保卫处。检查的主要内容包括：

（一）火灾隐患和隐患整改情况以及防范措施的落实情况；

（二）疏散通道、疏散指示标志、应急照明和安全出口情况；

（三）消防车通道、消防水源情况；

（四）消防设施、器材配置及有效情况；

（五）消防安全标志设置及其完好、有效情况；

（六）用火、用电有无违章情况；

（七）重点工种人员以及其他员工消防知识掌握情况；

（八）消防安全重点单位、部位管理情况；

（九）易燃易爆危险物品和场所防火防爆措施落实情况以及其他重要物资防火安全情况；

（十）防火巡查落实及记录情况；

（十一）其他需要检查的内容。

防火检查应当填写检查记录。检查人员和被检查部门负责人应当在检查记录上签名。

第三十七条　校内消防安全重点单位、部位由相关单位专人进行每日防火巡查，并确定巡查的人员、内容、部位和频次。其他单位可以根据需要组织防火巡查。巡查的内容主要包括：

（一）用火、用电有无违章情况；

（二）安全出口、疏散通道是否畅通，安全疏散指示标志、应急照明是否完好；

（三）消防设施、器材和消防安全标志是否在位、完整；

（四）常闭式防火门是否处于关闭状态，防火卷帘下是否堆放物品影响使用；

（五）消防安全重点部位的人员在岗情况；

（六）其他消防安全情况。

防火巡查人员应当及时纠正消防违规行为，妥善处置火灾隐患，无法当场处置的，应当立即报告。发现初起火灾应当立即报警，通知人员疏散并及时扑救。

防火巡查应当填写巡查记录，巡查人员及其主管人员应当在巡查记录上签名。

第三十八条　对下列违反消防安全规定的行为，检查、巡查人员应当责成有关人员改正并督促落实：

（一）消防设施、器材或者消防安全标志的配置、设置不符合国家标准、行业标准，或者未保持完好有效的；

（二）损坏、挪用或者擅自拆除、停用消防设施、器材的；

（三）占用、堵塞、封闭消防通道、安全出口的；

（四）埋压、圈占、遮挡消火栓或者占用防火间距的；

（五）占用、堵塞、封闭消防车通道，妨碍消防车通行的；

（六）人员密集场所在门窗上设置影响逃生和灭火救援的障碍物的；

（七）常闭式防火门处于开启状态，防火卷帘下堆放物品影响使用的；

（八）违章进入易燃易爆危险物品生产、储存等场所的；

（九）违章使用明火作业或者在具有火灾、爆炸危险的场所吸烟、使用明火等违反禁令的；

（十）消防设施管理、值班人员和防火巡查人员脱岗的；

（十一）对火灾隐患经公安机关消防机构通知后不及时采取措施消除的；

（十二）其他违反消防安全管理规定的行为。

第三十九条　学校对教育行政主管部门和公安机关消防机构、公安派出所指出的各类火灾隐患，应当及时予以核查、消除。

对公安机关消防机构、公安派出所责令限期改正的火灾隐患，学校应当在规定的期限内整改。

（一）消防设施、器材或者消防安全标志的配置、设置不符合国家标准、行业标准的，标识不明显的；

（二）室内、外消防栓、消防水泵不能正常使用，灭火器材缺少或过期需要改造、购置、维修的；

（三）电力设施陈旧，建筑物电线老化的；

（四）实验室消防设施配置不合理，危害较大的；

（五）校消防安全重点部位消防设施配置不全的；

（六）储存的废旧化学危险物品及包装未及时销毁的；

（七）由于历史原因形成的，其他可能造成危害的火灾隐患；

（八）其他违反消防安全管理规定的行为。

第四十条　对下列违反消防安全规定的行为，由保卫处责成有关人员当场改正，对不能立即整改的，责成相应的二级单位明确负责整改的部门、人员，限期整改：

（一）损坏、挪用或者擅自拆除、停用消防设施、器材的；

（二）占用、堵塞、封闭消防通道、安全出口的；

（三）埋压、圈占、遮挡消火栓或者占用防火间距的；

（四）占用、堵塞、封闭消防车通道，妨碍消防车通行的；

（五）人员密集场所或实验室在门窗上设置影响逃生和灭火救援障碍物的；

（六）常闭式防火门处于开启状态或损毁，防火卷帘下堆放物品影响使用的；

（七）违章进入易燃易爆危险物品生产、储存等场所的；

（八）违章使用明火作业或者在具有火灾、爆炸危险的场所吸烟、使用明火等违反禁令的；

（九）消防设施管理、值班人员和防火巡查人员脱岗的；

（十）对火灾隐患经公安机关消防机构通知后不及时采取措施消除的。

（十一）其他违反消防安全管理规定的行为。

第四十一条　学校对公安机关消防机构、公安派出所指出的各类火灾隐患，应当及时予以核查、消除。对公安机关消防机构、公安派出所责令限期改正的火灾隐患，学校应当在规定的期限内整改。对下列火灾隐患负责整改：

（一）消防设施、器材或者消防安全标志的配置、设置不符合国家标准、行业标准的，标识不明显的；

（二）室内、外消防栓、消防水泵不能正常使用，灭火器材缺少或过期需要改造、购置、维修的；

（三）电力设施陈旧，建筑物电线老化的；

（四）实验室分配不合理，危害较大的；

（五）校级和院、处级消防安全重点部位消防设施配置不全的；

（六）储存的废旧化学危险物品及包装应销毁的；

（七）由于历史原因形成的，其他可能造成危害的火灾隐患。

第四十二条　各二级单位负责整改的火灾隐患整改完毕后，整改单位应将整改情况记录报送相应的消防安全责任人或消防安全管理人签字确认后存档备查。

第四十三条　火灾隐患尚未消除的，隐患单位应当落实防范措施，保障消防安全。对于随时可能引发火灾或者一旦发生火灾将严重危及人身安全的，立即将危险部位停止使用或停业整改。

第四十四条　各二级单位对于公安消防机构、公安派出所和学校限期整改的火灾隐患，限期内没有整改的，由校安全生产办公室进行追责处理。

第四十五条　对于涉及社会原因等学校无力解决的重大火灾隐患，由保卫处牵头及时向公安消防机构报告，请求支持解决。

第七章　消防安全教育和培训

第四十六条　学校防火安全委员会原则上每学年召开一次工作会议，进行消防法规和专业知识的学习，同时研究学校消防安全管理工作。

第四十七条　校内各二级单位应当将师生员工的消防安全教育和培训纳入本单位消防安全年度工作计划，运用多种形式对所属师生员工、新进人员、实验员，变换工种和外来实习人员开展经常性的消防知识和消防安全教育；对特殊工种人员进行专门的消防安全培训。

消防安全教育和培训的主要内容包括：

（一）国家消防工作方针、政策，消防法律法规；

（二）本单位、本岗位的火灾危险性，火灾预防知识和措施；

（三）有关消防设施的性能、灭火器材的使用方法；

（四）报火警、扑救初起火灾和自救互救技能；

（五）组织、引导在场人员疏散的方法。

第四十八条　学生工作处和各学院应当把消防安全教育作为学生素质教育的重要内容之一，对学生开展形式多样的消防知识宣传教育活动，充分发挥各学院、团总支、辅导员、研究生指导教师的作用，设专人负责消防安全教育工作。对学生的宣传教育工作应采取下列措施，使学生了解防火、灭火知识，掌握报警、扑救初起火灾和自救、逃生方法。

（一）开展学生自救、逃生等防火安全常识的模拟演练，每学年至少组织一次全校性学生消防演练；

（二）根据消防安全教育的需要，将消防安全知识纳入教学和培训内容；

（三）对每届新生进行不低于 4 学时的消防安全教育和培训；

（四）对进入实验室的学生进行必要的安全技能和操作规程培训；

（五）每学年至少举办一次消防安全专题讲座，并在校园网络、广播、校内报刊开设消防安全教育栏目。

第四十九条　各二级单位应当组织新上岗和进入新岗位的员工进行上岗前的消防安全培训，对所属员工应至少每年进行一次消防安全培训。消防安全重点单位（部位）对员工每半年至少进行一次消防安全培训。

第五十条　下列人员必须依法接受公安机关消防机构组织的消防安全培训：

（一）学校及各二级单位的消防安全责任人、消防安全管理人；

（二）专职消防管理人员、学生宿舍管理人员；

（三）消防控制室的值班、操作人员；

（四）其他依照规定应当接受消防安全培训的人员。

第五十一条　保卫处根据各二级单位需求，协助各二级单位举办消防知识讲座，指导各二级单位开展各项消防宣传、培训工作。

第五十二条　公众聚集场所等在集会、活动期间，应利用图片、广播、闭路电视等向师生及参会人员宣传防火、灭火、疏散逃生等常识，并设置引导人群疏散的指示标志或图示。

第八章　应急疏散预案、演练及火灾事故

第五十三条　各二级单位应当制定相应的灭火和应急疏散预案，建立应急反应和处置机制。

灭火和应急疏散预案应当包括以下内容：

（一）组织机构：指挥协调组、灭火行动组、通信联络组、疏散引导组、安全防护救护组；

（二）报警和接警处置程序；

（三）应急疏散的组织程序和措施；

（四）扑救初起火灾的程序和措施；

（五）通信联络、安全防护救护的程序和措施。

（六）其他需要明确的内容。

第五十四条　消防安全重点单位应当按照灭火和应急疏散预案每半年至少组织一次消防演练，并结合实际，不断完善预案。消防演练应当设置明显标识并事先告知演练范围内的人员，避免意外事故发生。

第五十五条　校内各实验室应当有针对性地制定突发事件应急处置预案，并将应急处置预案涉及的放射、生物、化学及易燃易爆物品的种类、性质、数量、危险性和应对措施及处置药品的名称、产地和储备等内容报学校资产与实验室管理处、保卫处备案。

第五十六条　学校义务消防队应每月组织一次消防安全技能训练，以检验队伍扑救火灾的能力。

第五十七条　发生火灾时，相关部门及人员应当及时报“119”火警，同时报告保卫处值班室，并立即启动防火、疏散应急预案，迅速扑救初起火灾，及时疏散人员。同时按照事故报告制度进行报告。

第五十八条　保卫处接到火灾报警后，迅速启动火灾处置预案，立即组织人员赶赴现场，进行初起火灾的扑救，指挥火灾现场被困人员疏散；掌握火灾现场基本情况及时向学校和上级机关通报火灾情况；指挥和协调学校相关单位做好后续工作；组织人员保护好火灾现场；火灾扑灭后，协助公安消防机构调查火灾原因，核定火灾损失，查明火灾事故责任，提出事故处理意见。

第五十九条　事故单位和当事人应当保护现场并接受事故调查，协助公安消防机构、保卫处调查火灾原因、统计火灾损失。未经保卫处同意，任何人不得擅自清理火灾现场。

第六十条　校内发生火灾事故，由校安全生产领导小组成立事故调查组，按照“事故原因没查清不放过、责任人员没处理不放过、整改措施没落实不放过、有关人员没受到教育不放过”的“四不放过”原则严肃追责。

第六十一条　火灾事故调查结束后，事故调查组应制作火灾事故调查报告，将调查情况书面报学校及公安机关消防机构。

火灾事故调查报告应包含如下内容：

（一）火灾事故基本情况；

（二）火灾事故经过；

（三）火灾原因分析；

（四）火灾事故损失情况；

（五）火灾事故责任认定；

（六）火灾事故处理建议；

（七）教训和整改措施；

（八）附件内容应有：火灾现场示意图；火灾现场照片；物品损失、核定清单；当事人询问材料等。

第六十二条　火灾发生原因及责任由公安消防机构、学校防火安全委员会或学校委托有资质的评估单位进行认定。

第九章　消防经费

第六十三条　学校建立消防专项经费，将日常消防经费和普消设施纳入学校年度经费预算，将自动消防设施系统维修及维保经费纳入学校年度修购计划经费预算进行管理。由保卫处归口汇总经费预算后，上报学校批准后实施。学校确保消防经费的投入，保障消防工作的资金投入需要。

消防经费用于：

1. 校内常规灭火器材的配置、维修、更换；
2. 消防演练所需的设施、材料；
3. 消防宣传教育、培训、奖励。

第六十四条　经学校批准的消防年度经费预算，由计划财务处负责拨付，保卫处负责按项目预算实施。

第六十五条　所有项目的设备采购均需按照学校招标与采购办公室程序要求，合法合规进行。

第六十六条　消防专项经费使用坚持专款专用、统筹兼顾、保证重点、勤俭节约的原则。任何单位和个人不得挤占、挪用消防经费。

第六十七条　对火灾隐患引起的突发性事件，其整改经费按“一事一议”的原则，纳入学校专项落实经费。

第十章　奖惩

第六十八条　学校将消防安全工作纳入校内评估考核内容，对在消防安全工作中成绩突出的单位和个人给予表彰奖励。

第六十九条　对未依法履行消防安全职责、违反消防安全管理制度、或者擅自挪用、损坏、破坏消防器材、设施等违反消防安全管理规定的，学校责令其限期整改，给予通报批评；对直接负责的主管人员和其他直接责任人员根据情节轻重给予警告等相应的处分。

前款涉及民事损失、损害的，有关责任单位和责任人应当依法承担民事责任。

第七十条　对发生火灾事故的部门，由校安全生产领导小组进行处理及追责。

第七十一条　对在消防安全工作中做出突出成绩的单位和个人，以及在扑救火灾、保护生命财产中表现突出的人员，由校安全生产领导小组给予表彰和奖励。

第十一章　附则

第七十二条　本规定未尽事宜，按照《中华人民共和国消防法》《机关、团体、企业、事业单位消防安全管理规定》《高等学校消防安全管理规定》《西南交通大学安全生产管理规定》及其他法律法规执行。

第七十三条　本规定由西南交通大学防火安全委员会负责解释，由学校保卫处督导实施。

第七十四条　本规定自学校 2017 年 7 月 12 日第九次校长办公会讨论通过之日起施行，原《西南交通大学消防安全管理规定》同时废止。

西南交通大学校园交通管理办法

（2017 年 12 月 6 日发布）

第一章　总则

第一条　为进一步加强校园交通管理，保障校园交通安全有序，维护学校正常的教学、科研和生活秩序以及师生员工的人身财产安全，根据《中华人民共和国道路交通安全法》《中华人民共和国道路交通安全法实施条例》及有关法律法规，结合学校实际，制定本办法。

第二条　凡在西南交通大学校园道路上的车辆驾驶人、行人、乘车人以及与道路交通活动有关的单位和个人，都应当遵守本办法。

第三条　校园交通管理，遵循以人为本、依法管理的原则，做到有规可依、有规必依、执规必严、违规必究，保障道路交通有序、安全、畅通。

第四条　单位和个人依法参与校园道路交通活动受法律保护，对违反道路交通安全法律法规的行为有劝阻、举报的权利。

第二章　部门职责

第五条　保卫处、党政办公室、宣传部、学生处、人事处、校工会、信息网络与管理处、离退处、后勤与基建管理处、产业集团公司等相关人员组成校园交通管理委员会，由分管校领导任主任、保卫处处长任副主任，对涉及校园道路及交通相关议题进行决策。

第六条　校园交通管理委员会负责校园道路交通设施和停车场（位）规划，审定学校交通安全管理规章制度，研究其他涉及学校交通管理的事项。

第七条　保卫处负责在校园道路交通规划建设的基础上，对进出校园车辆进行管理，维护校内交通秩序，协助公安交通管理部门处理交通事故及案件。

第八条　校内各单位应当经常对本单位的师生员工进行道路交通安全、法制教育，提高师生员工的道路交通安全、法律意识。

第三章　校门管理

第九条　将“认真管住、管好校门”作为校门管理的管理原则。

第十条　行人管理。

成都两校区各大门处均安装行人双向通行道闸，行人凭证刷卡进出。

（一）校内师生员工凭校园一卡通或身份证刷卡进出；

（二）教职工家属及外聘人员凭身份证、一卡通刷卡等相关证件进出；

（三）外来办事人员凭身份证刷卡进出；

（四）其他人员如未带有效证件，凭学生证、工作证、介绍信等有效证件在各门卫处登记进出校门；

（五）一卡（证）一刷，禁止翻越、抢行、尾随、冲闸等行为。

第十一条　非机动车管理。

非机动车凭证刷卡双向进出校门：

（一）非机动车入校时须下车推行；

（二）车主刷一卡通或身份证进入校门；

（三）如未带有效证件，凭学生证、工作证等在各门卫处登记进入校门；

（四）不能证明为本人车辆的，禁止进出校园；

（五）一卡（证）一刷，禁止翻越、抢行、尾随、冲闸等行为；

（六）除后勤工作保障三轮车外，禁止其他三轮车进入校园，入校三轮车一律悬挂相关单位保障用车标识并在标识上加盖单位公章。

第十二条　机动车管理。

（一）成都两校区校门均安装车辆门禁识别系统，校内车辆进入系统管理，进出校门时自动抬杆通行。

（二）严格控制校外车辆进入校园。禁止校外人员驾车进入学校锻炼、穿行、停车过夜、送小孩参加校外组织的社会培训等；来校办理公务、施工、运送物资等的车辆，需由校内相关单位提前三个工作日通过西南交通大学车辆预约系统提交申请。

（三）进校施工的车辆，由后勤与基建管理处提交申请（申请内容：车型、时间、出入门、进出货物品名、车牌号）；来校参加培训、考试或出席大型活动的车辆，可在规定时间内进入门禁系统；其他确需进入校园的校外车辆，由保卫处按照从严从紧原则进行规范管理。

（四）确因工作关系、业务培训、各类保障等车辆及上级主管部门车辆需长期进入校园的，由工作对接单位提出申请，报保卫处审核后由校园交通管理委员会确定。

（五）禁止社会车辆在学校借道穿行、停车过夜，非学校组织的培训或考试车辆驶入（特种车辆如军车、警车、消防车、救护车、通信车、水电天然气抢险车、邮政车、运钞车等除外）。

第十三条　学校成都两校区各校门开放时间为：九里校区南门 24 小时开放，九里校区北门、西门每天 6：30 至 23：00 开放；

犀浦校区西门、东门每天 6：30 至 23：00 开放，风洞门每天 6：30 至 24：00 开放，南门 24 小时开放。

第四章　校园道路管理

第十四条　行人管理。

（一）校园内行人应走人行道，没有划定人行道的道路应靠右侧路边通行；

（二）穿行道路或交叉路口时，应确认安全后再通行；

（三）通过有交通信号灯的路口，应当按照交通信号灯指示通行；

（四）严禁在校园内有以下影响校园道路交通安全的行为：

1. 在道路上溜旱冰、滑轮板等；

2. 在道路上坐卧、嬉闹、打球、放风筝、强行拦车、追车等；

3. 影响校园道路交通安全和人身安全的其他行为。

第十五条　非机动车管理。

（一）非机动车行驶最高时速不得超过 20 千米；未满 12 岁的儿童，不得在校园道路上骑自行车。

（二）校园内应安全、文明骑行自行车、电瓶车、人力三轮保障车等，严禁逆向行驶、骑车时使用手机、骑快车、相互追逐、急转猛拐、双手脱把、攀扶其他车辆等有碍道路交通安全的行为。

（三）校园电动摆渡车不得随意上下客，需在指定站台站点停靠，并严格按照相关路段红绿灯指示通行。

第十六条　机动车管理。

（一）所有进入校园的车辆必须服从指挥、服从管理，应当自觉遵守道路交通法律法规和校园交通管理的有关规定，文明驾驶、减速慢行。

（二）校园内主环路限速（含）30 千米/小时、支路限速（含）20 千米/小时，机动车在校园道路行驶不得超速、鸣笛、轰鸣、漂移。

（三）机动车严禁驶入教学区和学生区。

（四）校园道路严禁学车、练车、无证驾驶、酒后驾车以及通过十字交叉路口不遵守相关路段红绿灯指示减速慢行；在学生上下课高峰期时，机动车应主动避让，不得强行通过。

严禁车辆在校园道路内超速、超载、超长、超高行驶，严禁夜间开远光灯，严禁不按道路标线行驶、逆行或在非机动车道上驾驶机动车。

（五）倡导师生员工绿色出行，尽量减少在校园交通中使用机动车。

（六）社会人员机动摩托车、校内人员无牌机动摩托车以及赛摩禁止驶入校区。

第十七条　未经许可，任何单位和个人不得占用校园内道路从事非交通活动；任何单位和个人不得擅自设置、移动、占用、损毁交通信号灯、交通标志、交通标线。

第十八条　因工程建设需要占用、挖掘道路，或者跨越、穿越道路架设、增设管线设施，应当提前三天征得基建规划部门的同意，并报保卫处备案。施工作业单位应当在经批准的路段和时间内施工作业，并做好安全警示防护措施；施工作业完毕，应当迅速清除道路上的障碍物，消除安全隐患。

第十九条　在校园道路范围内，在不影响行人、车辆通行的情况下，保卫处可以施划停车泊位。

第二十条　保卫处根据道路和学校实际，可以对机动车、非机动车、行人采取疏导、限制通行、禁止通行等措施。遇有大型群众性活动、大范围施工等情况，需要采取限制交通的措施，或者做出与公众的道路交通活动直接有关的决定，应当提前向学校师生员工公告。

第五章　校园车辆停放

第二十一条　非机动车停放。

（一）停放非机动车时，应当下车推行，并在划定的停车线内或指定区域规范、有序停放。

（二）全校所有办公楼、教学楼、实验楼、宿舍楼和其他用房等的走道内一律不得停放非机动车。

（三）非机动车不得随意停放，不得堵塞消防通道或阻碍道路通行。

（四）校园内共享单车的投放应文明、科学，师生使用共享单车绿色出行应文明停放，在规定的停车线内有序停放。

第二十二条　机动车停放。

（一）机动车辆进入校园后，应按照停车指示、标志，将车辆停放到指定停车场或停车位，车头需向外停靠；占道停放的车辆需沿行驶方向顺向停放。

（二）遇有交通管理人员现场指挥时，应当按照交通管理人员的指挥停放；学校大型活动或执行特殊任务时，机动车的行驶路线和停放应服从统一指挥。

（三）犀浦校区认真落实进校车辆停车入位制度。所有进入校园的车辆必须在规定的停车场或划有停车位的车位中有序顺向停放。切实推行校园商家车辆定点定位停车制度，须在指定专用停车位规范停放。

（四）九里校区鉴于交通资源有限，入校车辆必须停放于有标志的停车区域内。

（五）学校校车应在指定的场所停放和上下客。

（六）实习车、大型客车、货车、工程车进入校园后，在规定区域停放。

（七）校外因公来访车辆不得在校内过夜停放，确有需要者，须经保卫处同意，并在指定的停车场所或临时停放点停放车辆。

（八）校园人行道、消防通道、绿化带、楼宇出入口、车辆与人员集散地通道以及无停车标志的道路和区域，严禁停放车辆。

（九）九里校区百年校庆纪念碑周边、行政楼至镜湖宾馆沿湖内侧、大学生会堂旁、篮球场单边、一食堂主路单边、三教旁银杏小道禁止机动车停放。

（十）犀浦校区西半环道路全线禁止停放机动车，所有车辆一律停至生态停车场内；工作日期间的特殊时段（上午 11：30 至 13：00）内，在停车场停车位已满的情况下，允许机动车临时占道，停放在停车场一侧的环路上，占道停放的车辆需沿行驶方向顺向停放。

其他时段在西环路一侧因取快递、接送人等缘由临时占道停车的，允许十分钟以内车辆开启双闪应急灯，停放于停车场一侧的环路上。

第二十三条　对于校园内停放的逾期未办理车辆进出校园手续 1 个月以上，或因各种理由进出校园内临时停放超过 1 个月的车辆，由保卫处协同公安机关定时进行清理。

第六章　离校管理

第二十四条　行人离开校园时按照本办法第十条相关规定执行，如携带物资应主动说明并配合门卫检查。

第二十五条　非机动车离开校园时按照本办法第十一条相关规定执行，如携带物资应主动说明并配合门卫检查。

第二十六条　因系统原因未能识别的校内车辆出示工作证件离开校园；系统外车辆按照门禁管理系统显示金额缴纳费用，并收取票据。严禁抢行、冲闸行为。

第二十七条　凡出入校园道路从事运输物品的车辆，需主动接受门卫检验，持相关单位出具证明，方可离开。

第七章　车辆预约管理

第二十八条　因公来访车辆预约进校办理流程。

（一）校内各二级单位应指定一名工作人员专项负责校外车辆因公来访预约办理工作，预约申请原则上提前三个工作日报保卫处审核，原则上节假日期间不办理网上预约。

（二）校内各二级单位在保卫处网站车辆预审系统申请因公来访车辆预约进校手续时，需实事求是地在网上认真填写“车辆预约管理申报表”，按照表格内容填写因公来访详细信息（包括来访单位、来访事由、来访时间、车辆牌号、二级单位经办人联系方式等），事后一周内将本周发生的车辆预约信息，以纸质“车辆预约管理申报表”由二级单位相关负责人签字并加盖公章，提交保卫处备案。

（三）保卫处在收到二级单位网上预约申请后，将车辆信息录入预约进校系统。

（四）因公来访车辆在校访问期间，车辆凭号牌识别进出校园，如进校超过预约时间，将计时收费。

（五）预约系统是方便二级单位与校外单位正常关系往来，非公务往来不得申请。

（六）禁止各二级单位创收性的各类培训人员车辆的预约申请；禁止与学校交通管理文件政策不符的各类预约申请。

第二十九条 各二级单位必须本着为学校负责任的态度认真执行校外车辆因公来访预约办理规定，严格管理，如发现违规申请或申请与信息不符的车辆进校情况，保卫处将立即取消该单位的预约申请权，同时由本单位对当事人进行处理。

第八章　违规处理

第三十条　行人及非机动车。

（一）行人及非机动车驾驶员如违反本规定的，保卫处交通管理人员一经发现将对其进行批评教育；

（二）不服从管理并态度恶劣者，属校内人员的将通报本单位，属校外人员的将被禁止再次入校；

（三）情况特别恶劣者，将交由公安机关依法处理。

第三十一条　机动车。

（一）对于违反本办法中机动车行驶及停放相关规定的，保卫处将对车辆采取贴违章告知单、锁车处理；情节严重的将采取拖车、移交交警处罚等处理。

（二）在学校保卫处网站主页设置校园交通违章曝光台。

机动车驾驶员属校内教职员工，违反学校车辆管理规定、不按校内行驶停放管理规定的，保卫处交通管理人员对其进行教育、批评、劝导；不服从管理的在违章曝光台进行曝光，通知其所在单位，并在学校范围内进行点名通报批评。

1. 对首次违章的，曝光其车牌及车主姓名；

2. 对第二次违章的，曝光车牌、车主姓名及所在单位；

3. 对第三次违章的，将其驾驶车辆车辆从管理系统中移出，取消当年度办理车辆出入校园手续，按照临时车辆计费进出校园。

对态度恶劣拒不服从管理的，报公安交通管理部门按相关规定处理。

（三）机动车驾驶员属校外人员的，违反本办法相关规定，情节轻微的，经批评教育后劝诫离校；经劝说无效或情节较重的，报公安交通管理部门按相关法规处理，同时在校园车辆管理系统内注销其进校资格，纳入系统黑名单，禁止进入校园。

（四）实行车辆门禁系统禁止入校的黑名单制。

校园内按学校规定办理了车辆进出校园手续并纳入系统管理的车辆，对使用假行驶证等虚假证件申请办理车辆出入校园、三次违章备案车辆，在车辆管理系统内注销其进校资格，按照临时入校车辆收费进出。

继续违规的，纳入系统黑名单，禁止进入校园，同时次年取消办理进校资格。

（五）购买（租赁）了九里校区南北园电梯公寓地下停车位的车辆，必须停放在地下停车场对应车位，严禁停放于九里校区校园道路路面上。

对违反管理规定的车辆，按照以上规定处理。

第三十二条　违反本办法受到处罚车辆采取堵门等影响学校教学、科研秩序，影响学校师生日常生活的，保卫处根据相关工作预案处置，同时按照 2015 年 11 月 1 日颁布实施的刑法修正案第九条规定报公安机关处理。

第九章　交通事故处置

第三十三条　在校园内发生交通事故，应保护好现场，并及时拨打报警电话报告公安交通管理部门和学校保卫处。

第三十四条　保卫处接到校内交通事故报警后，应立即派人赶赴现场，协助抢救伤员，维持现场秩序，指挥疏导交通，并协助公安交通管理部门调解和处置交通事故。

第三十五条　在校内发生的交通事故，需保卫处出具相关证明的，必须在事故发生时向保卫处报告，事后保卫处将不予受理。

第三十六条　凡是符合简易处理的交通事故类型，当事人应尽快将车辆撤离交通事故现场，不得阻碍交通。

第三十七条　在校园内发生道路交通事故，造成道路、供电、供水、通信等设施设备以及花草树木毁损的，事故责任人应当赔偿损失。造成人员伤亡的，由公安交通管理部门按照法律法规的相关规定进行处理。

第十章　附则

第三十八条　本办法自公布之日起施行，由西南交通大学保卫处负责解释和执行。2013、2014 年颁布的《西南交通大学关于加强成都两校区校园交通管理的通知》（西交校保卫〔2013〕3 号）、《西南交通大学九里犀浦校区校外车辆入校的操作规范》、《关于转发西南交通大学〈办理 2014 年机动车出入卡的公告〉的通知》、《西南交通大学关于进一步加强犀浦校区校园交通管理的通知》（西交校保卫〔2014〕2 号）的文件规定同时废止。

峨眉校区交通管理办法参照本办法另行制定执行。

西南交通大学外籍教师（专家）管理办法

（2018 年 1 月 15 日发布）

为进一步贯彻落实教育部《关于建立健全高校师德建设长效机制的意见》（教师〔2014〕10 号）、《高等学校教师职业道德规范》（教人〔2011〕11 号）、《严禁教师违规收受学生及家长礼品礼金等行为的规定》（教监〔2014〕4 号）、《西南交通大学加强教师思想政治工作和师德师风建设实施细则（试行）》（西交党〔2017〕27 号）及学校有关师德学风要求，根据《西南交通大学“十三五”事业发展规划》（西交党〔2016〕54 号）文件精神，“‘十三五’期间学校将积极推进师资队伍国际化，外籍师资队伍初具规模”，为更好地推动我校特色鲜明世界一流大学建设，加快师资队伍建设国际化的步伐，规范外籍教师管理，为外籍教师提供优质高效的服务，结合我校实际，特制定本办法。

第一章　总则

第一条　坚持高端引领、需求导向的原则，加大引进高层次外籍教师力度。以开放、灵活、高效的政策，吸引更多符合我校战略发展需求、带动学科建设、促进师资队伍发展、提高人才培养质量的高端、高层次外籍教师来我校工作。

第二条　学校鼓励各二级单位根据本单位教学、科研和学科建设需要，通过申报国家、部委（地方）和学校各类人才计划聘请外籍教师来校工作。优势特色学科应加大聘请外籍教师的力度，重点扩大专业外籍教师和长期外籍教师的比例，特别是高端、高层次、团队集群式引进的外籍教师比例。

第三条　建立、健全外籍教师管理和服务体系，营造良好的环境氛围。人事处为外籍教师聘任和管理的牵头部门，负责外籍教师聘任入职手续办理和日常人事管理；国际合作与交流处负责外籍教师外国人工作许可证办理等外事服务与涉外管理工作；二级单位为外籍教师日常管理和服务的主体部门，其他相关部门努力做好支持工作。各单位用好用足国家、地方、学校在引进外籍人才方面的配套政策，做好外籍教师岗位管理，为外籍教师在出入境、证件办理、居留等方面提供服务便利。

第二章　适用范围及聘任条件

第四条　适用范围

本办法所指外籍教师是指依托国家、部委（地方）、学校各类人才计划、专项计划、国际合作项目聘任（邀请），与我校签订正式工作协议、合同或邀请，聘期（来访期间）内具有明确的任务或考核目标，能够对我校相关工作（人才培养、科学研究、学科建设等）做出实质性贡献的外籍人员，长期外籍教师为每年来校实际工作时间不少于 9 个月的外籍人员。

第五条　聘任条件

1. 身体健康，对华友好，师德师风良好，学术、业务水平较高，符合我校师资队伍建设需要，年龄一般在 60 周岁以下，对于部分国家特聘的高端外国专家（以入选相关人才及引智项目批复文件为准或满足学校引进人才相关要求），年龄限制可适当放宽。

2. 专业类外籍教师，应具有博士学位或副教授以上职称，五年以上的教学和科研经历或满足学校引进人才相关要求；语言教学类外籍教师，按照《国家外国专家局关于印发外国人来华工作许可服务指南（暂行）的通知》（外专发〔2017〕36 号）中相关规定执行。

第三章　聘请程序及合同管理

第六条　拟通过国家、部委（地方）或学校人才计划（工程）等聘请的外籍教师，由相应人才计划（工程）的校内牵头部门负责组织推荐申报。

第七条　其他外籍教师的聘请，由二级单位负责遴选和推荐，人事处负责组织学校层面的审批。

第八条　人事处负责协同国际处、用人单位进行工作协议或合同的商谈、起草、审核、签订与管理。

第四章　薪酬待遇及福利

第九条　外籍教师的薪酬，按经费来源分为国家资助和学校资助两类。国家资助一般是国家（地方）部委设立的人才引进计划项目或科研项目；学校资助一般是学校批准设立的人才引进计划和学校专项外籍人员聘用计划项目。语言外籍教师的薪酬通过学校专项聘用计划进行资助。薪酬具体标准及保险安排依据相关规定在协商工作协议或合同时予以确定。

第十条　外籍教师在校工作期间，除国家及学校政策明确规定不能享受的福利待遇外，与校内现有中国籍教师享有同等福利。

第五章　日常管理及考核

第十一条　外籍教师纳入学校现有教师体系统一管理，入职时应履行报到手续。

第十二条　外籍教师入职后，用人单位和相关部门应及时向外籍教师介绍我国情况和我国的教育方针、政策、法律、法令及有关规定，帮助其了解中国、了解学校，督促其遵守中国的法律法规及学校的规章制度和纪律，尊重中国的公众利益、文化传统及风俗习惯。

第十三条　外籍教师应具有良好的职业道德和学术素养，认真履行教师职责，严谨治学、关爱学生、团结协作，将先进的教育教学理念和方法、严谨的治学态度和科学精神融入教学、科研工作中，悉心指导青年教师和学生，在团队中起到表率和带动作用。

第十四条　学校及二级单位应充分尊重外籍教师的宗教信仰及风俗习惯，但不允许外籍教师在教育教学中进行非法宗教活动及政治活动。外籍教师在教育教学中，要严格执行上级和学校有关规定，不得散布攻击我国党和政府以及相关政策法规的言论，不得从事传教活动。如有违反者，一经查实，给予解聘处理。

第十五条　用人单位和管理部门要加强对外籍教师师德教育和监督。外籍教师不得违反教育部《关于建立健全高校师德建设长效机制的意见》（教师〔2014〕10 号）、《高等学校教师职业道德规范》（教人〔2011〕11 号）、《严禁教师违规收受学生及家长礼品礼金等行为的规定》（教监〔2014〕4 号）及《西南交通大学加强教师思想政治工作和师德师风建设实施细则（试行）》（西交党〔2017〕27 号）等有关师德学风要求。如有违反者，一经查实，给予解聘处理。

第十六条　外籍教师在聘期内应参照遵守我校现有教师有关管理规定。严格履行请销假制度，保障工作秩序。

第十七条　外籍教师出国（境）执行公务，需按学校相关规定，上报出访计划，填写“西南交通大学因公出国（境）审批表”，履行校内相关审批手续。

第十八条　用人单位依据与外籍教师所签订的劳动合同或工作协议并结合学校师德师风考核标准，对外籍教师进行考核，其劳动合同或工作协议中应明确考核结果对聘用关系存废的意见。

第六章　其他

第十九条　外籍教师与用人单位发生劳动争议，应协商解决；协商不成的，当事人可以向学校劳动人事争议调解委员会申请调解；调解不成的，可依法提请劳动仲裁、法律诉讼。

第二十条　涉及为外籍教师办理出入境、证件、居留等方面的服务工作按照国家有关规定遵照执行。

第二十一条　其他未尽事宜，按照上级有关文件执行。

第二十二条　本办法自文件发布之日起执行，《西南交通大学外国文教专家（长期语言和专业专家）聘请和管理办法》（西交校外〔2003〕17 号）自本办法发布之日起废止。本办法由人事处和国际处负责解释。

西南交通大学科学技术研究安全管理规定

（2016年8月31日发布）

第一条　为了加强学校科学技术研究安全（以下简称“科研安全”）生产工作，防止和减少科研安全事故，保障学校科技工作者生命和财产安全，促进学校科技工作持续健康发展，依据《中华人民共和国安全生产法》《西南交通大学安全生产工作管理规定》与《西南交通大学安全生产常态化监督检查工作办法》等法律、规章与制度，结合我校实际，制定本规定。

第二条　本规定中的科研安全生产工作，是指学校师生在开展科研活动（不包括实验室的安全生产工作）中，要确保不造成人员伤亡、不造成职业病、不造成财产损失。

第三条　本规定中的科研安全生产管理工作，是指西南交通大学科学技术研究安全工作领导小组（办公室挂靠科研院）在学校安全生产工作领导小组领导下，对科研项目立项实行科研安全书面承诺制度，对科研项目实施实行科研安全监督制度，对科研业绩评价实行一票否决制度。

对在实验室开展的科研活动，执行学校实验室安全管理有关规定。

第四条　学校成立“西南交通大学科学技术研究安全工作领导小组”。组成如下：

组长：分管科研的校领导。

常务副组长：科学技术研究院院长。

副组长：科学技术研究院各位副院长。

成员：各二级科研单位的分管领导。

西南交通大学科学技术研究安全工作领导小组的主要职责是：（1）对学校科研安全工作实施统一领导、组织协调、监督检查，落实学校有关科研安全相关工作的要求；（2）研究决定涉及学校科研安全相关的问题；（3）协调处理科研安全隐患；（4）研究提出对安全事故责任人、相关人员、相关二级科研单位的责任追究初步意见并上报学校。

西南交通大学科学技术研究安全工作领导小组下设办公室，挂靠科研院，负责科学技术研究安全工作领导小组的日常工作，实施、协调和落实其决定事项。具体职责是：（1）建立健全学校科研安全生产管理工作体系和制度，加强学校科研安全生产工作部署；（2）组织开展学校科研安全教育培训；（3）对于大型科研试验和危险性较大的科研项目，要在二级单位提出申请的基础上，组织开展安全论证，确保安全防护措施落实到位；（4）组织落实学校科研安全生产工作中的各项事宜，加强对各二级单位科研安全生产工作的督查督办。

第五条　学校在科研项目立项过程中实行科研安全书面承诺制度。从本规定发布之日起，所有科研项目立项，项目负责人与二级单位分管科研领导均要在“西南交通大学科研项目立项审查表”（附件）的“科研安全承诺”栏目上签字盖章，以书面形式承诺：

（1）要牢固树立科研生产安全防范意识，要意识到“安全工作始终在路上”，要时时刻刻、事事处处做好科研安全生产工作；

（2）要自觉遵守所有科研安全生产相关规章制度，如《西南交通大学安全生产工作管理规定》与《西南交通大学安全生产常态化监督检查工作办法》等；

（3）要严格落实各项科研安全生产操作规程，坚决杜绝科研生产安全隐患；

（4）特殊科研岗位人员要自觉接受岗位培训、切实做到持证上岗。

否则，不予立项。

第六条 学校在科研项目实施过程中实行科研安全生产监督制度。科研院组织校内相关二级单位对学校科研项目实施中的安全生产工作进行监督检查，督促科研活动人员恪守“科研安全承诺”，确保各项科研安全生产规章制度落到实处，确保科研项目安全实施。对查出的安全隐患，科研院要责令有关二级单位和项目负责人限期整改，并将整改方案和结果及时上报。

第七条 学校在科研评价过程中实行一票否决制度。各二级单位正职领导是科研安全生产的第一责任人，全面负责本单位科研安全生产工作。各二级单位分管科研的领导履行科研安全生产组织管理职责，对本单位科研安全生产工作负主要领导责任。科研项目负责人是科研安全生产的直接责任人，对科研项目实施中的安全生产负直接责任。

各二级单位发生的科研生产安全事故，各责任主体除受到学校有关规定的惩罚外，还将受到一票否决惩罚：（1）相关二级单位的年度科研考核为不合格；（2）各科研项目负责人的年度科研考核为不合格，五年内不能申报各类项目，不能享受学校各类科研奖励。

第八条 本规定由科研院负责解释，自发布之日起实行。

西南交通大学学生公寓管理办法

（2019 年 4 月 25 日发布）

第一章　总则

第一条　为规范学生公寓管理，营造安全、舒适、优美、安静的学习环境和生活环境，培养学生优良的品德和良好的作风，依据《普通高等学校学生管理规定》等法律法规和规定，结合学校实际，制定本办法。

第二条　学生公寓是指学校的各类学生住宿建筑物，其所有权属于学校。入住学生公寓的学生应当服从学校管理。

第二章　管理体制

第三条　学生公寓由资产与实验室管理处、学生工作部、后勤与基建管理处、物业服务中心、国际合作与交流处（国际教育学院）、保卫处及各学院共同配合，实施综合管理。具体分工如下：

1. 资产与实验室管理处负责学生公寓的统筹管理，具体职责有：参与制定学生公寓建设规划；负责统筹学生公寓使用规划；负责学生公寓房屋及附属设施修缮统计；负责学生公寓家具资产配置；负责因房屋客观原因造成的宿舍、床位调整审批。

2. 学生工作部负责统筹学生公寓学生教育和管理，具体职责有：负责按照规划做好学生床位分配工作，配合完成学生公寓调整工作；负责统筹指导各学院开展学生安全教育、行为规范教育、思想政治教育；负责统筹学生宿舍安全联合检查；负责统筹学生宿舍卫生联合检查；负责定期组织学生进行应急疏散演练，配合进行消防演练；负责依规定、权限和程序对发生在学生公寓内的违纪行为进行处理；负责学生公寓辅导员工作站的建设和管理；负责学生宿舍、床位调整的受理。学生工作部应就学生公寓学生教育和管理制定相关细则。

3. 后勤与基建管理处、物业服务中心负责学生公寓日常物业管理和服务，具体职责有：负责参与学生宿舍安全联合检查；负责参与学生宿舍卫生联合检查；负责配合开展学生安全教育、行为规范教育、思想政治教育；负责做好学生公寓楼宇门的管理和值守；负责做好学生公寓公共区域清洁卫生以及房屋、家具日常维修工作；负责学生公寓区域内的卫生防疫工作；负责完善学生公寓配套设施建设；负责做好学生公寓日常安全巡视、报告工作。后勤与基建管理处、物业服务中心应就学生公寓的日常物业管理和服务制定相关细则。

4. 国际合作与交流处（国际教育学院）负责做好留学生公寓的床位分配工作；学生工作部、国际合作与交流处（国际教育学院）共同负责完成留学生公寓调整、退宿等工作。

5. 保卫处的具体职责有：负责学生公寓的治安、消防安全等综合管理及检查指导和督促；负责定期组织学生进行消防演练，配合进行应急疏散演练；负责学生公寓组团门禁的管理及组团的安全巡查。

6. 各学院的具体职责有：负责具体落实学生床位分配和学生公寓调整工作；负责具体开展学生安全教育、行为规范教育、思想政治教育；负责具体做好学生宿舍日常安全检查和日常卫生检查；负责定期组织学生进行应急疏散演练及消防演练；负责依规定、权限和程序对发生在学生公寓内的违纪行为提出处理建议。

第三章　管理规范

第四条　学生入住

1. 全日制本科生原则上应在学生公寓集中住宿，学生工作部、后勤与基建管理处、物业服务中心、各学院负责具体安排。硕士研究生（MBA、MPA 除外）、博士研究生（在职博士研究生除外）在学制内，经本人申请，由学校统一安排住宿。以上各类学生均包含留学生。学校优先保证全日制本科生全部入住学生宿舍。

2. 学生入住前，学生工作部负责代表学校与学生签订入住协议书，明确学校与学生双方的权利、责任、义务。

3. 住宿分配本着分区住宿、按学院相对集中的原则进行，住宿条件紧张的情况下需充分利用床位。

4. 全日制本科生、硕士研究生在校住宿超出学制的，须本人提出申请，经审核同意，学校在住宿条件允许的情况下安排住宿；超过最长学习年限的，学校不再安排住宿。博士研究生超过最长学习年限的，学校不再安排住宿。

超出学制在校住宿的学生，住宿费按学年收取，住宿不足一学年的，按一学年收取。

学制、最长学习年限的具体规定，详见《西南交通大学本科生学籍管理规定》和《西南交通大学研究生学籍管理规定》。

5. 学生因特殊原因办理退宿手续后，需要重新住宿的，须本人提出申请，经学院同意，由学生工作部在学校住宿条件允许的情况下进行安排。

第五条　学生调宿

学生因房屋客观原因需要调整宿舍、床位的，应通过所在学院向学生工作部提出申请，经资产与实验室管理处、学生工作部批准后进行调整。

宿舍、床位调整，根据空宿舍、空床位情况，按同班级、同学院的原则调整，原则上不办理跨年级、跨学院调整。

学生不得以任何理由拒绝学校安排其他同学入住或强迫室友从宿舍搬出。

第六条　学生退宿

1. 学生学习结束（毕业、出国、退学）时，按学校规定时间凭离校通知单办理退宿手续。

2. 休学的学生需办理退宿手续。休学半年及以上的学生，床位不予保留。

3. 本科生因特殊原因在校学习期间需退宿的（按学年退），须本人提出申请，经家长同意和学院批准后，由物业服务中心办理退宿手续并报学生工作部备案。

4. 学生退宿费用结算按学校计划财务处规定执行。

5. 退宿手续办妥后，须在规定时间内搬离学生公寓，暂时确实无法搬离的，须本人提出申请，经学生工作部批准后可适当延期，并按学校规定缴纳住宿费。

6. 违规滞留者，在劝离无效后，资产与实验室管理处、保卫处、后勤与基建管理处、物业服务中心、学生工作部及相关学院将强制清理。因违规滞留造成各种安全事故的，由当事人负完全责任，由此给学校造成损失的，学校有权进行追偿，触犯法律的依法移送公安机关。

第七条　作息管理

1. 本科生公寓实行熄灯制度。周日至周四：每日 23：30 至次日 6：30 停止供电（空调除外）；周五至周六：每日 0：30 至 6：30 停止供电（空调除外）。法定节假日通宵供电。特殊时期供电根据学生工作部安排执行。

2. 学生公寓实行闭门制度，23：00 至次日 6：30 关闭公寓大门。

第八条　卫生管理

1. 学生宿舍内卫生由学生自行负责保持清洁，学生应讲究个人卫生并保持室内整洁，不得堆放杂物。

2. 后勤与基建管理处、物业服务中心负责做好学生公寓公共区域清洁卫生；学生应自觉维护公共区域卫生。

第九条　秩序管理

1. 入住公寓的学生需与学校签订《西南交通大学学生宿舍住宿协议》，应自觉维护公寓正常生活秩序，并有义务配合学校相关部门、学生组织做好宿舍日常检查、安全检查、卫生检查等工作。根据学校资源调配需要，配合做好宿舍搬迁和调整工作。

2. 学生公寓实行门禁管理。学生不得在闭门时间内出入学生公寓，学生进入学生公寓应主动出示证件并接受值班人员的问询。

3. 学生不得将床位出租、转借，不得留宿他人。对于违规出租出借学生宿舍的研究生，一经发现，学校不再提供住宿，并依据校规校纪给予纪律处分。

4. 学生公寓实行会客制度，来访人员须在值班室登记并交押有效证件后，方可进入公寓，会客结束离开时退回所押证件。

本科生公寓男性不得进入女生公寓，女性不得进入男生公寓（工作人员因工作需要的除外）。

5. 学生应当妥善保管宿舍房门钥匙和贵重物品。

6. 学生公寓应保持安静，学生在公寓区内不得有影响他人正常生活和休息的行为。

7. 禁止外卖人员和社会闲杂人员进入公寓。

8. 禁止在学生公寓内饲养宠物。

第十条　安全管理

1. 学生应积极学习安全知识，参与安全教育，树立安全风险防范和自我保护意识，掌握必要的消防安全技能、自救技能；主动配合学校相关部门进行安全检查，积极参加学校应急疏散演练及消防演练。

2. 学生应严格遵守宿舍安全管理规定，严禁使用和存放违章电器，严禁吸烟，严禁使用明火，严禁存放易燃易爆有毒等危险品，严禁存放管制刀具或其他违禁品。

3. 学生不得在学生公寓内有酗酒、赌博、打架斗殴及其他各类违法违纪行为。

4. 保持消防通道畅通。在非火灾发生时不得随意动用或损坏消防设施。自行车、电动车不得进入楼道堵塞消防通道，不得在楼道堆放杂物。

5. 学生在宿舍使用的电脑、充电器、电风扇、电插排、1000W及以下电吹风等电器应符合国家3C标准，严禁使用“三无”电器、劣质电器，注意用电安全。

6. 严禁遮挡、破坏监控设备。

第十一条　设备、设施管理

学生公寓的家具、设备由学校统一配备、摆放。学生是宿舍家具和设备使用的直接责任人，应爱护和妥善保管家具、设备。严禁私自改线、改装、破坏设备设施，盗窃公共用电、公共用水。

第十二条　处分与处理

1. 有下列行为之一的学生，视其情节轻重，给予警告以上处分。触犯国家有关法律法规的，依法移送公安机关。

（1）在宿舍内存放或使用违章电器（包括但不限于：热得快、烧水壶、电炉、电磁炉、电饭煲、电炒锅、电取暖器、豆浆机、电熨斗、烤鞋器、电热毯、电热杯、酸奶机、咖啡机、蒸蛋器、电夹板、卷发棒、微波炉、1000W以上电吹风等1000W以上大功率电器或电热电器）的；（留学生公寓学校标配的电器不属于违章电器。）

（2）在宿舍使用明火（含酒精炉、蜡烛、蚊香等）的；

（3）私拉乱接电源，拒不整改的；

（4）存放易燃易爆有毒等危险品的；

（5）存放管制刀具或其他违禁品的；

（6）饲养宠物，拒不整改的；

（7）出租、转借床位，或留宿他人的；

（8）违反学生公寓闭门制度，在公寓闭门时间内出入学生公寓，经批评教育不改的；

（9）非警情动用或损坏消防设施和器材的；

（10）使用三无电器和老化电器，经批评教育不改的；

（11）垂吊电线或在公共区域给电动车充电，经批评教育不改的；

（12）其他学校认定的违纪、违法行为的。

2. 学生公寓内由学校统一配备的家具、设备，因人为原因造成损坏、丢失的，按照《西南交通大学仪器设备及家具固定资产损坏丢失赔偿管理办法（试行）》（西交校资实〔2016〕5号）等学校相关规定进行追责和赔偿。

3. 学生公寓严禁违章搭建，不得擅自改变公寓室内结构。因人为原因造成学生公寓建筑物或构筑物损坏的，恢复原使用功能发生的修缮费用，由责任人全额承担。

4. 窃水、窃电的，按照《西南交通大学水电管理办法》等学校相关规定进行追责和赔偿，并按学校纪律处分规定给予纪律处分。

5. 因违规使用电器、明火、吸烟等造成火灾及损失的，由责任人全额承担损失，并按学校纪律处分规定给予纪律处分，触犯法律的依法移送公安机关。

第四章　附则

第十三条　本办法中的学院是指招收全日制学生的各二级教学单位（含中心、所、书院、实验室等）。

第十四条　本办法自公布之日起施行。《西南交通大学学生公寓管理办法（试行）》（西交校学生〔2017〕35 号）同时废止。

第十五条　本办法由学校授权资产与实验室管理处、学生工作部、后勤与基建管理处、物业服务中心、国际合作与交流处（国际教育学院）、保卫处共同负责解释。

西南交通大学大学生心理健康教育实施方案

（2012 年 12 月 27 日发布）

为了贯彻教育部关于《普通高等学校学生心理健康教育工作基本建设标准（试行）》，进一步贯彻落实《中共中央 国务院关于进一步加强和改进大学生思想政治教育工作的意见》《教育部、卫生部、共青团中央关于进一步加强和改进高校大学生心理健康教育的意见》《普通高等学校学生心理健康教育课程教学基本要求》和《普通高等学校学生心理健康教育基本工作建设标准》等相关文件精神，更好地落实西南交通大学“十二五”规划关于人才培养及心理素质教育的要求，使我校心理健康教育迈入科学化、规范化、可持续化发展的轨道，进一步增强我校心理健康教育工作的品牌示范效应，现拟定《西南交通大学心理健康教育实施方案》。

一、心理健康教育体制建设

1. 设立西南交通大学心理健康教育工作领导小组。分管学生工作的校领导担任组长，心理研究与咨询中心、学生处、教务处、招就处、保卫处、宣传部、校团委、后勤集团等单位的负责人为成员。领导小组每学年定期召开心理健康教育工作会议，研究心理健康教育工作的要点工作，解决学校心理健康教育面临的重要问题。

2. 加强与完善“心理健康教育工作领导小组—心理中心—院系学生工作组—专业社团、宿舍、班级”四级联动工作网络。领导小组负责全面规划学校的心理健康教育工作；心理中心负责具体的心理健康教育；院系应加强心理健康教育的基础性工作，指定专门的心理健康教育联系人，具体负责落实本院系心理健康教育工作，在每个班级设置学生心理委员；班级要充分发挥心理健康的自我教育功能。充分拓展大学生心理学会、大学生创造学会、研究生心理学会及院系学生组织在学校心理健康教育中的学生主体作用。

3. 加强心理研究与咨询中心课程体系、实践平台、专业学科及实验平台等方面的建设，更好地满足时代发展对心理健康教育的迫切需要。心理研究与咨询中心作为学校教学、科研二级单位，具体负责组织、协调开展全校学生心理健康教育教学和心理咨询服务，承担应用心理学学科建设等工作。充分依托挂靠在心理中心的四川省哲学社会科学重点研究基地，拓展教学研究与实践活动。不断强化心理研究与咨询中心在机制创新、人才培养、教育教学、科学研究、平台与学科建设等方面在国内的领先与示范作用。

4. 要加大对心理健康教育专项工作、课程建设、师资队伍、人才培养和科学研究等工作经费的投入，确保大学生心理健康教育工作和平台建设的可持续性发展。

5. 建立学校心理健康教育工作交流及激励机制。将心理健康教育工作纳入院（系）综合考核指标体系，心理研究与咨询中心定期召开院（系）联系人工作会议，学校每两年召开一次心理健康教育经验交流与表彰会。

6. 强化大学生心理健康教育的全员参与意识。学校应将心理健康教育内容纳入新进教师岗前培训课程体系和新任研究生导师岗前培训。心理研究与咨询中心要加强对辅导员、班主任、研究生导师、各类学生心理骨干和班级心理委员开展系列心理健康教育相关的培训。每年至少组织一次针对以上人员的心理健康教育专题培训。并对保安人员和学生宿舍管理员等开展相关心理健康常识培训。

二、心理健康教育队伍建设

7. 加强心理健康教育工作专兼职人员的专业培训工作，建立专、兼、聘结合的心理健康教育队伍。加大对专职教师的专业培训工作，保证心理健康教育专职教师每年接受不低于 40 学时的专业培训，或参加至少 2 次省级以上主管部门及二级以上心理专业学术团体召开的学术会议；心理健康教育辅导员每年不低于 10 学时的心理健康教育工作培训。

8. 应将大学生心理健康教育师资队伍建设纳入学校整体教师队伍建设工作中，加强选拔、配备、培养和管理。从事大学生心理健康教育的教师，特别是直接从事心理咨询服务的教师，应具有从事大学生心理健康教育的相关学历和专业资质。专职教师的专业技术职务评聘应纳入学校相关序列，或纳入学校设有教育学、心理学教学研究机构的相应专业序列。专兼聘教师开展心理辅导和咨询活动应计入补充咨询工作量。

三、心理健康教育教学体系建设

9. 充分发挥课堂教学在大学生心理健康教育工作中的主渠道作用，根据心理健康教育的需要进一步完善心理健康教育课程体系。开设“大学生心理健康教育”必修课，保证学生在校期间全部接受心理健康课程的教育。

10. 构建并完善心理健康教育课程集群。不断完善以国家级精品课“青年心理学”“大学生心理健康教育”“职业心理发展与能力提升”和“创造心理学”为核心的心理健康教育课程群，并有针对性地开展能充分满足学生发展需要的个性化心理健康教育选修课程。

11. 完善心理健康网络教育的建设，不断充实“心力”大学生心理测评与咨询网和四川省心理研究与教育网的网络课程资源。

四、心理健康教育活动体系建设

12. 充分依托挂靠在心理中心的四川省心理健康教育研究会，加强学术研究活动，用最新的研究成果指导学校心理健康教育实践工作，并及时解决心理教育实际工作中出现的新情况、新问题。

13. 加强学生的实践活动，充分依托挂靠学校的四川省哲学社会科学科普基地，普及心理健康教育知识。支持学生心理专业社团开展丰富多彩的心理健康教育活动。支持应用心理学专业学生开展专业性的心理健康教育普及活动。充分调动学生自我认识、自我教育、自我成长的积极性和主动性。

五、心理咨询与危机干预服务体系建设

14. 心理研究与咨询中心为学生提供专业心理咨询服务。加强心理咨询制度建设，遵循心理咨询的伦理规范，保证心理咨询工作按规定有效运行。加强心理咨询个案记录与档案管理工作，坚持保密原则，按规定严格管理心理咨询记录和有关档案材料。定期开展心理咨询个案的研讨与督导活动，不断提高心理咨询的专业水平。

15. 通过多种途径开展心理咨询服务。构建团体心理辅导活动和训练体系，针对不同学生群体的需求，研究制订相应的团体辅导计划和实施方案，帮助广大学生解决心理问题，促进健康发展。

16. 坚持预防为主、多渠道发现、多方通力合作及时干预的原则。通过本科新生心理健康状况普查、心理咨询、学生反应、家长与学院反应等多种途径和方式，及时发现学生中存在的心理危机情况，对严重心理障碍的学生予以重点关注，进行及时的心理疏导与干预。

17. 院系逐步加强和完善心理危机干预的预防与应急处理体系。在日常学生教育管理中重视学生的心理健康教育，充分利用班级心理委员、学生干部等辅助力量，发现学生心理危机状况后，应及时报告院系领导、学生处、心理研究与咨询中心及心理健康教育工作领导小组，共同协商心理危机干预措施。

18. 发挥学校与精神卫生机构建立的绿色通道作用，为心理治疗提供专业支撑和技术保障。对有严重心理障碍和精神障碍的个案做好及时转介。

附件 1

西南交通大学安全生产检查项目及评分表

单位名称：　　　　　地点：　　　　　　日期：　　年　月　日　检查人（签名）：

序号	检查内容	应得分	自查评分	学校检查评分	扣分标准
1	落实安全生产责任制、层层分解安全责任、签订安全生产责任书情况	10			安全生产责任不清晰扣 5 分，未签订安全生产责任书每人次扣 2 分
2	贯彻落实国家安全生产政策法规，执行上级主管部门和学校安全生产各项规章制度，制定本部门安全生产规章制度情况；有安全风险的仪器设备，操作规程须明示	10			本部门安全生产规章制度未制定，或必要的操作规程未上墙，扣 10 分；不齐全酌情扣分
3	制订安全生产管理年度工作计划，落实安全经费	5			无安全生产管理年度工作计划或未落实经费扣 5 分
4	建立健全安全生产管理网络，明确管理责任，配备专兼职安全生产管理人员	10			未建立管理网络扣 10 分；管理网络不健全、不稳定酌情扣分
5	定期召开部门安全生产工作会议	2			每学期召开 2 次安全生产会议，少 1 次扣 1 分
6	日常纠正、查处违章违规情况；定期组织安全检查与隐患整改，有效防范安全生产责任事故发生	30			发现违章违规现象未纠正、查处扣 2 分/项；除寒、暑假外，每月 1 次安全自查，少 1 次扣 5 分；隐患未落实整改扣 10 分/项；发生较大及以上安全责任事故，该单位安全生产管理工作总分为 0 分；发生一般安全责任事故扣 30 分/宗，发生轻微安全责任事故扣 20 分/宗，发生安全事件扣 10 分/宗；事故未及时上报扣 15 分/次，隐瞒不报扣 30 分
7	定期组织师生开展安全教育培训，落实教职员工“三级安全教育”培训、换岗安全生产培训，学生实验、实习、实训、参观的安全教育和管理；特殊工种教育培训持证上岗率 100%	10			缺席学校组织的安全生产培训扣 2 分/人，未开展部门教职工和学生安全教育培训扣 10 分，不到位酌情扣分；特殊工种持证上岗率未达 100%，扣 10 分

续表

序号	检查内容	应得分	自查评分	学校检查评分	扣分标准
8	应急预案制定与专项演练	13			未参加学校职能部门组织的专项演练扣2分/人；未识别并控制不安全因素或未确定本部门重点部位扣10分，不全面酌情扣分；未制定相应应急预案扣5分，不切实际酌情扣分；部门（除机关）每学期未组织专项演练扣5分
9	安全生产事故处置	5			未按规定组织事故处置扣5分，处置不力酌情扣分
10	建立健全安全生产管理档案	5			未建档扣5分，档案不健全酌情扣分
小　计		100			

附件 2

西南交通大学安全生产检查记录表

检查时间	年　　月　　日　　时　　分
检查地点	
单位名称	
检查记录（可另附页）	

检查人员（签字）：

附件 3

西南交通大学实验室设置（调整）申请表

申请单位：　　　　　　　　　　　　　　　　　　　　　　　　日期：

<table>
<tr><td>实验室名称</td><td colspan="3"></td><td colspan="1">原名称</td><td colspan="2"></td></tr>
<tr><td>实验室类型</td><td colspan="6">教学为主□　　科研为主□　　公共服务□</td></tr>
<tr><td>实验室级别</td><td colspan="6">国家级□　　省部级□　　校级□　　院系级□　　其他□</td></tr>
<tr><td>实验室主任</td><td>姓名</td><td></td><td>职称</td><td></td><td>学历</td><td></td></tr>
<tr><td>实验室安全员</td><td>姓名</td><td></td><td>职称</td><td></td><td>学历</td><td></td></tr>
<tr><td>拟建实验分室</td><td colspan="6"></td></tr>
<tr><td rowspan="6">专职人员</td><td colspan="2">姓　名</td><td colspan="2">职　称</td><td colspan="2">学　历</td></tr>
<tr><td colspan="2"></td><td colspan="2"></td><td colspan="2"></td></tr>
<tr><td colspan="2"></td><td colspan="2"></td><td colspan="2"></td></tr>
<tr><td colspan="2"></td><td colspan="2"></td><td colspan="2"></td></tr>
<tr><td colspan="2"></td><td colspan="2"></td><td colspan="2"></td></tr>
<tr><td colspan="2"></td><td colspan="2"></td><td colspan="2"></td></tr>
<tr><td rowspan="16">实验教学任务</td><td colspan="4">所服务的理论教学课程</td><td colspan="2">课程面向的学生年级</td></tr>
<tr><td colspan="4"></td><td colspan="2"></td></tr>
<tr><td colspan="4"></td><td colspan="2"></td></tr>
<tr><td colspan="4"></td><td colspan="2"></td></tr>
<tr><td colspan="4"></td><td colspan="2"></td></tr>
<tr><td colspan="4"></td><td colspan="2"></td></tr>
<tr><td colspan="4"></td><td colspan="2"></td></tr>
<tr><td colspan="4"></td><td colspan="2"></td></tr>
<tr><td colspan="2">所开设的实验项目</td><td colspan="2">实验项目类型（验证型、综合设计型、研究创新型）</td><td colspan="2">该项目每年服务生时数</td></tr>
<tr><td colspan="2"></td><td colspan="2"></td><td colspan="2"></td></tr>
<tr><td colspan="2"></td><td colspan="2"></td><td colspan="2"></td></tr>
<tr><td colspan="2"></td><td colspan="2"></td><td colspan="2"></td></tr>
<tr><td colspan="2"></td><td colspan="2"></td><td colspan="2"></td></tr>
<tr><td colspan="2"></td><td colspan="2"></td><td colspan="2"></td></tr>
<tr><td colspan="2"></td><td colspan="2"></td><td colspan="2"></td></tr>
<tr><td colspan="2"></td><td colspan="2"></td><td colspan="2"></td></tr>
</table>

续表

<table>
<tr><td rowspan="10">科研任务</td><td colspan="2">目前承担的科研项目</td><td colspan="2">项目类型
（国家级、省部级、其他）</td><td colspan="2">项目经费（万元）</td></tr>
<tr><td colspan="2"></td><td colspan="2"></td><td colspan="2"></td></tr>
<tr><td colspan="2"></td><td colspan="2"></td><td colspan="2"></td></tr>
<tr><td colspan="2"></td><td colspan="2"></td><td colspan="2"></td></tr>
<tr><td colspan="2"></td><td colspan="2"></td><td colspan="2"></td></tr>
<tr><td colspan="2"></td><td colspan="2"></td><td colspan="2"></td></tr>
<tr><td colspan="2"></td><td colspan="2"></td><td colspan="2"></td></tr>
<tr><td colspan="2"></td><td colspan="2"></td><td colspan="2"></td></tr>
<tr><td colspan="2"></td><td colspan="2"></td><td colspan="2"></td></tr>
<tr><td colspan="2"></td><td colspan="2"></td><td colspan="2"></td></tr>
<tr><td>社会服务</td><td colspan="6">主要承担的社会服务情况、产生的效益、具有代表性的例子等。</td></tr>
<tr><td rowspan="2">实验设备</td><td>总金额
（万元）</td><td></td><td>台套数</td><td></td><td>单价 40 万元
以上设备数</td><td></td></tr>
<tr><td colspan="6">请列出具有代表性的主要设备。</td></tr>
<tr><td rowspan="12">用房</td><td colspan="2">房号</td><td colspan="2">面积（平方米）</td><td colspan="2">用途（实验、办公）</td></tr>
<tr><td colspan="2"></td><td colspan="2"></td><td colspan="2"></td></tr>
<tr><td colspan="2"></td><td colspan="2"></td><td colspan="2"></td></tr>
<tr><td colspan="2"></td><td colspan="2"></td><td colspan="2"></td></tr>
<tr><td colspan="2"></td><td colspan="2"></td><td colspan="2"></td></tr>
<tr><td colspan="2"></td><td colspan="2"></td><td colspan="2"></td></tr>
<tr><td colspan="2"></td><td colspan="2"></td><td colspan="2"></td></tr>
<tr><td colspan="2"></td><td colspan="2"></td><td colspan="2"></td></tr>
<tr><td colspan="2"></td><td colspan="2"></td><td colspan="2"></td></tr>
<tr><td colspan="2"></td><td colspan="2"></td><td colspan="2"></td></tr>
<tr><td colspan="2"></td><td colspan="2"></td><td colspan="2"></td></tr>
<tr><td colspan="2"></td><td colspan="2"></td><td colspan="2"></td></tr>
<tr><td>承担学生课外创新实验活动、毕业设计情况</td><td colspan="6"></td></tr>
<tr><td>实验室未来发展规划</td><td colspan="6"></td></tr>
</table>

续表

二级教学科研单位审核意见：   单位负责人（签名）： 单　　位（盖章）： 年　月　日
二级教学科研单位教授委员会意见：   教授委员会（签名）： 年　月　日
资产与实验室管理处意见：
科学技术发展研究院意见：
人事处意见：
保卫处意见：
后勤与基建管理处意见：
分校领导意见   年　月　日

学院党政联席会议纪要附后。

附件 4

西南交通大学新社团成立申请表

填表人：　　　　院系年级：　　　　　　联系电话：　　　　　　填表日期：　年　月　日

<table>
<tr><td>新社团全称</td><td colspan="3"></td><td colspan="2">拟收会员人数</td><td></td></tr>
<tr><td>社团类别</td><td colspan="6">□理论研究类　□文化艺术类　□学术科技类　□实践服务类　□体育健身类</td></tr>
<tr><td>指导单位</td><td colspan="3"></td><td colspan="2">指导老师姓名</td><td></td></tr>
<tr><td>社团宗旨</td><td colspan="6">（50 字以内，用语精练，切忌空泛）</td></tr>
<tr><td>会员入会条件</td><td colspan="6"></td></tr>
<tr><td>社团活动范围</td><td colspan="6">1. 特色活动（届次化的精品活动）：
2. 常规活动。内部：
外部：</td></tr>
<tr><td>组织机构设置</td><td colspan="6">（设会长 1 人，副会长不超过 2 人；职能部门不超过 5 个，
各部门部长 1 人，副部长不超过 2 人）</td></tr>
<tr><td>社团章程</td><td colspan="6">请提供附件，言简意赅，严禁抄袭</td></tr>
<tr><td rowspan="3">新社团主要
发起人情况简介</td><td>姓　名</td><td>院系年级</td><td>联系电话</td><td>曾任何职</td><td>学习情况</td><td>证明老师</td></tr>
<tr><td></td><td></td><td></td><td></td><td></td><td></td></tr>
<tr><td></td><td></td><td></td><td></td><td></td><td></td></tr>
<tr><td>新社团主要
发起人承诺签字</td><td colspan="6">本社团接受校团委的管理、社团指导单位对活动的指导和社团联合会对社团的监督考核，遵守《西南交通大学社团联合会章程》和《西南交通大学学生社团管理条例》。
社团主要发起人签字（不得超过 4 人）：</td></tr>
<tr><td rowspan="2">社团指导老师
签字</td><td>姓　名</td><td>单　位</td><td>联系电话</td><td colspan="3" rowspan="2">是否愿意义务担任该社团指导教师？
□是　　□否　　签字：</td></tr>
<tr><td></td><td></td><td></td></tr>
<tr><td>社团指导单位
签字</td><td colspan="6">1. 是否愿意任该社团指导单位？　□是　　□否
2. 是否愿意支持该社团活动经费？　□是　　□否
3. 指导单位如果愿意支持该社团活动经费，支持　　　元/学期。
单位负责人签章：　　　　（不得代签）</td></tr>
<tr><td>社团联合会意见</td><td colspan="6"></td></tr>
<tr><td>校团委意见</td><td colspan="6"></td></tr>
<tr><td>相关单位意见</td><td colspan="6"></td></tr>
</table>

注：1. 指导单位应是具有管理或学术研究职能的我校正式机构，例如专业教研室、学校各机关部处，学院分党委、分团委（团总支）等。

2. 指导教师应熟悉该社团的活动内容并能胜任对其工作的指导，指导教师原则上由指导单位委派。指导老师须为我校注册的正式教师，由于指导老师工作是义务工作，所以聘请指导老师须经教师本人同意；指导老师因特殊原因不能继续指导社团工作时，由指导单位重新选派。

3. 新社团主要发起人情况简介中的学习情况需注明不通过课程的门数，证明人需为院系分团委书记。

附件 5

学生社团内部出游活动申请表

填表日期：　　年　　月　　日

<table>
<tr><td>社团名称</td><td></td><td>社团负责人</td><td colspan="2"></td></tr>
<tr><td>安全责任人</td><td></td><td>参加人员及人数</td><td colspan="2"></td></tr>
<tr><td>活动地点</td><td colspan="4"></td></tr>
<tr><td>活动内容</td><td colspan="4"></td></tr>
<tr><td>离校时间</td><td></td><td>返校时间</td><td colspan="2"></td></tr>
<tr><td>安全须知</td><td colspan="4">学生社团举办内部集体出游、外出考察等校外活动须遵守下列规定：
（1）学生社团内部出游，原则上要求小型（不超过 20 人）、就近（成都市内）。
（2）社团组织出游必须事先提前两周向校团委提出申请并填写“学生社团内部出游活动申请表”，活动申请须经社团指导单位及社团指导老师审核签字同意后，报校团委审查具备各项安全条件，批准备案后，社团方可组织外出。
（3）未经批准，任何学生社团不得组织会员进行任何出游活动。社团私自组织出游活动，责任自负，学校将根据情节轻重追究组织者的责任。
（4）经校团委批准同意组织出游的社团必须成立临时安全领导小组，制定安全措施，负责在外期间的学生安全。临时安全领导小组成员必须从参加出游活动的会员中产生，并由社团负责人作为安全第一责任人，社团干部和学生党员为安全领导小组成员。
（5）团队成员要在社团负责人的统一协调下开展外出活动。社团负责人要高度重视团队成员的人身及财产安全，应加强对队员的安全教育宣传，带领队员遵守安全规定。社团出游出现安全问题，取消该社团及学生干部本年度的任何评优资格。
（6）返校后社团负责人应及时向校团委汇报活动情况及安全情况。</td></tr>
<tr><td rowspan="3">安全领导小组</td><td>姓　名</td><td>院系年级</td><td colspan="2">联系电话</td></tr>
<tr><td></td><td></td><td colspan="2"></td></tr>
<tr><td></td><td></td><td colspan="2"></td></tr>
<tr><td>社团指导
单位意见</td><td colspan="4">☐同意　　☐不同意　　签章：
年　月　日</td></tr>
<tr><td>社团指导
老师意见</td><td colspan="4">☐同意　　☐不同意　　签章：
年　月　日</td></tr>
<tr><td>校团委意见</td><td colspan="4">社团联合会理事长签字：
年　月　日</td></tr>
<tr><td colspan="5">社团负责人签名：</td></tr>
<tr><td colspan="5">出游成员郑重承诺：我已阅知“安全责任协议书”，并保证遵守。
全体签名（不得代签）：
年　月　日</td></tr>
</table>

附件 6

社团联合会账簿

编号	日期	科目摘要	收入	支出	余额	经手人	会长确认	备注

（注：编号，财务事项排序；日期，经费发生日期；余额，总额）

续表

社团活动财务明细表					
					年　　月　　日
类别	摘　要	单　价	数　量	金　额	小　计
总　计					
会长确认：					

（注：类别，例如会场布置、奖品等；单价，注明数量单位）

续表

社团财务汇总表		
年（上、下）半年		
项目	金　额	备　注
期初余额		
本学期总收入		
本学期总支出		
期末余额		
		会长确认：

（注：将此表附于社团账簿最后一页，在期末一并交予社联）

附件 7

西南交通大学二级单位网络与信息安全人员备案表

单位名称：

一、网络与信息安全责任人（本单位第一负责人）					
姓　名		职　务		工　号	
手　机		办公电话			
E-mail		QQ			
二、网络与信息安全员（如有多名安全员请自行添加）					
姓　名		职　务		工　号	
手　机		办公电话			
E-mail		QQ			
保密承诺： 本单位网络与信息安全人员将遵守国家有关法律法规和学校有关规章制度，对在履行职责中知悉的个人信息、隐私和学校秘密，严格履行保密义务。 签　章： 月　日					
注意事项： 1. 本单位网络与信息安全人员如有任职、调动、离岗等情况，应及时更新此备案表，并将纸质表（签字盖章）提交至信息化与网络管理处进行备案登记。 2. 本单位网络与信息安全人员应严格按照《西南交通大学网络与信息安全组织机构和人员管理办法》规定履行各项职责。					

附件 8

校园网基础设施建设标准和技术要求

一、入侵报警系统

《安全防范工程程序与要求》 （GA/T 75—94）

《安全防范工程费用预算编制办法》 （GA/T 70—2004）

《安全防范工程技术规范》 （GB 50348—2004）

《安全防范系统通用图形符号》 （GA/T 74—2000）

《被动红外入侵探测器》 （GB 10408.5—2000）

《被动式玻璃破碎报警器》 （GB/T 10408.9—2001）

《超声波多普勒探测器》 （GB 10408.2—2000）

《超声和被动红外复合入侵探测器》 （GB 10408.7—1996）

《出入口控制系统工程设计规范》 （GB 50396—2007）

《磁开关入侵探测器》 （GB 15209—2006）

《电子计算机房设计规范》 （GB 50174—2007）

《防盗报警控制器通用技术条件》 （GB 12663—2001）

《会议电视系统工程设计规范》 （YD 5032—2005）

《建筑物电子信息系统防雷技术规范》 （GB 50343—2004）

《建筑与建筑群综合布线工程系统设计规范》 （GB/T 50311—2000）

《民用建筑设计通则》 （GB 50352—2005）

《入侵报警系统工程设计规范》 （GB 50394—2007）

《入侵报警系统技术要求》 （GA/T 368—2001）

《入侵探测器通用技术条件》 （GB 10408.1—2000）

《通信管道与通道工程设计规范》 （GB 50373—2006）

《微波和被动红外复合入侵探测器》 （GB 10408.6—2009）

《微超声波多普勒探测器》 （GB 10408.3—2000）

《文物系统博物馆安全防范工程设计规范》 （GB/T 16571—2012）

《文物系统博物馆风险等级和安全防护级别的规定》 （GA 27—2002）

《银行营业场所安全防范工程设计规范》 （GB/T 16676—2010）

《有线电视广播技术规范》 （GY/T 106—1999）

《有线数字电视系统技术要求和测量方法》 （GY/T 221—2006）

《振动入侵探测器》 （GB/T 10408.8—2008）

《智能建筑设计标准》 （GB/T 50314—2006）

《主动红外入侵探测器》 （GB 10408.4—2000）

二、视频安防监控系统

《视频安防监控系统工程设计规范》　（GB 50395—2007）

《智能建筑设计标准》　（GB 50314—2006）

《安全防范工程技术规范》　（GB 50348—2004）

三、出入口控制（门禁）系统

《出入口控制系统工程设计规范》　（GB 50396—2007）

《智能建筑设计标准》　（GB/T 50314—2006）

《安全防范工程技术规范》　（GB 50348—2004）

《防盗报警控制器通用技术条件》　（GB 12663—2001）

《博物馆和文物保护单位安全防范系统要求》　（GB/T 16571—2012）

《银行营业场所安全防范工程设计规范》　（GB/T 16676—1996）

四、可视对讲系统

《智能建筑设计标准》　（GB/T 50314—2006）

《安全防范工程技术规范》　（GB 50348—2004）

《防盗报警控制器通用技术条件》　（GB 12663—2001）

《博物馆和文物保护单位安全防范系统要求》　（GB/T 16571—2012）

《银行营业场所安全防范工程设计规范》　（GB/T 16676—1996）

五、电子巡查系统

《智能建筑设计标准》　（GB/T 50314—2006）

《安全防范工程技术规范》　（GB 50348—2004）

《电子巡查系统技术要求》　（GA/T 644—2006）

六、停车场管理系统

《智能建筑设计标准》　（GB/T 50314—2006）

《安全防范工程技术规范》　（GB 50348—2004）

七、火灾自动报警及消防联动系统

《爆炸危险环境电力装置设计规范》　（GB 50058—2014）

《二氧化碳灭火系统设计规范》　（GB 50193—93）

《高层民用建筑设计防火规范（2005年版）》　（GB 50045—95）

《火力发电厂与变电站设计防火规范》　（GB 50229—2006）

《火灾报警控制器》	（GB 4717—2005）
《火灾报警设备专业术语》	（GB/T 4718—2006）
《火灾自动报警系统设计规范》	（GB 50116—2013）
《建筑防雷设计规范》	（DB32/T 1198—2008）
《建筑灭火器配置设计规范》	（GB 50140—2005）
《建筑内部装修设计防火规范》	（GB 50222—95）
《建筑设计防火规范》	（GB 50016—2006）
《泡沫灭火系统设计规范》	（GB 50151—2010）
《汽车加油加气站设计与施工规范》	（GB 50156—2012）
《汽车库、修车库、停车场设计防火规范》	（GB 50067—97）
《人民防空工程设计防火规范》	（GB 50098—2009）
《石油化工企业设计防火规范》	（GB 50160—2008）
《石油库设计规范》	（GB 50074—2002）
《石油天然气工程设计防火规范》	（GB 50183—2004）
《水喷雾灭火系统设计规范》	（GB 50219—95）
《消防词汇第 1 部分：通用术语》	（GB 5907—2014）
《消防技术文件用消防设备图形符号》	（GB 4327—2008）
《智能建筑设计标准》	（GB/T 50314—2006）
《自动喷水灭火系统设计规范》	（GB 50084—2001）
《中华人民共和国消防法》	（1998 年 9 月 1 日执行）

八、建筑设备监控系统

《智能建筑设计标准》	（GB/T 50314—2006）

九、智能化系统集成

《智能建筑设计标准》	（GB/T 50314—2006）
《安全防范工程技术规范》	（GB 50348—2004）

十、卫星电视及有线电视系统

《民用建筑电气设计规范》	（JGJ/T 16—2008）
《有线电视系统工程技术规范》	（GB 50200—94）
《电视和声音信号的电缆分配系统设备与部件第 9 部分：电源设备通用规范》	（GB/T 11318.9—96）
《卫星广播电视地球站设计规范》	（GYJ 41—89）

《有线电视广播系统技术规范》 （GY/T 106—99）
《智能建筑设计标准》 （GB/T 50314—2006）

十一、公共广播及紧急广播系统

《厅堂扩声系统设计规范》 （GB 50371—2006）
《民用建筑电气设计规范》 （JGJ 16—2008）
《卫星广播电视地球站设计规范》 （GYJ 41—89）
《有线电视广播系统技术规范》 （GY/T 106—99）
《工业企业扩音通信系统工程设计规程》 （CECS 62—94）
《智能建筑设计标准》 （GB/T 50314—2006）

十二、综合布线系统

《综合布线系统工程设计规范》 （GB 50311—2007）
《智能建筑设计标准》 （GB/T 50314—2006）
《城市住宅建筑综合布线系统工程设计规范》 （CECS 119—2000）

十三、音视频系统

《视频显示系统工程技术规范》 （GB 50464—2008）
《红外线同声传译系统工程技术规范》 （GB 50524—2010）
《公共广播系统工程技术规范》 （GB 50526—2010）
《会议电视会场系统工程设计规范》 （GB 50635—2010）
《电子会议系统工程设计规范》 （GB 50799—2012）

十四、弱电常用图像符号

《建筑电气工程设计常用图形和文字符号》 （09DX001）
《电工术语》 （GB/T 2900）
《消防文件用设备图形符号》 （GB/T 4327—2008）
《火灾报警设备专业术语》 （GB/T 4718—2006）
《电气简图用图形符号》 （GB/T 4728）
《电气设备用图形符号》 （GB 5465.2—2008）
《电气技术用文件的编制》 （GB/T 6988）
《导体颜色或数字标识》 （GB 7947—2010）
《综合布线系统工程设计规范》 （GB 50311—2007）
《电信工程制图与图形符号规定》 （YD/T 5015—2007）

《安全防范系统通用图形符号》 （GA/T 74—2000）
《火灾报警设备图形符号》 （GAT 229—1999）
《技术制图管路系统的图形符号》 （GB/T 6567.1—2008）

十五、其他

《LED 显示屏通用规范》 （SJ/T11141—2012）
《商用建筑线缆标准》 （EIA/TIA—568A）
《中国采暖通风与空气调节设计规范》 （GB 50019—2003）
《低压配电设计规范》 （GB 50054—95）
《信息技术设备包括电气设备的安全》 （GB 4943—2001）
《30MHz~1GHz 声音和电视信号电缆分配系统》 （GB 6510—84）
《厅堂扩声系统设计规范》 （GB 50371—2006）
《视频显示系统工程技术规范》 （GB 50464—2008）
《综合医院建筑设计规范》 （2004 版修编征求意见稿）

十六、验收

《电子信息系统机房施工及验收规范》 （GB 50462—2008）
《电气工程施工质量验收规范试验方法》 （GB 50303—2002）
《电气装置安装工程接地施工及验收规范》 （GB 50169—2006）
《会议电视会场系统工程施工及验收规范》 （GB 50793—201）
《会议电视系统工程验收规范》 （YD 5033—2004）
《火灾自动报警系统施工及验收规范》 （GB 50166—2007）
《建筑电气工程施工质量验收规范》 （GB 50303—2002）
《喷水灭火系统施工及验收规范》 （GB 50261—2005）
《气体灭火系统施工及验收规范》 （GB 50263—2007）
《通信管道工程施工及验收规范》 （GB 50374—2006）
《有线电视网络工程施工及验收规范》 （GY 5073—2005）
《智能建筑工程验收规范》 （GB 50339—2003）
《自动化仪表工程施工及验收规范》 （GB 50093—2002）
《自动化仪表工程施工及质量验收规范》 （GB 50093—2013）
《综合布线系统工程验收规范》 （GB 50312—2007）

附件 9

西南交通大学网络信息服务备案申请表

备案编号：

<table>
<tr><td colspan="2">申请单位</td><td></td><td>所属部门院系</td><td></td></tr>
<tr><td rowspan="7">基本信息</td><td>信息系统（网站）名称</td><td colspan="3"></td></tr>
<tr><td>建设方式</td><td colspan="3">☐ 虚拟主机 ☐托管 ☐ 自建 ☐ 站群 ☐ 其他</td></tr>
<tr><td>IP</td><td></td><td>域名</td><td></td></tr>
<tr><td>网络服务范围</td><td colspan="3">☐ 部门院系内部 ☐校内 ☐ 全网</td></tr>
<tr><td>网络服务功能</td><td colspan="3">☐WWW ☐ BBS ☐ VOD ☐ FTP
☐ 其他</td></tr>
<tr><td>动态网页技术</td><td colspan="3">☐ 无 ☐ PHP ☐ ASP ☐ ASP.NET ☐JSP
☐ 其他</td></tr>
<tr><td>数据库类型</td><td colspan="3">☐ Access ☐ SQL Server ☐ My Sql ☐ Oracle
☐ 其他</td></tr>
<tr><td colspan="5">信息系统（网站）功能简述：</td></tr>
</table>

<table>
<tr><td rowspan="3">网络负责领导</td><td>姓名</td><td></td><td>电子邮箱</td><td></td></tr>
<tr><td>职务</td><td></td><td>统一身份认证账号</td><td></td></tr>
<tr><td>办公电话</td><td></td><td>移动电话</td><td></td></tr>
<tr><td rowspan="3">网络管理员</td><td>姓名</td><td></td><td>电子邮箱</td><td></td></tr>
<tr><td>职务</td><td></td><td>统一身份认证账号</td><td></td></tr>
<tr><td>办公电话</td><td></td><td>移动电话</td><td></td></tr>
<tr><td colspan="5">所属部门、学院领导意见：

签　字：（盖章）
年　月　日</td></tr>
<tr><td colspan="5">党委宣传部意见：

签　字：（盖章）
年　月　日</td></tr>
<tr><td colspan="5">信息化与网络管理处意见：

签　字：（盖章）
年　月　日</td></tr>
</table>

附件 10

编号：______________________

西南交通大学校园网络信息安全责任承诺书

一、本人承诺遵守《中华人民共和国网络安全法》《中华人民共和国计算机信息系统安全保护条例》《计算机信息网络国际联网安全保护管理办法》及其他国家有关法律法规和行政规章制度。

二、本人已知悉并承诺遵守信息产业部等国家相关部门有关文件的规定。保证不利用网络危害国家安全、泄露国家秘密，不侵犯国家的、社会的、集体的利益和第三方的合法权益，不从事违法犯罪活动。

三、本人承诺严格按照国家相关的法律法规做好校园网络信息安全管理工作，有确定的网络信息服务类别和栏目，有完善的网络信息服务规则和安全保障措施，有相应的专业管理人员和技术人员，能够对网络信息服务实施有效管理。

四、本人承诺不制作、复制、查阅和传播下列信息：

①反对宪法所确定的基本原则的；②危害国家安全，泄露国家秘密，颠覆国家政权，破坏国家统一的；③损害国家荣誉和利益的；④煽动民族仇恨、民族歧视，破坏民族团结的；⑤破坏国家宗教政策，宣扬邪教和封建迷信的；⑥散布谣言，扰乱社会秩序，破坏社会稳定的；⑦散布淫秽、色情、赌博、暴力、凶杀、恐怖或者教唆犯罪的；⑧侮辱或者诽谤他人，侵害他人合法权益的；⑨含有法律、行政法规禁止的其他内容的。

五、本人承诺记录用户在网络信息服务系统中发布的信息内容及其发布时间、IP 地址等基本信息。记录备份必须保存 6 个月以上，并在国家有关机关依法查询时，协助信息化与网络管理处、党委宣传部提供信息。当发生重大网络信息安全事故时，立即采取应急措施，保留有关原始记录，并在 24 小时内向信息化与网络管理处和党委宣传部报告。

六、本人承诺在网络信息服务系统的显著位置刊载备案编号，并接受学校对网络信息服务系统进行合法性及安全性审核。

七、本人承诺，严格按照国家、教育部以及学校的有关法律和规定，做好本信息系统的安全维护工作。

本人或本单位作为网络信息服务提供者同意遵守上述条款，愿意接受处罚并承担法律责任。

承诺人：　　　　　　所在单位（公章）：

年　　月　　日

附件 11

西南交通大学网络信息服务年审备案表

备案编号：

<table>
<tr><td colspan="2">申请单位</td><td colspan="2"></td><td>所属部门院系</td><td></td></tr>
<tr><td rowspan="6">基本信息</td><td>网络服务名称</td><td colspan="4"></td></tr>
<tr><td>网址 URL（IP）</td><td colspan="4"></td></tr>
<tr><td>网络服务范围</td><td colspan="4">□ 部门院系内部 □校内 □ 全网</td></tr>
<tr><td>网络服务功能</td><td colspan="4">□WWW □ BBS □ VOD □ FTP □ 其他</td></tr>
<tr><td>动态网页技术</td><td colspan="4">□ 无 □ PHP □ ASP □ ASP.NET □JSP
□ 其他</td></tr>
<tr><td>数据库类型</td><td colspan="4">□ Access □SQL Server □ My Sql □ Oracle
□ 其他</td></tr>
<tr><td colspan="6">ICP 栏目内容：</td></tr>
<tr><td colspan="2" rowspan="3">网络负责领导</td><td>姓名</td><td></td><td>电子邮箱</td><td></td></tr>
<tr><td>职务</td><td></td><td>统一身份认证账号</td><td></td></tr>
<tr><td>办公电话</td><td></td><td>移动电话</td><td></td></tr>
<tr><td colspan="2" rowspan="3">网络管理员</td><td>姓名</td><td></td><td>电子邮箱</td><td></td></tr>
<tr><td>职务</td><td></td><td>统一身份认证账号</td><td></td></tr>
<tr><td>办公电话</td><td></td><td>移动电话</td><td></td></tr>
<tr><td colspan="6">所属部门、学院领导意见：

签　字：（盖章）
年　月　日</td></tr>
<tr><td colspan="6">党委宣传部意见：

签　字：（盖章）
年　月　日</td></tr>
</table>

附件 12

西南交通大学云服务器管理平台信息员申请表

<table>
<tr><td colspan="5">以下由申请人填写</td></tr>
<tr><td>申请单位</td><td colspan="2"></td><td>使用部门</td><td></td></tr>
<tr><td></td><td>姓　　名</td><td>办公电话</td><td>手机号码</td><td>电子邮箱</td></tr>
<tr><td>负责人</td><td></td><td></td><td></td><td></td></tr>
<tr><td>联系人</td><td></td><td></td><td></td><td></td></tr>
<tr><td>单位意见</td><td colspan="4">兹声明：
我单位授权________为本单位云服务器管理平台信息员，负责完成云服务器资源的申请、变更、销毁等操作。
[　]变更信息员账号密码
[　]变更信息员

负责人签字：
（单位盖章）
年　　月　　日</td></tr>
<tr><td colspan="5">以下由信息化与网络管理处填写</td></tr>
<tr><td>接收人</td><td colspan="2"></td><td>接收时间</td><td></td></tr>
<tr><td>意见</td><td colspan="4">[　]同意创建信息员账户
[　]申请单位更新信息员账号信息
[　]申请单位变更信息员账号密码</td></tr>
<tr><td>账号信息</td><td colspan="4"></td></tr>
<tr><td>备注</td><td colspan="4"></td></tr>
</table>

注意：1. 申请单位联系人即为单位云服务器管理平台信息员；

2. 每个申请单位只能申请一次云服务器管理平台信息员；

3. 云服务器管理平台信息员发生变化时提交本表用于更新信息员信息。

附件 13

西南交通大学云服务器使用承诺书

申请单位请仔细阅读以下条款，如同意遵守请签字并盖章：

1. 清楚知道并严格遵守以下法律法规：

1)《互联网网络安全信息通报实施办法》(工信部保〔2009〕156号)。

2)《中华人民共和国刑法修正案（七）》(主席令第10号)(2009年2月28日第十一届全国人民代表大会常务委员会第七次会议通过)第九条。

3)《通信网络安全保护管理办法》(工业和信息化部令第11号)。

4)《中华人民共和国突发事件应对法》(2007年8月30日第十届全国人民代表大会常务委员会第二十九次会议通过)。

5)《中华人民共和国治安管理处罚法》(主席令第38号)(2005年8月28日第十届全国人民代表大会常务委员会第十七次会议通过)。

6)《全国人大常委会关于维护互联网安全的决定》(2000年12月28日第九届全国人民代表大会常务委员会第十九次会议通过)。

7)《互联网信息服务管理办法》(国务院令第292号)。

8)《中华人民共和国电信条例》(国务院令第291号)。

2. 清楚知道并严格遵守以下学校相关文件要求：

1)《中共西南交通大学委员会关于进一步加强校园网网络信息管理工作的实施意见》。

2)《关于加强我校校园网应用网络服务管理工作的通知》。

3. 保证不利用服务器从事危害国家安全、泄露国家秘密，侵犯国家的、社会的、集体的利益和公民的合法权益的活动。

4. 不散布淫秽、色情、邪教、暴力、危害国家安全以及任何法律、行政法规所禁止的内容的。

5. 保证不制作、传播计算机病毒等破坏性程序，不从事任何危害计算机信息网络安全的行为。

6. 申请单位承诺不进行任何改变或试图改变虚拟资源的系统配置、管理权限或破坏系统安全的行为。

7. 承诺遵守信息化与网络管理处的《西南交通大学数据中心资源使用管理办法》和《虚拟资源端口管理办法》。

8. 若违反上述条款或虚拟资源服务严重影响网络运行或其他服务运行时，信息化与网络管理处保留随时终止虚拟资源服务运行的权利。

注：以上法律法规、文件可以从 http：//inc.swjtu.edu.cn/html/wlfg/1.html 下载阅读。

院(系)负责人签字：　　　　单位(盖章)：　　　　年　月　日

附件 14

西南交通大学云服务器资源申请表

<table>
<tr><td colspan="5">以下由申请人填写</td></tr>
<tr><td>申请单位</td><td colspan="2"></td><td>使用部门</td><td></td></tr>
<tr><td></td><td>姓　　名</td><td>办公电话</td><td>手机号码</td><td>电子邮箱</td></tr>
<tr><td>负责人</td><td></td><td></td><td></td><td></td></tr>
<tr><td>申请人</td><td></td><td></td><td></td><td></td></tr>
<tr><td>信息员</td><td></td><td></td><td></td><td></td></tr>
<tr><td>注意事项</td><td colspan="4">1. 遵守中华人民共和国互联网及信息安全的相关法律法规，承认并执行下述法律条款及管理办法：
1）《互联网网络安全信息通报实施办法》（工信部保〔2009〕156 号）。
2）《中华人民共和国刑法修正案（七）》（主席令第 10 号）（2009 年 2 月 28 日第十一届全国人民代表大会常务委员会第七次会议通过）第九条。
3）《通信网络安全保护管理办法》（工业和信息化部令第 11 号）。
4）《中华人民共和国突发事件应对法》（2007 年 8 月 30 日第十届全国人民代表大会常务委员会第二十九次会议通过）。
5）《中华人民共和国治安管理处罚法》（主席令第 38 号）（2005 年 8 月 28 日第十届全国人民代表大会常务委员会第十七次会议通过）。
6）《全国人大常委会关于维护互联网安全的决定》（2000 年 12 月 28 日第九届全国人民代表大会常务委员会第十九次会议通过）。
7）《互联网信息服务管理办法》（国务院令第 292 号）。
8）《中华人民共和国电信条例》（国务院令第 291 号）。
2. 遵守学校相关文件要求：
1）《中共西南交通大学委员会关于进一步加强校园网网络信息管理工作的实施意见》。
2）《关于加强我校校园网应用网络服务管理工作的通知》。
3）信息化与网络管理处只提供云服务器资源，由用户自行配置和安装需要的软件，自行对重要文件和数据进行备份。信息网络中心对服务器内部的程序和数据不负责维护。
4）请对云服务器上运行的操作系统、基础服务系统、业务系统的漏洞、bug 及时进行修补，对于操作系统的漏洞及补丁做好记录。
5）根据云服务器资源给定的网络地址、配置信息进行合理的使用，不能用于非申请业务范围之外的应用。</td></tr>
<tr><td>单位意见</td><td colspan="4">兹声明：以上填写的内容属实，并已认真阅看注意事项及同意《西南交通大学数据中心资源使用管理办法》。

负责人签字：　　　　　（单位盖章）
年　　月　　日</td></tr>
</table>

续表

<table>
<tr><td rowspan="3">资源使用说明</td><td>用途说明</td><td colspan="2">（多台分别说明，可附件）</td></tr>
<tr><td>系统技术架构</td><td colspan="2">（操作系统/数据库/web 服务器/开发工具/部署说明等，可附件）</td></tr>
<tr><td>配置说明</td><td colspan="2">（CPU 核数，内存量，磁盘空间，操作系统）</td></tr>
<tr><td colspan="3">业务申请单位已经签订西南交通大学校园网信息安全管理协议</td><td>[ ] 是　[ ]否</td></tr>
<tr><td colspan="3">业务申请单位已经签订西南交通大学网络信息服务备案申请表</td><td>[ ] 是　[ ]否</td></tr>
<tr><td colspan="3">ICP 备案申请</td><td>[ ] 是　[ ]否</td></tr>
<tr><td colspan="3">业务申请单位已经提交使用本次申请资源的技术方案和部署方案</td><td>[ ] 是　[ ]否</td></tr>
<tr><td colspan="4">以下由信息化与网络管理处填写</td></tr>
<tr><td>接收人</td><td></td><td>接收时间</td><td></td></tr>
<tr><td>初审结果</td><td></td><td>主管意见</td><td></td></tr>
</table>

附件 15

西南交通大学云服务器资源变更申请表

<table>
<tr><td colspan="5">以下由申请人填写</td></tr>
<tr><td>申请单位</td><td colspan="2"></td><td>使用部门</td><td></td></tr>
<tr><td></td><td>姓　名</td><td>办公电话</td><td>手机号码</td><td>电子邮箱</td></tr>
<tr><td>负责人</td><td></td><td></td><td></td><td></td></tr>
<tr><td>申请人</td><td></td><td></td><td></td><td></td></tr>
<tr><td>信息员</td><td></td><td></td><td></td><td></td></tr>
<tr><td>注意事项</td><td colspan="4">1 遵守中华人民共和国互联网及信息安全的相关法律法规，承认并执行下述法律条款及管理办法：
1)《互联网网络安全信息通报实施办法》(工信部保〔2009〕156号)。
2)《中华人民共和国刑法修正案（七)》(主席令第10号)(2009年2月28日第十一届全国人民代表大会常务委员会第七次会议通过)第九条。
3)《通信网络安全保护管理办法》(工业和信息化部令第11号)。
4)《中华人民共和国突发事件应对法》(2007年8月30日第十届全国人民代表大会常务委员会第二十九次会议通过)。
5)《中华人民共和国治安管理处罚法》(主席令第38号)(2005年8月28日第十届全国人民代表大会常务委员会第十七次会议通过)。
6)《全国人大常委会关于维护互联网安全的决定》(2000年12月28日第九届全国人民代表大会常务委员会第十九次会议通过)。
7)《互联网信息服务管理办法》(国务院令第292号)。
8)《中华人民共和国电信条例》(国务院令第291号)。
2 遵守学校相关文件要求：
1)《中共西南交通大学委员会关于进一步加强校园网网络信息管理工作的实施意见》。
2)《关于加强我校校园网应用网络服务管理工作的通知》。
3)信息化与网络管理处只提供云服务器资源，由用户自行配置和安装需要的软件，自行对重要文件和数据进行备份。信息网络中心对服务器内部的程序和数据不负责维护。
4)请对云服务器上运行的操作系统、基础服务系统、业务系统的漏洞、bug及时进行修补，对于操作系统的漏洞及补丁做好记录。
5)根据云服务器资源给定的网络地址、配置信息进行合理的使用，不能用于非申请业务范围之外的应用。</td></tr>
<tr><td>单位意见</td><td colspan="4">兹声明：以上填写的内容属实，并已认真阅看注意事项及同意《西南交通大学数据中心资源使用管理办法》。

负责人签字：　　　　　　(单位盖章)
年　　月　　日</td></tr>
</table>

续表

资源变更说明

资源归还或延期

序号	名称、IP 地址	延期（天）
1		
2		
3		
4		

注：延期以 1 天为单位计算，0 天则表示不再延期，最大可填写延期值为 360。

[ ]配置变更

序号	名称、IP 地址	内存（G）	数据磁盘（G）	备注
1				
2				
3				
4				

[ ]服务变更

序号	名称、IP 地址	增加服务端口/协议	关闭服务端口/协议	备注
1				
2				
3				
4				

业务申请单位已经提交使用本次申请资源的技术方案和部署方案		[ ]是 [ ]否	
以下由信息化与网络管理处填写			
接收人		接收时间	
初审结果		主管意见	

附件 16

西南交通大学数据中心服务器端口开放申请表

<table>
<tr><td>单位名称</td><td colspan="7"></td></tr>
<tr><td>申请人</td><td colspan="2"></td><td>联系电话</td><td colspan="2"></td><td>传真</td><td></td></tr>
<tr><td>E-mail</td><td colspan="5"></td><td>日期</td><td></td></tr>
<tr><td>信息系统名称</td><td colspan="4"></td><td colspan="2">等级测评报告结论或
安全专项检测结论</td><td></td></tr>
<tr><td>需要开放的
端口集合</td><td>协议类型
TCP/UDP</td><td colspan="3">源地址（互联网、
校园网、指定地址范围）</td><td colspan="2">目的地址</td><td>端口用途说明
（见注 6）</td></tr>
<tr><td></td><td></td><td colspan="3"></td><td colspan="2"></td><td>①□　　②□
③□</td></tr>
<tr><td></td><td></td><td colspan="3"></td><td colspan="2"></td><td>①□　　②□
③□</td></tr>
<tr><td></td><td></td><td colspan="3"></td><td colspan="2"></td><td>①□　　②□
③□</td></tr>
</table>

注：

1. 此申请表仅供 1 套信息系统填写，若有多套信息系统，请分开填写。
2. 表中“需要开放的端口集合”可以填写需要放行的多个端口、连续端口号。
3. 表中“协议类型”是指开放服务的端口属于何种协议，可以是 TCP、UDP、TCP 和 UDP。
4. 表中“源地址”是指来自数据中心外部，用以访问端口服务的地址。
5. 表中“目的地址”是指数据中心内提供服务的地址，可以是一个、多个、连续多个。
6. 对于端口开放的申请，应当在相关申请表中注明该端口开放的用途。

①因服务需要，申请开放新端口的，应当提供由测评中心出具的安全专项报告。（如选此项需填写信息系统名称和报告结论）

②因安全需要，申请改变原服务端口的，审核后予以开放。

③因网管需求，申请开放端口的，应当限制可访问该端口的 IP 地址，审核后决定是否予以开放。

7. 正常情况下，业务受理后 2 个工作日完成审核，审核通过后 3 个工作日办结。

申请单位信息员：

申请单位（盖章）：

日期：

附件 17

西南交通大学开放互联网访问 WEB 服务申请表

申请单位在填写本申请表前，请确认：

1）业务申请单位已经签订 西南交通大学校园网信息安全管理协议；

2）业务申请单位已经签订 西南交通大学网络信息服务备案申请表；

<table>
<tr><td>申请单位名称</td><td colspan="4"></td></tr>
<tr><td>申请单位意见</td><td colspan="4">我单位已经知道办理本申请的相关规定，并与有关部门签订了相关协议，进行了有关备案事项，现在提交业务系统被互联网访问的 WEB 服务申请。

负责人签字：　　　　（单位盖章）
年　月　日</td></tr>
<tr><td>信息员</td><td colspan="2"></td><td>联系电话</td><td></td></tr>
<tr><td colspan="5">以下为系统信息</td></tr>
<tr><td>访问方式</td><td colspan="2">[ ]域名</td><td colspan="2">[ ]IP 地址</td></tr>
<tr><td>协议（7）</td><td colspan="2">[ ]http</td><td colspan="2">[ ]https</td></tr>
<tr><td>协议（4）</td><td>[ ]TCP</td><td>端口：</td><td>[ ]UDP</td><td>端口：</td></tr>
<tr><td>业务系统名称</td><td colspan="4"></td></tr>
<tr><td rowspan="2">申请的域名</td><td colspan="4">提供服务的地址（端口）</td></tr>
<tr><td colspan="2">IP 地址</td><td colspan="2">端口</td></tr>
<tr><td></td><td colspan="2"></td><td colspan="2"></td></tr>
<tr><td></td><td colspan="2"></td><td colspan="2"></td></tr>
<tr><td></td><td colspan="2"></td><td colspan="2"></td></tr>
<tr><td></td><td colspan="2"></td><td colspan="2"></td></tr>
<tr><td></td><td colspan="2"></td><td colspan="2"></td></tr>
<tr><td></td><td colspan="2"></td><td colspan="2"></td></tr>
<tr><td></td><td colspan="2"></td><td colspan="2"></td></tr>
<tr><td colspan="5">以下由信息化与网络管理处填写</td></tr>
<tr><td>接收时间</td><td colspan="4"></td></tr>
<tr><td>办理意见</td><td>[ ]同意办理
[ ]条件不符</td><td>经办人</td><td colspan="2"></td></tr>
</table>

续表

交付过程记录				
地址信息系统登记	[　]已完成			
分配的互联网地址				
应用交付系统登记	[　]已完成			
应用交付名称				
交付测试	[　]已通过			
通知申请人	[　]已通知			
申请人提交 ICP 备案表	[　]已提交			
域名（地址）	目录（端口）	协议	服务端口	开通

注：1. 建议采用域名方式进行系统访问。

2. http 和 https 协议采用默认端口，但是提供本服务的服务器端口不受此限制。

3. 选择采用 IP 地址进行系统访问的需要确定网络层协议和服务端口，一般建议端口为 80，8080，8000，8880，9000，9090，9990。

4. 访问全链接需要填写完整的访问 url 串，可以在一个域名下包含多个业务系统，用链接子目录名区分开。